國際法

宋 玉、吳漠塵 主編

前 言

　　教育的基本功能在於育人，在於塑造德才兼備的高素質人才。法學教育的宗旨並非培養只會機械適用法律的「工匠」，而承載著培養追求正義、知法懂法、忠於法律、廉潔自律的法律人的任務。要完成法學教育的使命，首先必須認真抓好教材建設。我們始終認為，教材是實現教育功能的重要工具和媒介。法學教材不僅僅是法學知識傳承的載體，而且是規範教學內容、提高教學質量的關鍵，對法學教育的發展有著不可估量的作用。

編者

目 錄

第一章　導論 … (1)
　　第一節　國際法的概念和特徵 … (1)
　　第二節　國際法的性質 … (8)
　　第三節　國際法的主體 … (10)
　　第四節　國際法與國內法 … (13)

第二章　國際法的基本原則 … (21)
　　第一節　概述 … (21)
　　第二節　現代國際法基本原則綜述 … (26)

第三章　國際法主體 … (33)
　　第一節　概述 … (33)
　　第二節　國家的類型 … (36)
　　第三節　國家的基本權利與義務 … (38)

第四章　國際法上的國家 … (41)
　　第一節　概述 … (41)
　　第二節　國家、政府及其他實體的承認 … (46)
　　第三節　國家的繼承 … (53)

第五章　國際法上的個人 … (60)
　　第一節　國籍 … (60)
　　第二節　外國人的待遇 … (67)
　　第三節　外交保護 … (71)
　　第四節　引渡和庇護 … (73)

第六章　國家領土 … (77)
　　第一節　概述 … (77)
　　第二節　河流與湖泊 … (78)

第三節　領土的取得與變更 ·· (82)
　　第四節　領土主權的限制 ·· (85)
　　第五節　邊界與邊境 ·· (87)
　　第六節　南極和北極地區國際海洋法 ································ (94)

第七章　國際海洋法 ·· (97)
　　第一節　國際海洋法的概念、歷史發展及其編纂 ············· (97)
　　第二節　內水、領海、毗鄰連區 ······································· (100)
　　第三節　用於國際航行的海峽、群島水域 ························ (108)
　　第四節　專屬經濟區、大陸架 ··· (110)
　　第五節　公海 ·· (115)
　　第六節　國際海底區域 ·· (119)

第八章　空間法 ·· (121)
　　第一節　空氣空間的法律地位 ··· (121)
　　第二節　國際民用航空制度 ··· (123)
　　第三節　國際民用航空安全的法律保護 ····························· (128)
　　第四節　外層空間的法律地位 ··· (133)
　　第五節　外層空間活動的法律制度 ···································· (136)
　　第六節　中國與外層空間法 ··· (143)

第九章　國際環境法 ·· (145)
　　第一節　國際環境法的主要內容 ······································· (145)
　　第二節　中國與國際環境法律實踐 ···································· (163)

第十章　知識產權國際保護制度 ·· (173)
　　第一節　知識產權國際保護概述 ······································· (173)
　　第二節　知識產權保護的國際組織 ···································· (176)
　　第三節　知識產權國際保護的新制度 ································ (179)

第一章 導論

第一節 國際法的概念和特徵

一、國際法的名稱和定義

從社會發展史觀之，人類在其發展過程中，自形成國家以後，就出現了國內社會。由於各國彼此交往而形成種種關係以後，又出現了國際社會。有國家，有社會，就有法。國際社會和國內社會一樣，也需要有法。沒有法，國際社會即無行為規則可循，國際關係必然難於維持，國際交往也就難於進行了。

國際社會所需要的這種法，現在通稱為國際法。

幾個世紀以來，隨著國際社會與國際關係的發展，各國學者曾經給國際法下過很多定義，但內容各有側重，觀點不盡一致。我們可以結合國際實踐，比較分析各種觀點及學說，揚長避短，從國際法的本質屬性出發，給它下一個定義：國際法是在國際交往中形成的，用以調整國際關係（主要是國家間關係）的，有法律約束力的各種原則、規則和制度的總稱。

上述定義著重從實質上闡明了以下三點：

（1）國際法是國際社會各成員所公認的，而不是經由某個超國家的世界統一立法機關直接產生的；

（2）國際法以國際關係為調整對象，主要調整國家之間的各種權利義務關係；

（3）國際法由對國際社會成員具有法律約束力的各種行為規範組成，與適用於國內社會的國內法相對照，國際法是法的一個獨立體系。

「國際法」這個詞的詞源，可以追溯到羅馬法。在古羅馬，以所謂市民法適用於羅馬公民，而以所謂「萬民法」適用於外國人以及外國人與羅馬公民的關係。但是，萬民法只是羅馬國內法的一部分，並非上述定義所指的國際法。

后來，由於學者們在其著作中，特別是荷蘭法學家格勞秀斯（Hugo Grotius，1583—1645 年）在其名著《戰爭與和平法》中，常借用萬民法來稱呼調整國家間關係的法，所以就使這一術語的含義擴大而有了萬國法的性質。

最后，英國的邊沁（Jeremy Bentham，1748—1832）倡議改用「國際法」這一名稱，終於為大家所普遍採用，一直沿用到現在。

有些學者把對世界所有國家（及其他國際法主體）均適用的那一部分原則、規則和制度，稱為「一般國際法」，而把只能對兩個或兩個以上的某些國家（及其他國際法

主體）適用的那一部分原則、規則和制度稱為「特殊國際法」。兩者所調整的權利義務關係，廣狹有別，範圍不同。前者效力一般高於後者。前者對整個國際社會成員具有普遍的法律約束力，而後者則只對某些特定國家（及其他國際法主體）具有法律約束力。國際法（學）所著重研究的是一般國際法。

有些學者為了在名稱上對應國際私法，又稱國際法為「國際公法」。但是，國際公法與國際私法的相互關係是一個有爭論的問題。一般認為，通常所說的國際私法，並不是直接用來調整國家之間的關係，而是一國在其涉外關係中用來調整不同國家的自然人、法人相互間的民事關係的一種法律。例如，一個法國人居住在瑞士，死後留有財產在奧地利，某國法院如受理有關此項財產的繼承案件，到底應適用哪國法律呢？這個問題原則上應該根據該法院的國內法來加以確定。因此，從傳統意義上說，國際私法是國內法而不是國際法；只有當各國為了解決法律適用上的彼此衝突，就某些國際私法規則簽訂條約使之對各締約國產生約束力時，或者當各國共同採用某些規則而形成國際習慣時，這些規則才具有國際公法的性質。不過，近幾十年來，由於各國人民來往頻繁，含有涉外因素的民事法律關係屢見不鮮，有關這方面的國際條約和國際習慣已經大量出現並在繼續增加。這說明國際公法和國際私法的相互聯繫正在日益加深，需要從理論與實踐的結合上加以廣泛研究。

二、國際法的社會基礎

從上面對國際法所下的定義出發，我們應該進一步看到：國際法的產生和發展，有其特定的社會基礎。通過以下分析加以概括，這就是眾多主權國家同時並存，且彼此進行交往與協作而形成的各種國際關係和整個國際社會的存在。國際法的理論和實踐，無不與國際社會的存在密切聯繫在一起，因此，兩者的辯證關係，是涉及國際法學各個方面的一個非常重要的問題。

國家是國際法產生的前提。

沒有各主權國家的存在，就不可能有國際法的存在。因為，從一般意義上說，只有獨立自主的國家才具有享受國際權利和承擔國際義務的完全能力。更不用提國際法的制定和執行也都不可能離開國家的實踐這個基本問題了。

國際法的產生，必須有一個社會基礎，但是這個基礎到底應該如何去認定呢？

單獨一個國家，或者多個各自孤立的國家，彼此不發生關係，當然不可能產生國際法。只有存在一個國際社會，才有生長國際法的土壤。國際社會，就像國內社會是基於共同物質生產活動的「人們交互作用的產物」一樣，它是「眾多國家交互作用的產物」。在中世紀，世界各地區包括歐洲在內，並未出現形成一個真正國際社會的條件。所以，中世紀的歐洲，在以封建割據為根基的統一基督教世界裡，不可能有真正意義上的國際法的產生。只有當這個統一霸權分裂為眾多獨立國家並「交互作用」之後，才有了產生國際法的可能性。

國際社會的形成是一個漸進的過程。

當一群獨立國家平行並立，而且由於各種交互關係所帶來的若干共同利益把它們聯繫在一起時，一個以眾多主權國家為其成員的社會就會產生。這時，國際法才獲得

了存在的價值和適用的基礎。

最早形成「社會」的歐洲國家，原先只承認歐洲基督教文明各國為歐洲國際團體的成員而適用國際法。后來，國際團體的概念逐步運用到歐洲之外。至19世紀末和20世紀初的兩次海牙和會，已分別有世界各地區的26個和44個國家參加會議。此后「國際團體」一詞才逐漸擴大為「國際社會」。如1916年美洲國際法學會發表的《國家之權利與義務宣言》即已用「國際社會」一詞來替代「國際團體」這種狹義的提法。

建立國際法律秩序，是世界各國進行交往的一種內在需要。

人類歷史，由古代向近代發展，經過20世紀兩次最大的戰爭之后，現已進入21世紀。這一漫長的過程，使世界相距甚遠的各個地區性社會逐漸連接成了一個包括所有國家在內的普遍性國際社會。在國際社會逐步擴大的過程中，各國為了建立、維持和發展平等互利的國際關係，就需要相互承認、設立外交機關、互派使節、實施外交特權與豁免的規定；為了便利各國人民之間的來往，就需要形成有關外國人待遇的一般原則、實施有關本國僑民的外交保護制度；為了促進國際交通與運輸，就需要有海洋、陸地和空間的各種通行制度；為了進行國家間的合作、共同參加國際會議、解決爭端、締結條約，就需要有國際議事規則、國際爭端法、條約法；等等。可見，國際法是以一定的社會目的為根據而逐漸形成和發展的。

國際社會的組織化程度，對國際法的發展產生深刻影響。

近百餘年來，特別是最近50多年來，由於國際組織數量的增加以及職能的擴大，已經形成一個以聯合國為中心的國際組織網。這一趨勢，明顯地加強了國際社會的造法功能和實施國際法的能力。

當今世界上已有約200個國家。雖然其中有發達國家和發展中國家、有大國和小國、有富國和貧國、有強國和弱國的差別，其文化傳統、經濟結構或社會制度也有諸多不同，但是，在現代國際法上和國際組織中，它們均為主權國家，都是組成今日國際社會的平等成員。在科學技術高度發展的條件下，各國之間的政治、經濟、文化等方面的組織合作日趨擴大。實踐表明，在各國來往頻繁和組織化程度加深的國際社會裡，各國之間存在著一種交叉影響、彼此補充和相互依存的關係。為了維護全人類共同及根本的利益、加速各國特別是貧國的經濟及社會進步，「共同謀求和平與發展」已成為各國人民的普遍要求。國際法在國際組織的影響下，也正在迅速發展之中。現代國際法需要適應一種複雜的世界格局。

當前，特別引人注目的是，從第二次世界大戰以來建立在雅爾塔體制基礎上的兩極格局已經發生根本變化。世界正在向多極化方向過渡。在這個國際舞臺上，「舞伴」們將不時地重新組合和更換，從而形成一種使平衡不斷發生變化的新格局。在國際關係中，由於各自國家利益和民族傳統的不盡相同以及意識形態上的某些差異，國家與國家之間或國家集團與國家集團之間的矛盾和衝突有增無減。各國特別是經濟和軍事上的強國，總是謀求主宰國際活動而獲取利益，而這種利益在不少場合是靠損害別國（尤其是弱小國家）利益而取得的。這就會使國際社會出現一種頗為複雜、敏感的形勢。以此為背景，作為協調國際關係的一種手段的國際法，將像一艘潛入深海的洋底

遊艇，它必須蛇行地繞過種種暗礁，才有可能到達目的地。但是，可以預見，在國際大氣候有可能改善的條件下，國際法必能發揮它應有的作用。因為，如前所述，不僅國際法需要有一個國際社會的存在，國際社會的存在也需要有一個國際法體系來進行有效的協調。

綜上關於國際法社會基礎的論述，筆者從理論與實踐相結合的高度概括出如下幾點帶規律性的基本認識（可統稱為「社會基礎論」）：

（1）獨立並存的主權國家以及主要由主權國家組成的國際社會，是國際法形成和發展的前提及最重要的社會基礎。

（2）人類的組織化趨勢，強化了國際法的地位，當代國際組織已成為國際社會的重要行為體，其作用與影響不容忽視。

（3）各國間存在著各種差異與矛盾，但也不乏某些共同的「國家利益」。這種利益是形成國際關係的一根重要紐帶，而國際法則是協調各國之間利益的一種重要手段。可見，國際法既是國家間關係的產物，又反過來影響各國間的關係。

（4）國際社會的需要不斷推動著國際法的演變與發展，國際法律秩序的建立又有助於國際社會的進步。國際法的演變同國際社會的演變相伴而行，而且基本上是同步的。

（5）平等互利的國際關係有助於國際法的成長，而國際社會強權政治與霸權主義的出現則有可能扼殺國際法的生機。可見，國際法會受到國際關係各個方面的影響，特別是會受到國際政治的制約。國際政治給國際法帶來時隱時現的局限性。這是國際法的重要特徵之一。

（6）21世紀的國際法理念及其價值取向，必將隨著國際社會法律秩序的改善和加強而不斷向前發展。

三、國際法的法律性質和效力根據

（一）國際法否定論

顧名思義，國際法是法。但是，這個在國際法理論中帶有根本性的命題，卻不為國際法法律效力的「否定論」者所接受。這種論點認為，國際法不是法。它的早期代表，可以舉出17世紀的法學家普芬多夫（S. Pufendorf, 1632—1694），他從自然法角度否認任何一種作為實在法律的國際法的存在。他認為只有自然法才是法，一切實在的國家間協議（條約）或「相互義務」都可能被個別國家隨意解除，因此它們並不構成國際法律。19世紀的英國法學家奧斯汀（J. Austin, 1790—1859）則從實在法的角度否認國際法的法律性。他根據其三位一體說，認為法律是掌握主權的「上級」所頒布的一種「命令」，如不服從即以「制裁」作為威脅，但國際法並非如此。所以他斷言，國際法只是一種道德體系，而不是法。在兩次世界大戰期間，甚至現在，由於國際法常常遭到粗暴的違反和破壞，也不斷引起人們對國際法法律性質的懷疑。上述各種否定論的觀點，有的帶有明顯的片面性，有的是一種在法律觀念上先入為主地把衡量國內法的標準移植於國際法理論的結果。人們一般都生活在一定的國內法律秩序之

中，因此總習慣於以國內法來說明國際法。但是，正像國內法不能以國際法來說明一樣，國際法也是不能以國內法來說明的。雖然它們都是法，但它們是兩種不同的法。

(二) 國際法與國際道德

國家作為國際社會的成員，在彼此交往中，必然客觀地形成種種行為規範。這些規範，有的屬於國際道德的範疇，有的則屬於國際法的範疇。

就國際道德規範而言，它主要是通過國際社會輿論形成的，依仗人們內在的信念及道義力量來維持，是一種不太確定的規範。此外，各國為了彼此尊重、交往方便和友好合作，往往相互採取各種國際禮讓，如駐在國對外交使節的某些禮儀、便利及善意等措施。這種規範和措施，在相互基礎上，一般均能得到遵循，但它們不是國際法的法源，即使遭到抵制與破壞，也只構成不道德行為或不友好行為，並不引起當事國的法律責任。因為，它們並不具有法律約束力，除非它們通過某種法律程序確已轉化成了國際法規則。例如，早先對戰俘的某些人道主義待遇，現已通過國際條約轉化成了有約束力的國際法規範。

就國際法而言，它主要是由各國間的協議（條約）和習慣形成的，必要時由外力加以強制實施，是一種較為確定的規則。這種規則，與否定論所說的國際道德的區別主要就在於它們對當事國是具有法律約束力的。從上兩個世紀以來，國際法一直在作為國際交往中有法律約束力的行為規則而不斷發展。

(1) 各國常常通過其議會和政府宣示願意遵守作為國際行為規則的國際法。很多國家在其憲法中以明文確認國際法的效力。

(2) 各國在其締結的各種條約中，不僅接受權利而且承擔義務。甚至在違反國際法時，有關國家也並不否認國際法的存在，而是設法證明其行為的合法性。特別值得注意的是，《聯合國憲章》在其序言中鄭重宣布，各締約國決心「尊重由條約和國際法其他淵源而起之義務」，並強調依「國際法之原則調整或解決足以破壞和平之國際爭端」。《國際法院規約》也有「法院對於陳訴各項爭端，應依國際法裁判之」的條款。1969 年的《條約法公約》更明確規定，「凡有效之條約對其各當事國有拘束力」，「一當事國不得援引其國內法規定為理由而不履行條約」。

(3) 國際法的約束力不僅為各國所公認，在實踐中，國際法也是為各國所遵守的。國際法遭到破壞畢竟只是少數情況。而且，正如不能因為有強盜而否定國內法的效力一樣，也不能因為有侵略行為而否定國際法的效力。如果國際法確已遭到破壞，有關國家有權依法採取單獨或集體行動來保障國際法的執行。

(4) 自從 20 世紀初第二次海牙和會關於陸戰法規慣例的第四公約，規定交戰國違反陸戰法規者應負賠償責任之後，國際上出現了有關「制裁」的規則。1945 年的《聯合國憲章》規定了對侵略行為的強制行動，以實施集體制裁。第二次世界大戰結束後的紐倫堡和遠東兩個軍事法庭，各自根據倫敦協定、兩個法庭憲章及有關國際法規則，於 1945—1948 年分別對德日戰爭罪犯進行了國際審判。1949 年簽訂的日內瓦四公約，也規定了對嚴重破壞公約者加以有效之制裁。除國際聯盟曾根據《國聯盟約》對義大利進行過經濟制裁外，聯合國曾於 1966 年、1968 年、1976 年、1977 年對南羅得西亞，

於 1963 年、1977 年對南非，於 1990 年對伊拉克，近年來對利比亞、伊朗和朝鮮，多次分別宣布進行經濟制裁和武器禁運。可見，現代國際法的效力和國內法近似，在一定程度上，也是以對違法者實行某種制裁作為保證的。

(三) 國際法約束力的來源

在國際法理論上更深一層的問題是，為了論證國際法的法律性質，還必須回答「國際法效力的根據」問題。這一問題的實質是：國際法的約束力是從哪裡來的？它的基礎和根據是什麼？

自然法學說包括各種帶自然法色彩的新流派在內，一般認為國際法的約束效力產生於自然理性，而自然理性是決不可違背的。有的把這種理性稱為「法律良知」「正義觀念」或「最高規範」。這一學說將航海自由、人類和平、國家之獨立、平等、自保等權利，都歸於一種永恆的自然權利。自然法學說在歷史上新興資產階級反對歐洲封建的教皇霸權中起了重要作用，有些觀點如正義戰爭與非正義戰爭等，至今猶有影響。但是，它從一些抽象的概念出發，顯然使法律規範和倫理道德有所混同。且其內容多為「法學擬制」，難於在實踐水平上加以檢驗。

盛行於 19 世紀的實在法學說及其新的流派，一般認為國際法的約束效力產生於各國在國際習慣或條約中所表現出來的「共同意志」。這一學說認為，任何規則不能僅僅因其合理而成為國際法，只有在證明該規則確已為各國所共同同意後才能成為國際法；這種同意是國際法效力的基礎。這一學說的影響一直延續至今。與自然法說重視內容上的正義性相比，實在法說則重視形式上的有效性。后者主張，法與道德沒有必然聯繫，甚至認為某法律儘管不正義，只要是依正式程序制定的，即應有效。推至極端，這是一種「惡法亦法」論。

還有些學者，強調「權力政治」對國際法的決定性作用，認為國際法的效力來自各國「勢力均衡」。另一些學者則提倡「政策定向」學說，認為國際法的效力來自國際社會中「權威決策的總和」。這一學說，以美國現實主義法學派理論為基礎，產生於 20 世紀 60 年代。其代表人物主要出自耶魯大學，故有紐黑文學派之稱。這些學說在一定深度上揭示了政治權力、國家對外政策與國際法的關係。國際法誠然與世界政治勢力和各國對外政策密切相關，但是若將它們鑄為一體，則顯然悖於事理。

如果說以自然理性等來說明國際法的效力，是對神權法學的一大突破的話，那麼以共同意志等來說明國際法效力則是對自然法理論的一個更大的突破。因為這是第二個突破，使國際法從抽象的概念向可供捉摸的世界靠近了一步。但是，只重形式效力而忽視正義內容的「惡法亦法」等命題，無論在國內法還是在國際法中，都遭到了抨擊。

中國學者關於這一問題的觀點，也眾說紛紜，但較為普遍的認識是，國際法的約束力來源於「各國意志之間的協調」。這可以稱之為「意志協調說」。這種觀點，雖然將各國體現於所締結的條約之中的意志作為國際法效力的根據，但是這種意志不可能是各締約國的共同意志，而只是各國意志在求同存異基礎上的一種協調或「協議」。著名國際法學家周鯁生先生在其遺著《國際法》一書中寫道：國際法是各國公認的，它

代表各國統治階級的「協調的意志」。「意志協調說」較確切地闡明了各國意志之間的矛盾，同時也注意到這種矛盾還有可能協調的一面。這一認識，似乎與國際法的實踐較為接近。

(四) 國際法的特殊性

關於國際法的法律性質問題，我們應該從前面所闡述的「社會基礎論」的原理出發，探究國際法這一概念的兩個方面：一方面如上所述，它是法；另一方面與國內法相對照，它是一種特殊的法。國際法是「法」，這並非答案的全部，答案的真諦在於：它是「國際」的法。它作為國際的法，與各國的國內法比較，具有如下基本特徵：

1. 國際法是適用於國際社會的法律

(1) 從國際法調整的對象來分析，包括國際法在內的任何法律，從法律哲學上說，都根源於一定「物質的生活關係」，都是適應國家和社會生活的需要而產生的，因此，法律無不以一定社會關係作為其調整的對象。國際法是適用於國際社會的法。國際法調整的對象是廣義的國際關係，即包括國家與國家之間、國家與其他具有國際法律人格的國際實體之間以及此等實體彼此之間的關係。但基於國際社會結構的基本情況，國際法主要是調整國家之間關係的一種法律體系。國際法不調整各國內部發生的關係。這是國內法的調整範圍。雖然國際法規範有時對這種關係產生一定影響，甚至在一國內部有效，但是在一般情況下這只是根據該國國內立法而產生的一種轉化或並入。

(2) 從國際法的主體來分析，國際法律關係的主體主要是國家。此外，在一定條件下和一定範圍內，民族解放組織（處於形成期的國家）和國際組織等國際實體也可成為國際法律關係的主體。國際法原則上只規定國家間的權利義務。這裡，值得注意的是，法律制度在不斷發展，有些國際法規則或條約，實際上已具體涉及個人（自然人或法人）的若干權利義務，如在僑民待遇、人權保護、外交豁免等方面就是如此。但是，也需要看到，在多數場合，還需要通過締約國才能產生權利義務關係。因此，一般說來，國際法律關係的基本主體仍然是國家。

2. 國際法是平等者之間的法律

(1) 從國際法的形成方式來分析，如前所述，適用國際法的國際社會，主要是由眾多的主權國家組成的，和國內社會相比，它是一個高度分權的社會。國內社會，是在一定領土上，由國家管轄的自然人和法人為成員而構成的一種縱向的「寶塔式」社會。國內社會的權力集中於中央，國家有統一的中央權力機關。但是，國際社會的基本結構顯示，它是一種橫向的「平行式」社會，在其成員（各國）之上不可能有一個超國家的世界政府存在。因此，國際社會沒有一個統一的最高立法機關來制定法律。國際法是作為國際社會平等成員的各國，在相互協議的基礎上逐漸形成的。無論是條約法還是國際習慣法，都必須有主權國家的明示同意或默示同意才能生效。

(2) 從國際法的實施方式來分析，國際社會沒有一個處於國家之上的司法機關來適用和解釋法律，也沒有這樣一個行政機關來執行法律。雖然過去的國際聯盟和現在的聯合國，都設有國際法院，但它們對當事國並沒有像國內法院對當事人那樣的強制管轄權。從實質上分析，任何國家都不得被強迫違背其意志進行訴訟。各訴訟當事國

的自願是國際法院受理案件的基礎。雖然聯合國憲章所設立的集體安全制度有助於對破壞和平及侵略行為進行制裁，但是，憲章所規定的「執行措施」如涉及大國的利益，即有可能在安理會遭到否決。因此，聯合國不太可能對作為安理會常任理事國的大國實行制裁。國際法的實施，在很大程度上仍是憑藉國家本身的力量。可見，國家不僅是自己應遵守的國際法規範的制定者，而且在一定程度上又是這些約束它們自己的規範的解釋者和執行者。

綜觀上述各種特徵，與國內法相比，國際法是國際社會的法，它所建立的不是一種以統治權為基礎的法律秩序，它不像國內法那樣具有超於當事者的最高權威。國際法迄今仍然基本上是一種以國際社會的主權者「平等協作」為條件的法律體系，是一種國家之間的法律體系。因此，也常常被認為是一種較弱的法。這恰好從一個側面說明了國際法最本質的屬性和特徵。不過，應該看到現代國際法與傳統國際法相比，由於20世紀後半期以來國際社會組織化與民主化程度的提高，其影響與作用在21世紀定會有所發展和加強。

第二節　國際法的性質

一、國際法的性質

國際法的性質主要涉及法律性和普遍性這兩個問題。

(一) 國際法的法律性

作為適用於國際社會的法，國際法是具有約束力的法律規則而不是國際道德規範的論斷，在今天應該是個毋庸置疑的問題。但歷史上，曾有一些法學家對國際法的法律性持懷疑和否定態度。例如，19世紀英國法學家奧斯丁就認為，法律是主權者的命令，而國際法只是「實在的國際道德」。

當時人們否定國際法的法律性的原因是多方面的。如果對國際法規則進行歷史分析，將會發現，國內法形成在前，國際法形成在後。國際法在形成之初的階段，主要是國際習慣法，一些原則和規則的規定並不明確。雖然在18世紀已有國家通過憲法明確國際法的法律性質，但當時人們往往習慣用國內法的觀點去判斷和評價法律。由於國際法是不同於國內法的一個特殊的法律體系，如果以國內法的特點看待國際法，往往就會得出國際法不是法的結論。

20世紀以來，特別是聯合國成立以後，情況發生了很大變化。一方面，國際社會出現的大量問題使國家認識到僅靠單一的國家自身的力量難以解決，這些國家往往通過訂立條約的方式確立相互間合作的規則；另一方面，《聯合國憲章》所確立的國際法治的精神以及聯合國對國際法的編纂，使國際法的法律性更加清楚、明確。許多國家在建立和完善法治國家的過程中，也通過憲法和其他國內法明確國際法的法律地位以及遵守國際法的決心。

即使承認國際法是法，一些人對國際法的有效性也表示懷疑。特別是當有的國家

違反國際法規則時，如針對 2003 年美國對伊拉克發動戰爭這一事件，許多人對國際法提出質疑。其實，與各國的公民遵守國內法相比，國家遵守國際法的情況要遠遠多於違反國際法的情況。那為何人們還會對國際法的有效性產生懷疑？這與國際法不同於國內法的特殊性有關。國際法主要是調整國家之間關係的法律，國家是國際法的基本主體。當國家按照國際法所規定的權利和義務規則行事時，一般人可能感受不到，新聞媒體也不會報導。而當國家違反國際法時，全球新聞媒體的報導，使人們往往得出錯誤的結論，以為國際法沒有效力。亨金指出，幾乎所有的時候，幾乎所有的國家，遵守了幾乎所有的國際法原則和他們的義務。國際法之所以得到國家的普遍遵守，是因為主要由國家組成的國際社會需要國際法，而國際法的規則反應了各國間的「共同利益」，國際法又主要是通過國家之間以條約和習慣的方式形成「國際公認」而確立的。

關於國際法的法律性的另一個問題是國際法中有強行法嗎？在 1969 年的《維也納條約法公約》之前，關於這個問題存在激烈爭論。1969 年的《維也納條約法公約》明確提出了強行法規則的概念，而此后的國際法律實踐不斷肯定了國際法中存在強行法規則。

國際法的法律性自然使之成為國際正義和國際法治的基礎。維持國際正義和實現國際法治是聯合國努力追求的目標，與實現聯合國宗旨密不可分。1949 年的《國家權利義務宣言草案》經典地詮釋了這三者的關係：按聯合國憲章之本旨在於維持國際和平與安全，而法治與正義實為達成此項宗旨之要素。1970 年的《關於各國依聯合國憲章建立友好關係及合作之國際法原則宣言》進一步強調「基於自由、平等、正義及尊重基本人權之國際和平」以及「聯合國憲章在促進國際法治上至為重要」。尤其是近年來，聯合國通過眾多決議反覆重申，包括《聯合國憲章》在內的國際法是建立一個更和平、更繁榮、更公正的世界所不可或缺的基礎，法治是普遍和不可分割的聯合國核心價值和原則的一部分，強調在國際上必須遵守和實行法治，並維護以法治和國際法為基礎的國際秩序。中國倡導並致力於「和諧世界」，其法律基礎也是國際法。

(二) 國際法的普遍性

國際法是近代國際關係的產物。近代國際關係的開端是以 1648 年結束歐洲 30 年戰爭的威斯特伐利亞公會為標誌的。這次會議通過的《威斯特伐利亞和約》終結了羅馬帝國的「世界主權」，取而代之為民族國家主權，近代國家由此產生。因此，歐洲國家構成最初的國際社會，國際法是在它們之間通過習慣和條約逐漸發展起來的，因而近代國際法或傳統國際法又有歐洲國際法或歐洲公法之稱。到 19 世紀，國際社會的範圍擴大到歐洲以外的美洲國家和土耳其。但是，以歐洲為中心的國際社會仍然沒有發生根本變化，亞非許多國家沒有被接納為國際社會的成員。在歐洲國家與亞非國家之間的關係上，適用的不是流行於歐洲國家之間的國際法，而是以不平等條約、領事裁判權或租借地等形式表現的「帝國主義的國際法」或「弱肉強食的國際法」。尼日利亞籍前國際法院法官埃利亞斯指出：「自從格勞秀斯以來，特別是威斯特伐利亞條約以來，國際法在性質上和適用上，主要是歐洲的。」德國學者舒羅德爾明確承認，所謂

「古典的」國際法是「歐洲統治世界的國際法，歐洲殖民主義的國際法」。

第一次世界大戰結束后，從1648年開始的傳統國際法變成「新」的、「現代」的國際法。一方面，國際社會中的非歐洲成員的規模進一步擴大。第一次世界大戰後建立的國際聯盟向「一切國家、領地或殖民地」開放會員國資格，不受文化、宗教或地理的限制。特別是聯合國建立後，隨著廣大亞非殖民地的獨立，國家數量達到空前的程度，聯合國會員國從最初的51個增長到現在的192個，幾乎涵蓋了世界上所有的國家，因而國際社會完全擺脫歐洲中心的性質，成為名副其實的普遍國際社會。另一方面，非歐洲國家對國際法的影響日益增大。這不僅導致那些違背國家主權平等原則的舊原則、規則和制度被廢止，而且發展了許多民主的新原則、規則和制度。《常設國際法院規約》和《國際法院規約》都明文承認「世界各大文化及各主要法系」的貢獻。因此，歐洲公法變成屬於全世界性質的國際法，即普遍國際法。埃利亞斯說：「國際法已經不是歐洲的法律了，而它的各種制度現在是全世界範圍的。」英國學者詹克斯也認為，現在是「從以西方基督教為根據的各國大家庭的法律轉化成為一個普遍性世界社會的法律了」。

普遍國際法不僅是適用於所有國家組成的國際社會這個意義上的，而且還指國際法的有些規則對所有國家適用。然而，鑒於國家之間廣泛存在的地理、經濟和文化的差異，以及國際人格者數目的不斷增加和國際法規範對象的範圍不斷擴大，能夠普遍適用的規則是有限的。因此，國家之間的這些差異可能有必要在區域利益的共同基礎上加以發展和調整，從而制定關於特殊利益和情勢的特殊國際法規則。《聯合國憲章》承認區域辦法的存在及其重要性。理論上通常將這種特殊國際法稱為區域國際法，所謂美洲國際法和歐盟法就是例子。特殊國際法有助於國際法的發展，但是不能取代普遍國際法。而且，特殊國際法是以存在對一切國家有約束力的國際法原則為前提的，並參照這些原則予以解釋。蘇聯學者曾經基於社會制度提出「社會主義國際法」的概念，這是「在實質上更有害於國際法的普遍性的」的主張，現在已經被拋棄。

第三節　國際法的主體

一、概述

國際法的主體，即國際法律關係的主體，一般是指獨立參加國際關係並依國際法直接享受權利和承擔義務的行為者。

國際法主體具有以下三個基本特徵：

（1）國際法主體是國際法律關係的獨立參加者。國際法主體必須具有獨立參加國際法律關係的資格。這種資格是一種權利能力。所謂獨立參加國際關係，是指以自己的名義參加國際關係，自己與其他國際法主體的關係可以構成國際法律關係的內容。國際法是調整國際關係的法律，如果不具有獨立參加國際關係的資格，也就不可能直接承受國際法的權利和義務。

（2）國際法主體是國際法權利、義務的直接承擔者。法律關係的主體，一般是指在法律關係中依法享受權利和承擔義務者。作為國際法律關係的主體，其特性在於：在國際法律關係中依國際法享受權利和承擔義務。

（3）國際法主體既是國際法權利、義務的承擔者，又是參與國際事務的行為者。與國內法律關係的主體不同，國際法律關係的主體必須是行為者，即以自己的行為參與國際事務。

而某一行為者是否具有國際法主體的資格，往往取決於國際社會的發展和需要。國際法主體的性質和範圍不是一成不變的。在中國法學界，一般認為，國際法主體包括國家、國際組織和爭取獨立的民族。爭議較大的問題主要是對個人主體資格的看法。

二、國家是國際法的基本主體

國家曾經是國際法的唯一主體，隨著國際關係的發展，國際社會對國際法其他主體的認可，國家成為國際法的基本主體。與國際法的其他主體相比，具有主權這一特性是其他主體無法比擬的基本特性。國家作為國際法的基本主體主要取決於以下幾個因素：

（1）國家具有主權，可以自主參與和發展各類國際法律關係。國際法是以國際關係為調整對象的法律。在當今國際社會中，國際關係種類繁多，但主要可以分為國家間的國際關係（雙邊和多邊）、國家和國際組織間的國際關係、國際組織間的國際關係。在上述各類國際關係中，個人由於受國家管轄，在國際關係中的位置是有限的，國際組織在國際關係中的職能是以各成員國的授權為基礎的。

（2）國家是國際法規範的基本對象。在國際法所調整的各類國際關係中，以國家主權為基礎的國際關係一直是最基本的國際關係，國家是各類國際法律關係中國際法所規範的基本對象，規範各國在國際法律關係中的權利、義務和責任是國際法規範的主要內容。

（3）國家既是制定和發展國際法的基本主體，又是遵守和實施國際法的基本主體。可以這樣說，在當今的國際社會，如果沒有國家這個國際法的基本主體，也就不會有國際法。無論是國際法規範的形成和發展，還是國際法規範的遵守和實施，國家都發揮著其他國際法主體不可替代的獨特作用。

三、國際組織是國際法的重要主體

國際組織的國際法主體資格，是隨著國際組織的發展逐漸得到確認的。《聯合國憲章》第一百零四條明確規定，本組織於每一會員國之領土內，應享受與執行職務及達成宗旨所必需之法律行為能力。在1949年「關於為聯合國服務而受損害的賠償案件」中，國際法院明確指出，聯合國具有國際法律人格，是國際法主體。

20世紀曾被人們稱為「國際組織的世紀」。進入21世紀後，國際組織在國際社會中進一步發揮重要作用。在國際法領域，國際組織已逐漸成為國際社會在「維持國際和平及安全」「促成全球人民經濟及社會之進展」方面進行合作的一種重要的組織形式和法律形式。

國際組織作為國際法的重要主體，主要取決於以下幾個因素：

(一) 國際組織是各國進行國際合作的重要法律形式

國際組織是適應國家之間合作的產物。各國從傳統的國家間的雙邊合作發展為地區間的以及全球性的國際組織合作。這是因為僅靠單一國家以及少數國家的分散合作難以有效維持國際和平及安全，也難以有效促成全球人民經濟及社會之發展。因此，各主權國家通過條約建立了各類國際組織，授予國際組織執行其職務及達成其宗旨所必需的職權。

(二) 國際組織是國際法規範的重要對象

在國際法所調整的國際關係中，涉及國際組織的既有國家與國際組織的關係，也有國際組織與國際組織的關係，還有國際組織與個人的關係。此外，國際組織內部的各機構之間的關係以及國際組織在按照組織章程的活動中所形成的慣例也成為國際法律關係的重要內容。

(三) 國際組織是參與制定和發展國際法的重要主體

國際組織既是參與制定和發展國際法的重要主體，又是遵守和實施國際法的重要主體。從國際法的各類淵源來看，國際組織均可以發揮重要作用。特別是聯合國建立以來，聯合國的各主要機關，對於國際法的確立和遵守，具有越來越重要的作用。

與國家相比，國際組織的國際法主體地位是有限的、派生的。因為國際組織只是各國為了在某一領域進行合作而建立的法律形式。它不是國家，其權利能力和行為能力是成員國通過協議賦予的，其活動限於組織章程規定的範圍。

四、爭取獨立的民族是國際法的主體

爭取獨立的民族作為國際法主體資格，是隨著 20 世紀民族解放和獨立運動的發展而逐步得到承認的。第一次世界大戰期間，捷克斯洛伐克和波蘭人民為爭取民族獨立，在巴黎成立了民族委員會，先後獲得了英、法等國的承認，並作為協約國的同盟者參加了巴黎和會。第二次世界大戰後，爭取獨立的民族的國際法主體資格得到了更多的國家承認。

人民自決原則是爭取獨立的民族具有國際法主體資格的法律基礎。《聯合國憲章》第一條第二款明確規定，發展國際間以「尊重人民平等權利及自決原則」為根據之友好關係，並採取其他適當辦法，以增強普遍和平。1970 年《關於各國依聯合國憲章建立友好關係及合作之國際法原則之宣言》將「各民族平等及自決原則」列為國際法的基本原則。隨著人民自決原則成為國際法基本原則，不僅使爭取獨立的民族的國際法主體資格這一問題得到解決，而且還促進了爭取獨立的民族建立獨立國家的進程。因為按照人民自決原則的要求，每一國均有義務按照憲章規定尊重各民族平等及自決權利。每一國均有義務依照憲章規定，以共同及個別行動，促進各民族享有平等權利及自決權原則之實現。

儘管爭取獨立的民族具有國際法主體資格，但由於其實際能力的局限，如爭取獨

立的民族未能在全國範圍實現有效統治，行使管轄權的範圍就受到一定限制。這些狀況直接限制了其實際享受國際法上的權利、承擔國際法上的義務。由於爭取獨立的民族的最終目標是建立獨立的民族國家，從這種意義上說，爭取獨立的民族是一種過渡性的國際法主體。

五、關於個人的國際法主體資格

關於個人是否具有國際法主體資格的問題，中國法學界一直存在爭論。認為個人不具有國際法主體的理由，主要是基於國際法是國家之間的法律，個人處於所屬國家的管轄之下，不具有獨立參與國際關係的能力，不具有直接承受國際法上的權利和義務的能力。針對國際法有關懲處個人國際犯罪行為的規定，有的學者認為這表明個人是國際法客體。

隨著越來越多的國際公約明確規定個人的權利和義務，中國學者逐漸接受個人在國際法的某些領域能夠直接承受國際法的權利和義務，具有國際法主體資格。例如，李浩培教授曾指出：個人是國際法的部分主體；個人的部分國際法主體地位依賴於各主權國家的意志；由於一些主權國家以條約規定個人具有部分國際法主體地位，個人才取得這種地位。個人具有國際法主體資格的情況特別明顯地表現在國際刑法領域。

個人是國際刑法的主體，而不是國際刑法的客體。這是因為國際刑法是以控製國際犯罪為主要任務的國際法律體系。國際犯罪離不開具體的個人，而現代國際社會控製國際犯罪又必須保障基本人權。因此，國際刑法就必須明確規定個人在國際刑事法律關係中的地位，規定個人的權利、義務和責任。現在許多國際刑法公約都對個人在國際刑事法律關係中的權利和義務予以明確規定。例如，《國際刑事法院規約》不僅規定了「個人的刑事責任」，還規定了「被告人的權利」以及「被害人和證人的保護與參與」。個人也曾有過僅被作為法律關係客體來對待的時期。例如，在奴隸社會，奴隸被作為「物」，可以買賣。因此，在國家間有關引渡奴隸的條約中，奴隸也不可能有「權利」。這與現在的引渡條約中明確規定個人的權利形成天壤之別。

根據國際刑法公約的規定和國際實踐，作為國際刑法主體的個人，不僅指自然人，還包括法人。但總的來說，即使承認個人在國際法的某些領域（如國際刑法領域）具有國際法主體資格，其範圍也是很有限的。

第四節　國際法與國內法

為了深入理解國際法的性質和基礎，除上述最基本的原理之外，還應從橫向比較的角度進一步具體探討國際法與國內法以法律效力為核心的各種關係問題。

一、關於國際法與國內法關係的早期學說

如前所述，國際法是有別於國內法的另一種法。若要更全面地揭示國際法的特殊性，就須先剖析有關兩者關係的各種學說，然后再闡述兩者關係的各國實踐。

國際法與國內法的關係，無論在理論或實踐上，都是一個很複雜的問題。兩者關係問題的實質是：在彼此並存時，「各自的法律效力如何」？或者說，在彼此發生抵觸時，「何者處於優先地位」？各國學者對這一問題的解釋及論述甚多，形成了種種學說。其中較早的和最有代表性的，是「法律的一元論」和「法律的二元論」。在一元論中，又因所強調的隸屬關係不同而有國內法優先說和國際法優先說之分。

(一) 國內法優先說

在國際法形成獨立體系以前的自然法理論是一種法律一元論。它認為國際法與國內法都從屬於自然法，是一個法律體系。但後來的國內法優先說則有所不同，它主張的是一種國際法從屬於國內法的一元論，其實質是國內法的效力應高於國際法的效力。這一理論，興起於 19 世紀，以 19 世紀末期的一些德國學者如耶利內克（Georg Jellinek, 1851—1911）等為代表。他們主張國際法和國內法從整體上構成一個統一的法律體系，但以國內法的效力為優先；同國內法相比，國際法是次一級的法律。他們認為，國家的所有對外活動，都是以其國內法為根據的，如條約的締結，必須先有國內憲法的授權，否則條約就不可能產生，因此，國際法的效力來自國內法。在整個法律體系中，國際法應處於國內法的下位，並從屬於國內法。他們甚至把國際法理解為所謂「對外的國家法」。

國內法優先說源於黑格爾的「國家至上」觀念，有濃厚的強權思想。依照這一學說的邏輯推理，既然國際法從屬於國內法，各國即可憑藉本國法律任意解除其國際義務，這樣勢必導致對國際法效力的根本否定。國內法優先說，不僅在理論上非常片面，而且和現實的法律經驗也很不相符，相去甚遠，因此遭到了二元論的尖銳批評。經過第一次世界大戰，特別是在第二次世界大戰之後，這一學說已逐漸衰落，失去了影響力。

(二) 國際法優先說

一元論中的國際法優先說早已有之，但其較系統的理論，則是在進入 20 世紀以後才逐步形成的。它以世界主義思潮為背景，曾在歐美法學中盛行，現在仍有一定影響。這種理論認為，國際法與國內法是一個法律體系，在此體系中，國際法應處於金字塔的最高位，各國的國內法從屬於國際法，均處於低位。其實質是國際法的效力應高於國內法（憲法）的效力。這一學說最著名的代表是規範學派的學者凱爾遜（H. Kelsen, 1896—1973）等人。他們否認國家意志創造法律，而主張法律的統一性。他們認為整個法律體系有層次之分，國內法的效力是國際法賦予的，而國際法的效力則來自一個不以人們意志為轉移的最高的「原始規範」。但是，這一學說始終無法證實這個原始規範自身的效力根據，最後只能勉強地把它歸結到「法律良知」等一些抽象的概念中去。

顯然，國際法優先說帶有很深的古典自然法學說的色彩。按照此學說，既然國內法從屬於國際法，國內法所賴以存在的國家主權就必然會遭到否定，這無疑也是對國際法基礎的一種破壞。可見，國際法優先說與現實國際社會的基本結構是相互矛盾的。

（三）國際法和國內法平行說

　　國際法與國內法平行說，同上述一元論的兩種學說相對照，它是法律上的二元論。

　　最早從理論上闡明二元論的名著，是德國特里佩爾（H. Triepel, 1868—1946）的《國際法與國內法》一書。最初，二元論對國內法優先說進行了有力的批評，後來，國際法優先說又同二元論形成了學術上的對立。二元論與一元論的長期論戰，對國際法特別是對國際法學的發展做出了巨大貢獻，同時也加深了人們對國際法的性質和基礎的更為科學的認識。二元論依據實在法理論，主張國際法與國內法分別構成各自的法律秩序，有各自的效力範圍，是兩種完全不相同的法律體系。

　　平行說的主要論點可以概括為以下幾個方面：

1. 國內法和國際法的效力根據不同

　　前者的約束力來自本國單獨的意志，後者的約束力則來自多國共同的意志。

2. 國內法和國際法的調整對象不同

　　前者是用以調整隸屬於國家的個人相互間的關係或國家與其國民間的關係，後者則是用以調整國家相互間的關係。

3. 國內法和國際法的法律淵源不同

　　前者的淵源是國內立法，其根本規範是「立法者的命令應該服從」；後者的淵源則是國際習慣與條約，其根本規範是「條約必須遵守」。

　　平行說的結論是：國內法和國際法的關係，不是一種從屬關係，而是一種平行關係。它們基礎和性質不同，各有自己的效力範圍，分別形成兩種完全獨立的法律體系。國內法適用於國內，國際法適用於國際，在此範圍內，各行其道，互不抵觸。一般情況下，國際法不能在國內直接適用，除非一國憲法或法律做出直接適用的明確規定；若要使國際法適用於國內，必須通過某種國家行為（法律程序）將其「轉化」為國內法。

　　平行說從實在法出發，較正確地分析了國際法與國內法的不同性質，論證兩者是兩種效力範圍不同的法律體系，這是國際法理論上的一個重要發展。但是平行說在強調國際法與國內法各自獨立的一面時，忽視了兩者彼此聯繫非常密切的另一面，對這兩個體系的解釋不免帶有片面性，甚至使之絕對化了。因而，它仍然難於全面闡明實際的法律現象以及國際法與國內法兩者所特有的複雜關係。

二、國際法與國內法內在聯繫論

　　任何事物都是對立的統一，作為兩個不同法律體系的國際法與國內法之間的關係也不例外。上述法律一元論完全否定了兩者「對立」的一面，而法律二元論則忽略了兩者「統一」的一面。我們從前面對國際法的社會基礎與法律性質所作的基本分析，可以看出：一方面，國際法與國內法，在性質、主體、淵源、效力根據、適用範圍、調整對象和實際執行等方面，都有著顯著區別；另一方面，現代國際實踐也向我們表明，這兩個不同的法律體系的存在與發展，並不是彼此孤立無關，而是有著內在聯繫

的。例如，國際海洋法，不可能不與各國關於領海及漁業的法律制度發生關係；一國關於庇護和引渡等問題的具體規定，必然與國際法的一般原則具有聯繫。關於國籍問題，國際法有一般規定，而國籍的取得與喪失，則需各國制定具體規則。1930年的《國籍法衝突公約》第一條規定：「每一國家依照其本國法律斷定誰是它的國民。」這兩種不同體系的規則，如相一致，則產生相互支持及補充的效果；如不一致，則可能在法律關係中發生抵觸。無論是哪一種情況，都將在法律的實施中體現出來。在不一致的情況下，就需要從法律效力和適用範圍上解決國際法與國內法彼此衝突的問題。

筆者認為國際法與國內法發生內在聯繫的根本因素和紐帶主要來自以下幾個方面：

（1）國家是國際法與國內法發生內在聯繫的最重要的紐帶和動力。雖然國內法和國際法的產生及形成，各有截然不同的程序，但是均以國家的存在及其意志活動為前提，均以此為法律效力的根據。國家既是國內法的制定者，也是參與制定國際法的主體。因此，能為國家所接受的國際法規範必然與其國內法規範具有內在聯繫。

（2）國家的對內職能及政策同國家的對外職能及政策，雖然分屬兩個不同領域，但彼此密切相關。這一客觀事實加強了國內法和國際法在實踐中的聯繫，必然使兩者在付諸實施的過程中相互發揮作用。

（3）適用國內法的國內社會和適用國際法的國際社會，雖各有特點，但具有千絲萬縷的關係。從縱向關係來考察，國內社會及其法律制度形成在前，國際社會及其法律制度發展在後，這種歷史聯繫使國際法承襲了一部分國內法的有益經驗及一般性規則；從橫向關係來考察，國內事務與國際事務，彼此交叉，相互滲透，這種情況對國際法與國內法在效力與適用的範圍上無疑會產生重要影響。在當今情況下，國家間交往愈頻繁，人類組織化程度愈高，國際社會和國內社會的聯繫就愈緊密，國際法與國內法的關係也就更為複雜。

上述有關國際法與國內法關係的這種觀點及論證，我們可以將其稱為「國際法與國內法內在聯繫論」。

三、關於國際法與國內法關係的各國實踐

（一）通過何種程序國際法才能在國內適用的問題

如上所述，國際法與國內法是兩個有密切聯繫的法律體系。這種聯繫的一個重要表現，是國際法在國內的效力問題，或者說國際法如何在國內（法院）適用的問題。

國際法是國際社會的行為規則，在國際關係中必須予以遵守。為了確保國際法的有效執行，還需要得到各國國內法律秩序的支持。因為國際法所調整的是國際關係，而不是國家內部關係，所以，國際法關於國家間權利和義務的規定，其效力原則上只及於作為國際法主體的國家，而一般不能直接及於國家內部的機關和個人。這些權利和義務，在國家內部到底根據什麼形式、通過什麼程序、如何具體履行的問題，是一國主權範圍內的事情，應由國內法來加以補充規定。例如，1948年的《防止及懲辦滅種罪公約》，除其他有關滅種罪的實質性條款外，還專門以第五條規定，「締約國允諾各依其本國憲法制定必要之法律以實施本公約各項規定」。實際上，國際法的任何規

則，不論是有關國家權利還是義務的規則，都需要進一步通過國內立法的補充，才能得到有效的執行。值得注意的是，某些當代自成體系的國際法對於其在國內的實施方式和程序有更為具體與明確的要求。例如，世界貿易組織中的一些多邊貿易協定明確要求各成員要建立適當的獨立審查機構和程序（司法的或行政的）以及設立專門的諮詢點，以保證有關多邊貿易協定的實施。

國際法究竟怎樣通過國內立法在國家之內實施呢？要使國際法能在國內實施，首先必須使國際法具有國內法的效力，以便使其能適用於國內。關於使國際法在國內具有效力並能適用的問題，各國情況不一。

在國際習慣法方面，如英國，很早即有國際習慣法為國內法一部分的原則。后來，包括美國、日本、德國、法國在內的許多國家也承認國際習慣在國內的可適用性。但各國在適用中所加的限制條件，則有寬有嚴，不盡相同。在條約法方面，如美國，以憲法明文規定條約為國內法的組成部分。日本、法國、奧地利、荷蘭等國也承認條約在國內的效力。但以英國為代表的另一些國家，則非如此。英國法律規定，王國政府締結、批准的條約，還必須在議會就該項條約通過一項特定法案后，才能在英國法院適用。

各國立法在這一方面所採取的具體方式也是多種多樣的。因為各國憲法體制各有差異，所以在國際法上不可能就這一方面形成統一的規則。但從實踐來分析，各國所採取的立法方式，概括起來可以分為兩大類：

1. 轉化

有的國家，為了使國際法能在國內有效地加以適用，通過其立法機關，將國際法有關具體規則變成國內法體系，用國內法的形式表現出來。如果國內法缺少有關國際法規則所要求的內容，則規定新的國內法，將國際法規則的內容納進其中；如果國內法規則與國際法相矛盾，則修改國內法的有關條款，使之有助於國際法在國內的履行。

2. 並入

有的國家，為了使國際法能在國內直接適用，一般地做出原則規定，從總體上承認國際法為國內法的一部分。這可以由憲法統一規定國際法具有國內法效力，或由立法機關就某項條約通過專門法案賦予其國內法效力，也可以用其他方法（如通過批准條約、公布條約、司法判例等）使之能在國內（法院）適用。

(二) 國際法在國內適用過程中的等級問題

在解決國際法能在國內適用的問題之後，另一個突出問題就是國際法與國內法的效力順序問題。

如上所述，國際法所規定的權利和義務的對象，從整體上看是國家本身。當國際法與國內法發生關係時，國家到底怎樣在國內具體履行自己所承擔的國際義務，原則上是國家的自由。上述兩種立法方式，是與此有關的兩種不同憲法原則的反應。從理論上說，轉化方式基本上不承認國際法在國內的效力，而並入方式則傾向於承認國際法在國內的效力。採前一類方式的國家，在國內只適用國內法，而不直接適用國際法，

這在程序上比較簡單；採后一類方式的國家，在國內除適用國內法外還要適用國際法，相對而言，這在程序上就要複雜多了。到底被並入的國際法在國內體制中處於什麼地位？特別是當兩種法律發生抵觸時，為了解決這一衝突，究竟應優先適用兩者中的哪一種呢？這就出現了一個效力等級和順序的問題。各國關於這個問題的規則，不盡相同。

1. 就條約而言

除有些國家未對上述問題做出規定外，有很多國家確認條約在國內適用中的效力高於國內法。例如，1958年法國憲法第五十五條規定，凡依法批准或通過的條約，具有高於國內法的效力。日本、剛果、扎伊爾、中非、哥倫比亞、希臘、荷蘭等國也有過類似規定。另有一些國家認為，條約在國內適用中的效力與國內法相等。例如，美國憲法第六條規定，依憲法制定的聯邦法律和以聯邦權利締結的條約，都是全國的最高法律（高於各州法律）。但按美國最高法院判例的解釋，美國憲法第六條所指的條約只限於「自動執行條約」。當這種條約同聯邦法律發生抵觸時，則採用「后法優於前法」的原則來處理。這種採后法優於前法的國家，實際上並沒有為解決國際法同國內法相抵觸的問題提供一項真正確定的原則。因為如有需要，國家可以隨時由立法機關通過一項新法規，使已經成為國內法一部分的有關條約處於不適用的地位。

2. 就國際習慣法而言

除很多國家對此未做規定外，有些國家確認國際習慣在國內適用中的效力高於國內法。例如，1949年聯邦德國憲法明文規定，國際習慣法是其法律的組成部分，位於各項法律之上。日本、義大利及希臘也做過類似規定。另有不少國家認為，國際習慣在國內適用中的效力低於國內法。如英國法律，雖然沒有關於國際習慣在國內地位的明確規定，但它通過判例表明，國際習慣法如果與議會制定的法律抵觸，應以議會的法律為優先。美國等其他一些國家也採取過類似的原則。

(三) 國際法與國家憲法的關係問題

上面所做的比較分析，是針對國際法在國內適用中與國內一般法律的關係而言的。至於國際法在國內適用中與國家憲法的關係問題，各國一般均不願賦予國際法以高於國內法（憲法）的效力。由於各國憲法對這一問題一般均採迴避態度，不予規定，所以兩者在國內適用中的關係，完全取決於各國的具體政策與態度。但是，在實踐中，一般都通過解釋盡量使兩者一致起來。

(四) 中國的實踐

中國憲法雖然尚未就國際法在國內的適用與地位問題做出一般性的規定，但在若干部門法中已為此設有專門條款。如《中華人民共和國民法通則》在第八章「涉外民事關係的法律適用」中規定：中國締結或者參加的國際條約同中國的民事法律有不同規定的，「適用國際條約的規定」，但中國聲明保留的條款除外。中國法律和中國締結或者參加的國際條約沒有規定的，「可以適用國際慣例」，但適用國際慣例不得違背中國的社會公共利益。這些規定，在上述有關範圍內表明：①中國締結或參加的國際條

約，除聲明保留的條款外，在中國具有法律效力；②在中國締結或參加的國際條約與中國國內法規定不一致時，國際條約在國內適用中處於優先地位；③國際慣例在中國具有法律效力，但由於只有在缺乏法律或條約規定的情況下才可以在國內適用國際慣例。所以，國際慣例在適用上僅起補充（或補缺）的作用，其效力顯然是在國內法與國際條約之下。不過，必須注意的是，《民法通則》中所稱的「國際慣例」，主要是指國際商業慣例，與國際法上的國際習慣有所不同。

在中國其他部門法中，還有若干關於「直接適用國際條約」的規定。較早採用這種方式的是1982年的《中華人民共和國民事訴訟法》。該法規定：對享有司法豁免權的外國人或某些組織提起的民事訴訟，法院根據中國法律和「中國締結或參加的國際條約的規定辦理」。其後，在《中華人民共和國行政訴訟法》《中華人民共和國郵政法》《中華人民共和國環境保護法》等之中，均有類似規定。此外，為了履行中國加入的國際條約，還制定了一些專門條例，以便將國際法「轉化」為國內法。中國為履行有關外交關係和領事關係的兩個維也納公約而制定的《外交特權與豁免條例》和《領事特權與豁免條例》，就是這方面的典型例子。

四、國際法在國際關係中的普遍效力

綜觀國際實踐，國際法作為調整國際關係的行為規則，其效力及於國際社會的所有成員（國家）。國際法在國際關係的廣泛範圍內，從基本制度上對國際法與國內法的關係做了原則性規定。一方面，條約必須遵守，國家不能以國內法改變國際法。國家必須誠實守信地履行國際義務。另一方面，內政不容干涉，國際法不能干預國家依主權原則而制定的國內法。凡未承擔國際義務的事項，均屬國內管轄，由國內法調整，不在國際法效力範圍之內。這兩個方面是彼此聯繫且相互制約的。

在國際關係中，國家既然依國際法承擔了國際義務，就有責任使其國內法與其國際義務保持一致，不得以任何國內法為理由而否認國際義務。1966年的《消除一切形式種族歧視國際公約》第二條體現了這一原則。該條規定：「締約國應採取有效措施……對任何法律規章之足以造成持續……種族歧視者，予以修正、廢止或宣告無效。」《維也納條約法公約》第二十七條也明文規定了歷來國際社會所普遍承認的原則：「……國家不得援引其國內法規定為理由而不履行條約」（但在違反有關締約權限的國內法規定時，可使條約無效）。《建立世界貿易組織協定》第十六條更為具體地規定：「每一成員應當保證其法律、規則和行政程序，與所附各協議中的義務相一致。」

如前所述，國際法與國內法都是國家意志的體現，從邏輯上推論，兩者是不會、也不應該發生抵觸的。但是，在千差萬別的國際實踐中，抵觸很難完全避免。如果國際法與國內法已經發生抵觸，而有關國內法院仍根據該國國內法做出裁判，致使國家違背依國際法所承擔的義務時，則必然會產生國際法上的「國家責任」。儘管在國內體制上，國家機關及其法院（除憲法或法律另有規定外），可能有責任不顧條約規定而適用國內法，但在國際關係上，該國作為國際法主體，應對其所屬法院的這一司法行為承擔違反國際法的一切國際責任，因為該行為已經構成該國的國際不法行為。

國際司法機關曾經利用多次機會表明，國家在國際關係中的權利和義務是由國際法規定的，國家不能利用國內法來改變國際法。此外，在關於《在但澤的波蘭國民之待遇問題》的諮詢意見中，又一次明確闡述了這一重要原則：一國不能以其國內法來規避依據國際法或有效國際條約所承擔的國際義務。1956年9月24日美意和解委員會在《特勒夫斯訴義大利共和國案》中所持的見解，也反應了這一公認的國際法原則。

第二章　國際法的基本原則

第一節　概述

一、國際法基本原則的概念

國際法基本原則是與國際法上的具體原則相對應的一個概念。

迄今為止，中外國際法學者對什麼是國際法基本原則和哪些原則是國際法基本原則，並無統一的認識。一般來說，國際法基本原則是指那些被各國公認和接受的、具有普遍約束力的、適用於國際法各個領域的、構成國際法基礎的法律原則。從上述定義可以看出，國際法基本原則具有以下四個主要特徵：

(一) 國際社會公認

國際社會公認是國際法基本原則的基本特徵和要件之一。因此，一個或幾個國家提出的原則，在未得到國際社會接受之前，尚不足以稱為國際法基本原則。只有當一項原則在國際社會中反覆出現，並被作為整體的國際社會認定為指導國際關係的一般準則時，它才有可能成為國際法基本原則。現代國際法基本原則的認定方式是各種各樣的，各國可以通過立法、判例和政府聲明等國內方式來認定，也可以發表聯合聲明或宣言、簽訂雙邊或多邊條約、制定國際組織尤其是普遍性國際組織的章程以及通過這類組織的決議等國際的方式表示承認。

(二) 具有普遍約束力

這是針對國際法基本原則的適用對象而言的。這一特徵意味著國際法基本原則一經確認，不僅對某些國家或某一類國際法主體具有約束力，而且對所有國家及所有的國際法主體都具有約束力。從這個意義上講，國際法基本原則具有強行法的特徵。

(三) 適用於一切國際法領域

這是區別基本原則與各種具體規則的一個重要標準。國際法的具體規則僅適用於特定的國際法領域或部門，而國際法基本原則是適用於國際法各個領域的原則，對國際法的各個分支部門具有一般性的指導作用。

(四) 構成國際法體系的基礎

國際法基本原則是整個國際法體系的法律基礎，國際法的具體規則和規範是從國際法基本原則中派生和引申出來的，它們必須符合國際法基本原則，不能與國際法基

本原則相違背。如果說國際法是主權國家在人類這個「地球村」裡栽培的一棵參天大樹，那麼國際法基本原則就是樹干，國際法的具體原則、規則和規章、制度就是這一樹干上伸展的茂盛枝葉。

二、國際法基本原則與國際強行法

強行法也稱為絕對法、強制法或強制規律，是指必須絕對執行的法律規範，是與任意法相對應的一個概念。

強行法起源於國內法。1969 年《維也納條約法公約》第一次正式使用了國際強行法概念。該法第五十三條規定：「一般國際法強制規範指國家之國際社會全體接受並公認為不許損抑，且僅有以后具有同等性質之一般國際法規範始得更改之規範。」「條約在締結時與一般強制規律抵觸者無效。」但是，國際法上哪些規範屬於強制規律以及國際法基本原則是不是強制規律？該法對於這些問題並未做出明文規定，理論上也一直有爭議。不過，從上述規定中可以推定，國際法基本原則應該屬於強行法的範疇，而不是任意選擇的法律規範。國際法基本原則與國際法強制規律在確認的程度和效力的性質上有相同之處。但是，基本原則並不等於強行規律，反之亦然。基本原則是適用於一切國際法領域的一般性指導原則，而強制規律有可能是某一特定國際法部門的具體規則。例如，有關懲治國際犯罪行為（海盜、恐怖活動等）的規則，被認為具有強行性，但並不是國際法基本原則。由此可見，國際法基本原則和國際強行規範是既有聯繫又有區別的兩個不同法律概念，二者不可以截然分開，也不可以完全等同的。

三、國際法基本原則的歷史發展

國際法基本原則是隨著人類社會的進步和國際關係的需要而產生和發展的。國際社會也需要一定的基本原則來調整國際關係。但是，國際社會是平等者之間組成的社會，在這個社會中不可能有一個最高權力機關來制定此等基本準則，國際法基本原則只能在主權國家的交往中逐漸形成。

自從近代眾多獨立國家同時並存並逐漸形成一個廣泛的國際社會之後，國際法基本原則才有了賴以形成和發展的土壤。到 18 世紀，國家主權概念已頗為盛行。資產階級為了反對封建壓迫和禁錮，倡導了諸如國家主權、不干涉內政、國家平等等指導國家間關係的一般原則。然而，在 20 世紀以前，如同整個國際法一樣，國際法基本原則的適用範圍，仍主要局限於所謂基督教「文明國家」之間的關係。

第一次世界大戰之後，國際社會的空間進一步擴大，而且在這個空間中出現了嶄新的成員——社會主義國家。從此，國際法基本原則進入了一個新的發展階段。經過《國際聯盟盟約》和《巴黎非戰公約》等國際文件的確認，互不侵犯原則、和平解決國際爭端原則等也初步確立起來了。

第二次世界大戰，使人類慘遭空前的浩劫，同時也推動了反對侵略戰爭、維護世界和平與安全以及民族解放鬥爭的發展。從戰爭廢墟上孕育出來的《聯合國憲章》確立了一系列國際法基本原則。第二次世界大戰後，隨著民族解放運動的高漲，一大批獨立國家興起，這些國家倡導了若干指導國家間關係的基本原則如中國與印度、緬甸

共同倡導的和平共處五項原則、亞非會議提出的十項原則等。自 20 世紀 60 年代以來，根據國際格局的變化和時代的要求，聯合國大會先後通過了一系列載有國際法基本原則的決議，其中較為重要的有 1960 年的《給予殖民地國家和人民獨立宣言》、1965 年的《關於各國內政不容干涉及獨立與主權之保護宣言》、1970 年的《關於各國依聯合國憲章建立友好關係及合作之國際法原則宣言》（簡稱《國際法原則宣言》）、1974 年的《各國經濟權利和義務憲章》等。其中，《國際法原則宣言》包括的七項原則是：①不使用武力威脅或使用武力；②和平解決國際爭端；③不干涉任何國家內政；④各國依照憲章彼此合作；⑤各民族權利平等與自決；⑥各國主權平等；⑦善意履行憲章義務。這是國際社會第一次以聯合國大會通過宣言的形式來列舉並確認國際法的基本原則，這對所有國家在其國際行為上遵守國際法和貫徹《聯合國憲章》的各項宗旨和原則，具有非常重要的意義。至此，一個由若干原則構成的現代國際法基本原則的體系初步形成。

20 世紀 80 年代聯合國大會又通過了一系列闡釋國際法基本原則的重要決議，如 1981 年的《不容干涉和干預別國內政宣言》、1982 年的《關於和平解決國際爭端的馬尼拉宣言》和 1987 年的《加強在國際關係上不使用武力或進行武力威脅原則的效力宣言》。這些宣言極大地豐富和完善了現代國際法基本原則的內容和體系。

四、《聯合國憲章》與國際法基本原則

在現代國際法基本原則的體系中，《聯合國憲章》所確立的七項原則處於核心地位。這七項原則是：會員國主權平等、善意履行憲章義務、和平解決國際爭端、禁止武力相威脅或使用武力、集體協助、確保非會員國遵守憲章原則和不干涉內政。上述憲章的原則之所以構成現代國際法基本原則的核心，是因為以下幾個原因：

（1）《聯合國憲章》是國際文件中第一次系統地規定國際關係的基本準則。在此之前，雖然有一些國際公約如《國際聯盟盟約》《巴黎非戰公約》《關於美洲原則的宣言》等曾規定過一些原則，但均不如憲章規定的那樣明確、具體和系統。所以，在聯合國成立以前，國際法基本原則仍處在零散的狀態。《聯合國憲章》標誌著國際法基本原則的發展進入了較為系統的新時代。

（2）《聯合國憲章》是迄今擁有締約國最多的一個多邊條約，聯合國是迄今擁有會員國最多的一個全球性國際組織。由幾乎世界上所有國家都參加的組織的章程所確立的原則，無疑最具有權威性，最能充分表明其公認和接受的普遍性。

（3）《聯合國憲章》是現代國際法基本原則的體系趨於完善的重要標誌。《聯合國憲章》之後的各種國際文件所列的原則，雖然數目不等，內容不盡相同，措辭也不完全一樣，但都是在《聯合國憲章》的基礎上引申和發展的。不論是中國同印度、緬甸共同倡導的和平共處五項原則、亞非會議提出的十項原則、歐洲安全與合作會議在《赫爾辛基最后文件》確立的十項原則，還是聯合國大會通過的《國際法原則宣言》《各國經濟權利和義務憲章》等決議，均與《聯合國憲章》原則的精神是一致的，其中有的是進一步宣示、解釋、強調或重申《聯合國憲章》的原則，有的則是對憲章原則的發展。

總之，雖然《聯合國憲章》是從組織法的角度規定聯合國及其會員國應遵守的基本原則，但是由於聯合國組織成員國的廣泛代表性和《聯合國憲章》本身的造法性，已使得這些原則具有最為普遍的法律意義。特別是其中的主權平等、真誠履行國際義務、和平解決國際爭端、禁止武力相威脅或使用武力、不干涉內政等原則，已經成為國際社會公認並接受的國際法基本原則，其實際效力已超出了一個國際組織章程的效力範圍。誠然，《聯合國憲章》中的個別原則只能專門適用聯合國組織及其會員國，但這並不影響《聯合國憲章》所確立的七項原則作為一個整體在國際法基本原則體系中的核心地位和最高的權威性。

五、和平共處五項原則與國際法基本原則

(一) 和平共處五項原則的產生與發展

和平共處五項原則的內容包括：①互相尊重主權和領土完整；②互不侵犯；③互不干涉內政；④平等互利；⑤和平共處。這五項原則是中國與印度、緬甸共同倡導的。1953年12月31日，當中國政府代表團和印度政府代表團就兩國在中國西藏地方的關係問題在北京舉行談判時，周恩來總理在談話中首先提出了這五項原則。其後正式寫入了1954年4月29日《中華人民共和國和印度共和國關於中國西藏地方和印度之間的通商和交通協定》的序言中，並聲明以這五項原則作為該協定的基礎。同年6月28日中印兩國總理發表聯合聲明，重申這些原則為指導兩國間關係的原則，並認為兩國「與亞洲以及世界其他國家的關係中也應該適用這些原則」。同年6月29日，中緬兩國總理在聯合聲明中重申了這五項原則。

繼中印、中緬聯合聲明之後，中國在20世紀50年代分別與蘇聯、印度尼西亞、越南民主共和國、尼泊爾、德意志民主共和國、柬埔寨、老撾等國簽署的聯合文件中，均確認了五項原則為國際關係的準則。至此，和平共處五項原則已基本上成為中國與周邊國家間關係的基本原則。

20世紀60年代，隨著一大批獨立國家的誕生，中國同古巴、索馬里、阿聯（今埃及和敘利亞）、馬里、坦桑尼亞、突尼斯、阿爾及利亞等非洲和拉美國家簽署了載有和平共處五項原則的文件。這標誌著和平共處五項原則的確認與接受已超出了亞洲的範圍。

20世紀70年代，和平共處五項原則的發展進入了一個新的階段。除了一大批發展中國家承認這五項原則外，一些發達國家也逐步認可了這五項原則，如義大利、比利時、美國、日本、澳大利亞等。這些國家與中國的建交公報或雙邊條約中均明確規定和平共處五項原則為指導雙邊關係的基本原則。和平共處五項原則的傳播已遍及各大洲，其適用的範圍除不同社會制度國家之間的關係外，還包括相同社會制度國家之間的關係，即適用於一切國家間的關係。

和平共處五項原則還在一些重要的多邊文件中得到反應。1955年4月在印度尼西亞萬隆召開的亞非會議具有重要的歷史意義。會議的最后公報中宣布了各國和平相處和友好合作的十項原則。其中有的原則與和平共處五項原則的內容完全相同，有的是

五項原則的具體化。在聯合國範圍內，上述聯合國大會通過的有關決議中列舉的原則，或者含有五項原則的內容，或與五項原則的精神基本一致。

(二) 和平共處五項原則的含義

（1）互相尊重主權和領土完整，是五項原則中的首項，也是國際關係和國際法的一條最根本的原則。它包括兩個方面的內容，即互相尊重主權和互相尊重領土完整。由於國家的主權和國家的領土完整密切地聯繫在一起，尊重一國主權首先意味著尊重該國的領土完整。因此，將這兩個不盡相同但又密切不可分的概念合併為一項原則提出來，是一種創舉，具有重要意義。

（2）互不侵犯原則，是從互相尊重主權和領土完整原則直接引申出來的，也是第一項原則的重要保證。根據《國際法原則宣言》的規定，互不侵犯原則的內容主要包括：①各國有義務不首先使用武力；②各國有義務用和平方法解決爭端；③各國有義務避免侵略戰爭的宣傳；④各國有義務不侵犯他國國界和侵入他國領土；⑤各國對侵略戰爭應負國際法上的責任；⑥各國不得以國家領土為軍事占領的對象；⑦不得採取任何強制行動剝奪被壓迫民族行使民族自決的權利等。

（3）互不干涉內政，是久經公認的一項國際法原則。但是，在傳統國際法中，不干涉內政原則實際上只適用於歐美列強之間的關係，廣大的亞非拉國家和民族則被排斥在適用之外。和平共處五項原則不只是簡單地繼承了這一原則，而且加上一個「互」字，使其富有新時代的含義。互不干涉內政原則意味著，在現代國際關係中，國家不分大小、強弱均不應進行非法的武裝干涉、經濟干涉、外交干涉和其他方式干涉。

（4）平等互利，是在傳統的平等原則基礎上發展起來的一項新原則。其新意就在於：它更強調國家間的真正平等，即真正的平等應該是與互利相聯繫的，形式上的平等不一定是互利的，而只有互利的平等才是真正的平等。

（5）和平共處，既是五項原則的總稱又是一項單列的原則。和平共處，作為一種外交思想和政策，最初是由列寧提出來的。在《聯合國憲章》的序言中，載有各國必須「和睦相處」的字樣。中國和印度、緬甸將和平共處作為一個單項基本原則提出來，可以說是一個創舉。和平共處原則的深刻含義是，各國不應因社會制度、意識形態和價值觀念的不同，而在國際法律地位上有所差別，而應在同一個地球上和平地並存，友好地往來，善意地合作，並利用和平方法解決彼此間的爭端。

(三) 和平共處五項原則在國際法基本原則中的地位

和平共處五項原則是現代國際法基本原則的重要組成部分。在整個基本原則體系中，和平共處五項原則佔有重要地位。主要表現為：

1. 和平共處五項原則與《聯合國憲章》的宗旨和原則是一致的

早在1954年，周恩來總理就明確指出：「中國同印度和緬甸共同倡議的和平共處的五項原則，完全符合《聯合國憲章》的宗旨。」可以設想：如果沒有這種一致性，和平共處五項原則就不可能被世界上越來越多的國家所接受。實踐表明，正是由於這種一致性，才使得五項原則如同《聯合國憲章》的宗旨和原則一樣，具有巨大的生命力。

2. 和平共處五項原則科學地反應了現代國際法基本原則的體系

雖然和平共處五項原則中的每一單項原則早已存在，但是將它們作為一個彼此既有區別又有密切的內在聯繫的整體提出來，這無疑是一個創造性的發展。在這五項原則中第一項是根本，其他幾項既是延伸又是保證，相互聯繫，密不可分。

3. 和平共處五項原則準確地體現了國際關係的基本特徵

和平共處五項原則中的前四項都有一個「互」字，后一項有一個「共」字。這不是簡單的措辭技巧而是高度概括了國際社會中主權國家間相互依存、共同發展的最基本的特徵。它意味著以國際法基本原則為核心的國際法只有建立在主權國家「互相尊重」「和平共處」的基礎上，才能成為一種真正有效的法律秩序來促進人類和平與發展。

第二節　現代國際法基本原則綜述

一、國家主權平等原則

國家主權平等是傳統國際法的一項重要原則。無論是《聯合國憲章》還是其他有關國際法原則的文件，均列有國家主權平等原則，甚至將它列為各項原則之首。這一原則是現代國際法基本原則體系的核心。

國家主權，是國家的根本屬性，在國際法上是指國家有獨立自主地處理其內外事務的權力。主權是每一個國家所固有的，並非外界所賦予。國家主權具有兩方面的特性：一是對內的最高權，即國家對其領土內的一切人和物以及領土外的本國人享有屬地優越權和屬人優越權；二是對外的獨立權，即國家在國際關係上是自主的和平等的。雖然自近代以來，對主權有不同的理論解釋，但各國在實踐上都十分重視自己的主權，並特別強調主權平等的重要性。

國家主權平等原則之所以是一項最重要的國際法基本原則，這是由國際社會及國際法的基本特點所決定的。國際社會是主權國家林立的社會，在這一社會的法律秩序中，國家既然都是彼此獨立的主權者，相互之間就應該是平等者間的關係。因此，在國際法中，每個國家不論大小、強弱和政治經濟制度如何，都應互相尊重主權，平等交往。國際法的其他原則、規則和制度，都必須以國家主權平等原則為出發點。

根據 1945 年舊金山會議的一個專門委員會起草的報告，主權平等應有四個要素：①各國在法律上平等；②每一國家享有充分主權所固有的權利；③國家的人格、領土完整與政治獨立受到尊重；④各國在國際秩序中應善意履行其國際義務與責任。1970 年《國際法原則宣言》將主權平等的要素分為六項，其中除了重申上述四個要素外，還特別強調各國均有義務尊重其他國家的人格和均有權利自由選擇並發展其政治、社會、經濟及文化制度。

20 世紀 90 年代后，國際上出現了一種「主權過時」「主權多元」「人權高於主權」等貶低、損抑國家主權的議論。對此，一方面不可因冷戰后時代的一些特殊國際現象

而渲染國家主權危機，而模糊主權與國家間的屬性關係，從而動搖主權不可侵犯的神聖地位；另一方面也不可將國家主權推至絕對化，國家主權還受制於國家間的相互依存性。誠然，在紛繁複雜的現代國際社會中，制約國家主權的因素是很多的，但歸根究柢，真正的制約者恰恰是主權者（國家）自身，而且各種制約仍須在國際法允許的範圍之內。

二、禁止以武力相威脅或使用武力原則

禁止以武力相威脅或使用武力，是一項較新的國際法基本原則。《聯合國憲章》是第一個明文規定禁止以武力相威脅或使用武力的國際公約。《聯合國憲章》第二條規定：所有會員國在它們的國際關係中，不得以武力相威脅或使用武力來侵害任何其他國家的領土完整或政治獨立，也不得以任何其他同聯合國宗旨不符的方式以武力相威脅或使用武力。從這一規定及其史料來看，「禁止武力」是一項具有強行法性質的規範，其含義不僅在原則上重申禁止正規的侵略戰爭，而且進一步確認一切武裝干涉、進攻或占領以及以武力相威脅的其他行為，都是違反國際法的。不過，《聯合國憲章》也規定，依憲章有關規定採取的集體強制措施、單獨或集體自衛和區域機構採取的強制行動等，不受這一原則的限制。此外，殖民地或半殖民地的人民為擺脫殖民統治而進行的武裝鬥爭，是實行民族自決權的合法途徑，不應被解釋為與禁止武力相威脅或使用武力原則相抵觸。

在《聯合國憲章》的基礎上，《國際法原則宣言》鄭重宣布，禁止以武力相威脅或使用武力是各國建立友好關係及合作的國際法原則，並列為七項原則中的首位。該宣言明確指出，侵略戰爭構成危害和平之罪行，使用威脅或武力構成違反國際法及《聯合國憲章》的行為，永遠不應作為解決國際爭端的方法。

1987年《加強在國際關係上不使用武力或進行武力威脅原則的效力宣言》更為具體地規定：「每個國家都有義務在其國際關係上不進行武力威脅或使用武力……武力威脅或使用武力構成對國際法和《聯合國憲章》的違反，應承擔國際責任。」該宣言特別強調，「在國際關係上不得進行武力威脅或使用武力的原則，不論各國政治、經濟、社會或文化制度或結盟關係，一律適用並有約束力」；「任何性質的考慮都不得作為違反《聯合國憲章》進行武力威脅或使用武力的理由」。

三、和平解決國際爭端原則

和平解決國際爭端，是第二次世界大戰后正式確立的一項國際法基本原則，也是從上述禁止武力威脅或使用武力原則中直接引申出來的。《聯合國憲章》第二條第三款規定：所有會員國應該用和平的方法解決它們的爭端。經《聯合國憲章》確認，這一原則構成《聯合國憲章》解決國際爭端各條款的基礎，並成為國際法上集體安全制度的重要原則之一。國際實踐反覆證明：國際爭端，不論是政治的、經濟的，還是法律上的或事實上的，如果長期得不到解決，均有可能發展成為武裝衝突，甚至國際戰爭。歷史也同樣表明：國際爭端只有通過和平解決，才能真正促進國際和平與安全；以戰爭、武力或武力相威脅等強制方法，不僅不能從根本上解決爭端，反而會激化有關國

家間的敵對情緒，而且有可能使爭端擴大和升級，成為衝突和戰爭的禍根。因此，《聯合國憲章》第三十三條還專門規定了一些和平方法，如談判、調查、調停、和解、斡旋、仲裁、司法解決、利用區域機構或區域協定等。

《國際法原則宣言》也強調：「每一國應以和平方法解決其與其他國家之國際爭端，避免危及國際和平、安全及正義。」該宣言還進一步規定，爭端當事國如未能就某一和平方法解決有關爭端時，「有義務繼續以其所商定之他種和平方法尋求爭端之解決」。這就意味著，和平解決國際爭端原則本身是強制性的，至於具體採用哪種和平方法，有關國家可以任意選擇，但必須用盡和平方法。

1982年《關於和平解決國際爭端的馬尼拉宣言》進一步莊嚴宣告：「所有國家應只以和平方法解決其國際爭端，避免危及國際和平與安全及正義。」而且，「任何爭端當事國不得因為爭端的存在，或者一項和平解決爭端程序的失敗，而使用武力或以武力相威脅」。

四、不干涉內政原則

不干涉內政是指國家在相互交往中不得以任何理由或任何方式，直接或間接地干涉他國主權管轄範圍內的一切內外事務，同時也指國際組織不得干涉屬於成員國國內管轄的事項。

不干涉內政原則與國家主權原則相伴而行，是一項較早的國際法原則。自從近代國際法形成以來，各種國際文件均將它列為國家間關係的準則。《聯合國憲章》第二條第七款規定：「本憲章不得認為授權聯合國干涉在本質上屬於任何國家國內管轄之事件，並且不要求會員國將該項事件依本憲章提請解決；但此項原則不妨礙第七章內執行辦法之適用。」上述規定表明：在現代國際法中，除國家根據協議而產生相應國際義務的那些事項外，各國可以根據主權自由處理本國的一切事項，彼此間不得干涉。

需要指出的是，這一原則中的「內政」具有極為廣泛的內容，它不僅僅指一國的國內事務，還包括一國與其他國際法主體間的事務，即對外事務。然而，隨著國家間相互依存關係的日益發展，一些過去屬於國內管轄的事項正在逐步被納入與國際法律秩序的聯繫之中。包括《聯合國憲章》在內的國際文件，並未規定判斷「內政」的標準，因此，在實踐中國家間常因某一事項是否為「內政」的問題發生爭論。無論如何，國際法上的內政不是一種地域概念，它一方面包括國家生活的各個方面，另一方面又和國際法律秩序發生聯繫。從國際法角度來看，所謂「內政」或「國內管轄事項」，一般是指國家不受國際法約束而能獨立自主處理的那些事項，如一個國家的政體、內部組織、法律主體間的關係、對外政策等。

雖然在國際法上未能詳盡列舉國家「內政」的範圍，但是國際社會對於不干涉內政原則曾多次予以重申。繼《聯合國憲章》之后，聯合國大會於1965年通過了《關於各國內政不容干涉及其獨立與主權之保護宣言》，其中特別強調：任何國家或國家集團，不論為何理由，均不得直接或間接干涉其他國家的內政、外交；不得使用政治、軍事、經濟等措施威逼他國，以使它屈服；不得組織、協助、製造、資助、煽動或縱容他國內部顛覆政府的活動；不得干涉另一國的內亂。1970年的《國際法原則宣言》

再次重申了不干涉內政原則和上述決議的內容。

1981 年《不容干涉和干預別國內政宣言》明確指出，「充分遵守不干涉和不干預別國內政和外交的原則對維持國際和平與安全和實現《聯合國憲章》的宗旨和原則都最為重要」。《不容干涉和干預別國內政宣言》不僅再次莊嚴宣告「任何國家或國家集團均無權以任何方式或以任何理由干涉或干預其他國家的內政和外交」，而且較為全面、系統地規定了不干涉和不干預別國內政和外交原則應包括的各項權利和義務。

由於現代國內事務和國際事務之間具有聯繫，又由於國際法受制於國際政治，因此不干涉內政原則雖然被公認為不許損抑的國際法基本原則，但實踐中一國干涉他國內政的事件，卻時有發生。特別是某些強國，常以他國「違反基本人權」為借口而進行的所謂「人道主義干涉」，除直接的武力干涉外，還頻繁地運用經濟干涉、外交干涉、輿論干涉以控製弱國按其意志行事。可見，如何確保不干涉內政原則的實施，將是國際社會要長期為之努力的一項艱鉅任務。

五、善意履行國際義務原則

國際慣例和條約必須遵守，是傳統國際法中的一項重要原則。《聯合國憲章》重申了這一原則，在序言中明確指出會員國應「尊重由條約與國際法其他淵源而起的義務」。《聯合國憲章》第二條第三款規定：各會員國為了保證全體會員國享有由於加入本組織而產生的權利與利益，應善意履行依照本憲章所承擔的義務。繼憲章之後，一些重要的條約和國際組織的決議也強調這一國際法基本原則，如 1948 年的《美洲國家組織憲章》、1969 年的《維也納條約法公約》、1970 年的《國際法原則宣言》、1982 年的《聯合國海洋法公約》等。此外，這項原則還得到一系列國際判例的認可。

善意履行國際義務成為國際法基本原則之一，是由國際法本身的特點所決定的。國際法是通過互相平等的國家間的協議而形成的，國際法所約束的對象主要是國家，依國際法而建立的國際合作制度也主要是在國家自願承擔義務的基礎上進行運作的，國際社會缺乏國內社會那種具有強制管轄的司法機關來保證國際法的遵守與執行。因此，國際法的有效性和國際法律秩序的穩定性，在很大程度上取決於各國忠實遵守國際法的規範和善意履行其承擔的國際義務。如果情況相反，國際法的全部建築就將瀕臨崩潰，正常的國際關係就將不復存在，國際社會成員在其行為交往中就無所適從。所以，對一個相對松散和軟弱的國際法體系而言，善意履行國際義務原則尤為重要。

應該注意的是，善意履行國際義務不應理解為與國家主權原則相衝突。在一般情況下，國際義務只有在依國家主權原則自願承擔的情況下才具有國際法上的約束力；違背國家主權原則的一切義務都是沒有法律效力的。事實上，只要各國真誠地履行國際義務，國家主權才能真正得到尊重。

六、國際合作原則

國家間的合作由來已久。從近代開始，隨著國際貿易和國際經濟關係的發展，國家間的合作範圍越來越大，並由臨時性合作逐漸向長期性合作發展。但是，在 20 世紀以前，國際合作基本是屬於雙邊的或地區性的，不是一般的國際義務，更談不上是一

個基本的法律原則了。

第一次世界大戰后，國際合作的重要性顯得愈來愈突出。《國際聯盟盟約》曾表達了會員國必須「增進國際合作並保證其和平與安全」的願望。然而，國際聯盟時期的合作主要是大國間為安排彼此間的利益或為應付突發事件而進行有限的政治合作。

第二次世界大戰后，各國平等的國際合作迅速上升為一項具有普遍意義的現代國際法基本原則。《聯合國憲章》的序言指出：為維護國際和平與安全，促進人類經濟與社會的進步和發展，會員國「務當同心協力」。《聯合國憲章》還將「促成國際合作」列為其宗旨之一。為實現這一宗旨，《聯合國憲章》還做出了一系列的具體規定。《聯合國憲章》的生效及聯合國的誕生，標誌著一個以聯合國為中心的各國平等的全球政治、經濟、社會、文化等國際合作體制已基本形成。

除《聯合國憲章》外，其他的國際法律文件均載有國際合作的精神或條款，其中尤以《國際法原則宣言》最為重要。該宣言莊嚴宣布：各國依照《聯合國憲章》彼此合作是一種必須「嚴格遵守」的「義務」，此等合作「構成國際法之基本原則」；「各國應與其他國家合作」，「採取共同及個別行動與聯合國合作」，維持國際和平與安全，促進國際經濟、社會、文化、教育、科學與技術等方面的進步。

國際合作原則，是現代國家間相互依存、共同發展的根本體現。在這一原則的指導下，現代國際合作的發展趨勢主要表現在：①合作的形式各式各樣，除傳統的雙邊和多邊合作外，區域性合作、集團化合作和全球性合作平行發展；②合作的層次愈來愈多，其中除國家間的合作外，國際法特別強調國家與有關國際組織進行合作的義務；③合作的領域不斷拓寬，國際合作由戰時發展到平時，從過去的政治合作發展到現在的政治、經濟、文化、教育、科技等合作，在現代人類生活的各個方面，幾乎都有程度不等的國際合作。總之，雖然各國所處的地理位置不同，政治制度不一樣，經濟發展水平有差異，但都需要依法進行國際合作。只有國際社會成員真誠合作，進一步建立和完善國際合作的法律制度，人類才能在同一個「地球村」中和平相處，共同發展。

七、民族自決原則

與上述各項原則相比，民族自決原則成為一項國際法基本原則，經歷了一個更為明顯的演變過程。最初，民族自決主要是一個政治概念，其淵源可追溯到1776年的《美國獨立宣言》。后來法國革命使這一概念得到進一步明確。不過，當時的民族自決還不是一個國際法的概念。1916年，列寧在《論社會主義革命和民族自決權》中正式提出了民族自決原則。第一次世界大戰和十月革命后，這一原則在國際上得到了廣泛的傳播和一定的承認。

在兩次世界大戰的間隙時期，民族自決原則在歐洲得到很大程度的實施。但是《國際聯盟盟約》所建立的「委任統治制度」表明：民族自決原則並未適用於殖民地。當第二次世界大戰進入末期時，重建戰後秩序的問題開始顯露出來。雖然1941年的《大西洋憲章》宣稱了民族自決原則，但是丘吉爾在解釋這一憲章時指出，憲章的自決概念只針對歐洲國家以及納粹統治下的其他民族恢復其主權和自治政府，不適用於殖民地。

在舊金山制憲會議上，民族自決的範圍是與會國討論和爭執的問題之一。《聯合國憲章》第一條第二款規定：「發展國家間以尊重人民平等權利及自決原則為根據之友好關係，並採取其他適當辦法，以增強普遍和平。」憲章是第一個正式規定民族自決的條約，使它成為具有約束力的國際法規範。

第二次世界大戰後隨著民族解放運動的高漲，殖民主義體系的瓦解，民族自決原則進入了一個新的發展時期。在聯合國範圍內，聯合國大會通過了一系列宣言和決議，使民族自決原則得到進一步明確和發展，其中最主要的有1952年的《關於人民與民族的自決權》、1960年的《給予殖民地國家和人民獨立宣言》、1970年的《國際法原則宣言》、1974年的《各國經濟權利和義務憲章》等。民族自決作為一項國際法基本原則，已基本上得到國際社會的普遍承認和接受。

不過，民族自決原則適用的範圍，仍然是一個有爭議的問題。一般來說，這一原則主要適用於下述幾種情形：①這一原則包含了一個現存國家的人民自由選擇其政治、經濟、社會和文化制度。這是民族自決原則的最原始的含義，與國家主權平等和不干涉內政原則的精神是一致的。②當領土主權的存在處於不確定的情況下，該領土上的民族擁有自決的權利，如巴勒斯坦人民的民族自決。③凡是殖民地、半殖民地或其他非自治領土的民族和人民，均享有自由決定其政治命運的權利。此外，民族自決還適用於受種族歧視的民族有自由表達其意願，爭取其政治地位的權利。

需要強調的是，不可將民族自決原則理解為與國家主權原則相衝突。對於一個由多民族自願組成的國家而言，如果它已建立了合法政府並實行有效的統治，任何國家就不得以民族自決為藉口，製造、煽動或支持民族分裂，破壞該國的統一和領土完整；否則，就是對國家主權的侵犯，違反了不干涉別國內政這一國際法基本原則，從而從根本上違背了民族自決原則的真實意義。

八、尊重基本人權原則

尊重基本人權與自由之所以成為現代國際法的一項基本原則，首先是因為它得到了世界各國的普遍認可。各國的認可大都是明示的，不僅通過各種政策性文件予以闡釋，而且一般都在其憲法中明確規定尊重基本人權與自由，並明確列舉其具體內容。例如，《聯合國憲章》的序言「重申基本人權，人格尊嚴與價值，以及男女與大小各國平等權利之信念」，並將「增進並激勵對於全體人類之人權及基本自由之尊重」列為聯合國的宗旨之一。1948年聯合國大會通過的《世界人權宣言》莊嚴宣稱「人類家庭所有成員的固有尊嚴及其平等的和不移的權利的承認，乃是世界自由、正義與和平的基礎」，「各會員國業已誓願同聯合國合作以促進對人權和基本自由的普遍尊重和遵行」。1966年聯合國大會通過的兩項人權公約（《經濟社會文化權利國際公約》和《公民權利和政治權利國際公約》）「確認這些權利是源於人身的固有尊嚴」。「各國根據聯合國憲章負有義務促進對人的權利和自由的普遍尊重和遵行」。如今，沒有哪一個國家公開挑戰基本人權的普遍性或不承認尊重人權的義務，更沒有國家承認或接受對其人權違反的指責。

尊重基本人權已經成為具有普遍約束力的國際規範，甚至構成對一切義務的規則，

具有強行法律性質。尊重基本人權的普遍約束力，一方面表現在承載其內容的一系列人權公約或與人權有關的公約的締約國和其他國際法律文件獲得通過的廣泛性和普遍性，另一方面體現在國際實踐愈來愈確認：尊重基本人權的根本在於禁止和懲處大規模粗暴違反基本人權與自由的行為。換言之，尊重基本人權不僅僅是國家之間的相互義務，而且還是國家對任何其他國家或整個國際社會和世界上所有人的義務，即「對一切」的義務或「共同體義務」。

　　尊重基本人權不僅僅是國際法人權法這一新興國際法分支的基本原則，對於其他國際法領域也具有普遍的適用性，貫穿於整個當代國際法體系。

第三章　國際法主體

第一節　概述

一、國際法主體的概念

國際法主體即國際人格者，是指「國際法上的法律關係的當事者，即直接擁有國際法上的權利和義務的法律人格者。基於這個定義，國際法律關係的主體——國際法主體的資格應理解為權利能力主體和行為能力主體地位的有機融合」。

國際法主體應具備以下兩種能力：①直接參加國際關係的能力。國際法是調整國際關係的法律，作為國際法主體，必須具有直接參加國際關係的能力。締結國際條約和協定、派遣和接受外交使節、參加國際組織和國際會議、進行國際求償和賠償等，都是直接參加國際關係的能力的表現。②直接承受國際法上的權利和義務的能力。這種能力是法律行為能力和權利能力的統一。因為國際法律關係實質上是國際法主體之間的權利和義務關係，它們構成國際法律關係的內容，因此，國際法主體必須具有直接承擔國際法上的權利和義務的能力，否則，就不能根據國際法享受權利和履行義務。

二、國際法主體的範圍

對於國際法主體範圍，國際法學界長期存在爭議。在近代國際法時期，許多著名的國際法學者認為國家是國際法的唯一主體。這種觀點在現代仍然得到了一定的支持。不過，隨著現代國際關係的發展，越來越多的學者承認國家不是國際法的唯一主體，類似國家的政治實體和國際組織，以及在某種範圍內的個人在一定條件下和一定範圍內可以是國際法所給予權利和設定義務的國際法主體。

下面對國際法主體的範圍做具體的闡述。

(一) 國家的國際法主體資格

國家是國際法的基本主體。與其他主體相比，國家在國際法律關係中處於最主要和最基本的地位。國家的國際法基本主體地位是由以下三個方面的原因所決定的：

1. 國際法的特徵決定了國家的基本主體地位

國際法是國家及其他國際法主體進行交往的行為規範，國際法的調整對象主要是國家之間的關係。由於在國家之上不存在一個世界性的立法機構，所以國際法律規範主要是國家以國際協議的方式制定的。此外，國際法的強制實施也需要國家採取單獨

或者集體的措施予以保證。

2. 國家在國際關係中的特殊重要性決定了國家的基本主體地位

國際法是在國際關係中產生和發展起來的，同時，它也是以國際關係為調整對象的。現代國際關係包括國家之間的關係、國家與其他國際法主體之間的關係以及其他國際法主體之間的關係，但國家之間的關係無疑是國際關係中最主要的部分。國際關係主要是通過國家之間的相互交往形成的，很難想像沒有國家之間關係的國際關係會處於何種狀態。國家在國際關係中的這種特殊重要性，決定了它的國際法基本主體的地位。

3. 國家的基本屬性決定了國家的基本主體地位

主權是國家的基本屬性，是國家固有的、獨立自主地處理對內、對外事務的權利。由於國家具有主權，因此，它在國際法上具有完全的權利能力和行為能力。國家能夠直接享受國際法權利和承擔國際法義務。國家在國際法上具有的這種完全的權利能力和行為能力是其他國際法主體所不具備的。

(二) 國際組織的國際法主體資格

國際組織主要是政府間國際組織的國際法主體資格問題，是隨著國際組織的產生和發展而出現的。第一次世界大戰之前，由於國際組織數量甚少，所以其法律地位問題並未引起人們的廣泛關注。第一次世界大戰後，國際聯盟作為世界上第一個普遍性的政治組織宣告成立。第二次世界大戰以來，新的政府間國際組織不斷成立，其數量日益增加，其中，聯合國及其各專門機構在政治、經濟、文化、教育、科技和社會等各個方面發揮著越來越重要的作用。國際社會和學界在政府間國際組織具有國際法主體資格的問題上逐漸取得了共識。

國際組織作為國際法主體得到了許多國際條約和其他國際文件的確認。《聯合國憲章》第一百零四條規定：「本組織於每一會員國之領土內，應享受於執行其職務及達成其宗旨所必需之法律行為能力。」《聯合國憲章》第一百零五條第一款規定：「本組織於每一會員國之領土內，應享受於達成其宗旨所必需之特權及豁免。」1949 年 4 月 11 日，國際法院在對「關於為聯合國服務而受損害的賠償問題」發表的諮詢意見中指出：鑒於聯合國預期行使和享有且事實上正在行使和享有的職能與權利只能在它具有大部分國際人格和國際行為能力的基礎上得到解決，因此，國際法院認為聯合國是一個國際人格者。1986 年簽訂的《關於國家和國際組織間或國際組織相互間條約法的維也納公約》實際上承認了國際組織具有國際法主體資格。

不過，儘管國際組織的國際法主體地位是客觀存在的，但是正如國際法院在 1949 年對「關於為聯合國服務而受損害的賠償問題」所作的諮詢意見中指出的那樣，承認聯合國這樣的國際組織的國際法主體資格並不等於說它們是國家，它們的權利和義務是有一定範圍和局限的，因為國際組織是根據組織成員之間的協議為一定目的而建立的。由於國際組織的權利能力和行為能力是由其成員國通過簽訂作為國際組織章程的國際條約所賦予的，所以，國際組織只能在其章程規定的範圍內活動，它們的權利能力和行為能力是有限的，不能像國家那樣全面地參加國際關係，享受國際法上的全部

權利並承擔國際法上的全部義務。

(三) 爭取獨立的民族的國際法主體資格

爭取獨立的民族的國際法主體地位主要是在第二次世界大戰以後隨著民族獨立運動的深入發展而逐步得到確認的。民族自決權是爭取獨立的民族取得國際法主體資格的法律基礎。第二次世界大戰以後,《聯合國憲章》以及聯合國大會通過的《關於人民與民族的自決權的決議》《給予殖民地國家和人民獨立宣言》《國際法原則宣言》和《各國經濟權利和義務憲章》等重要的國際文件都規定了人民和民族的自決權,並在此基礎上形成了民族自決原則。根據民族自決原則,處於外國奴役和殖民統治下的民族有權爭取建立民族獨立國家,自由決定自己的政治地位,發展經濟、社會和文化事業。

爭取獨立的民族在擺脫外國奴役和殖民統治的鬥爭中建立了能夠有效地代表該民族的政治實體之後,雖然尚未有效地控制國家的大部分領土和對全國實行有效統治,但是它們已經在一定範圍內具有獨立參加國際關係和直接承受國際法上的權利和義務的能力。它們可以進行國際交往,如與其他國際法主體談判和締結國際協定、出席國際會議和參加國際組織的活動等。在爭取民族解放的鬥爭中,爭取獨立的民族享有戰爭法上的權利,並有權請求和接受國家與國際組織的援助。

爭取獨立的民族雖然具有國際法主體資格,但由於它們尚未取得獨立國家的地位,因此,它們參加國際關係的範圍及其權利能力和行為能力是有限的,不能像國家那樣與其他國際法主體進行全面的交往。例如,2012年11月29日,第六十七屆聯合國大會通過決議,決定接納巴勒斯坦為聯合國的觀察員國。但是,它仍然不是聯合國會員國。此外,隨著非殖民化運動的不斷發展,原來的殖民地民族大多數已經獨立或者與其他國家合併,因此,承認爭取獨立的民族的國際法主體地位在21世紀的國際關係中已沒有太大的現實意義。

(四) 個人在國際法上的地位

個人在國際法上的地位是現代國際法學界爭議較大的問題之一。傳統國際法認為,國家是國際法的唯一主體,個人不具有國際法主體資格。第一次世界大戰之後,部分國際法學者對這種傳統的觀點提出了不同的看法,有人認為個人是國際法的唯一主體,也有人主張個人與國家都是國際法主體。

主張個人是國際法唯一主體的學者認為,由於國家行為總是通過個人的行為表現出來的,所以,國際法所調整的國家行為,實際上是以國家機關代表身分活動的個人的行為;國家只是一個抽象的概念,國家在國際法上的權利和義務的最終承受者都是個人。總之,個人是組成國家和社會的基本單元,任何法律體系的主體都是個人,國際法也不例外。持這種觀點的學者為數不多,而且它「過分強調個人因素,根本否認國家的國際法主體資格,其目的在於否認國家主權。這是脫離現實,根本不符合當今的國際實踐的」。

與上述觀點不同,許多西方國際法學家主張國家仍然是國際法的基本主體,但同時認為,在一定條件下和一定範圍內個人是國際法所給予權利和設定義務的國際法主體。美國的杰賽普教授在其所著的《現代國際法》一書中指出,作為國際秩序基礎的

一個要點是,國際法必須像國內法一樣直接適用於個人,而不應該像傳統的國際法一樣繼續遠離個人。規範法學派創始人凱爾遜認為:「個人也是國際法主體。認為國際法主體是作為法人的國家的說法並不意味著個人不是國際法主體;它意味著,個人是按照特殊方式作為國際法主體的。」由詹寧斯和瓦茨修訂的《奧本海國際法》指出:「國家可以授予而且有時也的確授予個人——不論是本國人還是外國人——以嚴格意義的國際權利,即個人不需國內立法的干預,即可取得並且可以用他們自己的名義在國際法庭上請求執行的權利,而且在某些領域,從個人(和私營公司及其他法人)在國際上直接與國家建立法律關係,而且作為個人直接具有來自國際法的權利和義務的事實來看,個人作為國際法主體的資格是明顯的。作為實在法的一個問題,認為國家是國際法的唯一主體的看法已經不再可能維持了,人們愈加傾向於認為個人在有限的範圍內也是國際法的主體。」

對於個人的國際法主體地位,中國國際法學界也存在不同的看法。一些學者認為個人不是國際法主體。周鯁生教授指出,國家是國際法主體,並且是國際法上唯一的主體。……個人不是國際法主體。王鐵崖教授主編的《國際法》雖然承認國際組織和爭取獨立的民族也是國際法主體,但同樣認為個人不具有國際法主體資格,因為他們處於所屬國主權的管轄之下,不能獨立參加國際關係,也沒有直接承受國際法上的權利和義務的能力。

不過,隨著國際法的發展和對這一問題研究的深入,中國一些學者提出了不同的看法。著名國際法學家、首任前南斯拉夫國際刑事法庭法官李浩培教授指出:「個人也可以直接享受國際法上的權利和負擔國際法上的義務,因而國際社會至少已趨向於承認個人為部分國際法主體。」中國國際法學會副會長周忠海教授在對個人的國際法主體問題進行深入研究后得出如下結論:雖然國際法中的大部分規則仍是拘束國家的規則,拘束個人、國際組織及準國家實體的還只是一部分,但我們要明確,國際法不只增進國家的政治利益及需要,而且增進個人、國際組織及準國家實體的利益及需要。國際法直接賦予了個人以權利,而無需通過國家居間達成此項目的。法律的功能是保障每個成員在社會生活中的權利,其最終目的是謀求人類共同的幸福。所以,隨著國際社會的發展,個人在國際法上的地位也會逐漸得到加強,會越來越重要,其國際法主體資格也會由現在的「次級、派生」逐漸走向「一級、基本」的地位。

事實上,在國際法進入 21 世紀的今天,承認個人在諸如國際人權法、國際經濟法、國際刑法等領域的國際法主體地位既是客觀現實的需要,也反應了國際法發展的方向。如果一方面承認國際人權法、國際經濟法、國際刑法等是國際法的分支,另一方面又否認個人的國際法主體資格,難免會陷入難以自圓其說的矛盾之中。

第二節　國家的類型

一、國家的類型

國家根據不同的標準可以劃分為不同的類型。在國際法上,通常根據國家的結構

形式，把國家劃分為單一國和複合國兩類。

(一) 單一國

單一國是由若干行政區域組成的統一主權的國家。單一國擁有單一的憲法，其國民擁有統一的國籍，中央政府由最高行政、立法和司法機關組成，統一處理國家對內對外事務，地方政府只能在中央政府的領導下行使職權。在對外關係方面，單一國本身是國際法主體，並以國家的名義參加國際關係，其各行政區域不具有國際法主體地位。

中國是一個單一制的國家。按照《中華人民共和國憲法》及其他有關法律的規定，在中央政府統一行使對內、對外職權的原則下，一些地方行政單位可以享有不同程度的自治權，包括處理地方性的對外事務的權力。例如，根據《中華人民共和國香港特別行政區基本法》的規定，中國從1997年7月1日起恢復對香港地區行使主權以後，設立中國香港特別行政區。香港特別行政區享有高度的自治權，在中央人民政府負責管理與特別行政區有關的外交事務的原則下，香港特別行政區政府的代表可以作為中國政府代表團的成員，參加中央人民政府進行的與香港特別行政區直接有關的外交談判；香港特別行政區可以以「中國香港」的名義，在經濟、貿易、金融、航運、通信、旅遊、文化、體育等領域單獨地與世界各國、各地區和有關國際組織保持和發展關係，並簽訂和履行有關協定；對以國家為單位參加的、與香港特別行政區有關的國際組織和國際會議，特別行政區政府的代表可以作為中國代表團的成員參加，並以「中國香港」的名義發表意見；對不以國家為單位參加的國際組織和國際會議，香港特別行政區可以以「中國香港」的名義參加。1993年3月3日，第八屆全國人民代表大會通過了《中華人民共和國澳門特別行政區基本法》。根據《中華人民共和國澳門特別行政區基本法》的規定，1999年12月20日，中國恢復對澳門行使主權以後，成立澳門特別行政區，在對外事務方面，享有與香港特別行政區基本相同的權利。香港和澳門迴歸以來的實踐證明，香港特別行政區和澳門特別行政區政府充分行使了兩個基本法賦予的對內和對外方面的職權，保持了香港和澳門的繁榮和發展。但必須明確的是，香港和澳門特別行政區都是中國的一部分，它們不具有國際法主體地位。此外，臺灣也是中國領土不可分割的組成部分，任何企圖在國際上製造「兩個中國」或「一中一臺」的做法都是中國政府堅決反對的。這是中國的核心利益。

(二) 複合國

複合國是指由兩個或兩個以上的成員單位組成的國家或國家聯合體。目前複合國的形式有聯邦和邦聯兩種。

1. 聯邦

聯邦又稱聯邦制國家，是指由兩個或兩個以上的成員單位（州、省、邦、共和國等）根據聯邦憲法組成的國家。聯邦是複合國中最主要的形式，世界上許多國家，如俄羅斯、美國、加拿大、德國、印度等，都是聯邦制國家。聯邦國家制定聯邦憲法，並設立聯邦立法、司法和行政機關，對聯邦成員及其人民直接行使權力；根據聯邦憲法劃分聯邦與其成員之間的權限，聯邦成員各有自己相對獨立的立法、司法和行政機

關，在管理內部事務方面有較大的自主權；聯邦所有成員的公民具有聯邦的統一國籍；聯邦本身是國際法主體，外交權一般由聯邦政府統一行使，聯邦成員不具有國際法主體資格。不過，有些聯邦國家允許聯邦成員就某些地方性事務與其他國際法主體進行交往，如加拿大的魁北克省有權在法國及其他法語國家設立辦事處，並與它們簽訂有關文化教育合作方面的國際協定。但即便如此，聯邦成員仍然不具有國際法主體地位。

2. 邦聯

邦聯是由兩個或者兩個以上的主權國家為了特定目的根據條約組成的國家聯合體。邦聯一般擁有一個由邦聯成員代表組成的邦聯會議，負責協調邦聯成員在某些問題上的立場。但邦聯沒有統一的中央立法、司法和行政機關，也沒有統一的軍隊和財政預算。邦聯成員是獨立的主權國家，它們各有其最高立法、司法和行政機關，有自己的軍隊和財政預算；邦聯成員國公民各有本國國籍，沒有邦聯的統一國籍；邦聯本身不是國際法主體，無權代表邦聯成員行使外交權，邦聯成員國具有國際法主體資格，能夠獨立進行國際交往。歷史上的邦聯有 1778—1787 年間的美利堅合眾國、1815—1866 年間的德意志邦聯。1982 年 2 月 1 日，非洲的塞內加爾和岡比亞兩國宣布成立邦聯。

(三) 永久中立國

永久中立國是指根據國際條約或國際承認，在對外關係中承擔永久中立義務的國家。永久中立國是具有特殊地位的主權國家，具有國際法主體地位。永久中立國的存在必須具備兩個要件：①自願中立化的國家須明白地宣布永遠奉行中立，保證平時不參加任何集團，戰時不參與戰爭，也不從事任何可能使其捲入戰爭的行為；②中立國的中立化要得到國際公約的保證。一般都是由若干強國通過締結條約保證某國的中立不受侵犯。現在的永久中立國有瑞士和奧地利兩個國家。

自從 1815 年瑞士的永久中立地位確立以來，國際法上已經形成了公認的永久中立制度。在國際關係中，永久中立國承擔以下永久中立義務：①除在遭到外來侵犯時行使自衛權以外，不得對別國進行戰爭，也不得參加其他國家之間的戰爭；②不得締結與中立地位不相符的條約或協定，如軍事同盟條約、共同防禦條約、安全保障條約等，也不得參加任何具有軍事性質的組織或集團；③不得採取任何可能使本國捲入戰爭的行動或者承擔任何這一方面的義務。例如，不得允許交戰國軍隊入境或過境，不得允許外國在本國境內建立軍事基地或為軍事目的利用本國領土，不得參加對別國的經濟封鎖或制裁，不得接受有損於其中立地位的附有政治條件的援助等。同時，其他國家有義務尊重永久中立國的中立地位，不得侵犯其獨立、主權和領土完整。

第三節　國家的基本權利與義務

一、國家基本權利的概念

傳統國際法把國家的權利分為基本權利和派生權利兩種類型。周鯁生教授指出：「一般地說，基本權利是國家固有的、當然享有的權利，例如獨立和平等；派生的權利

或者是從基本權利推演出來，或者是根據條約取得的。」

雖然國際法學界一般承認國家享有基本權利並承擔基本義務，但是對於國家基本權利的根據及其內容一直存在不同的看法。自然法學說認為，國家作為國際社會的成員，其存在必然要享有一定的基本權利，如同個人的生存必然要享有某些天賦人權一樣。實在法學派的學者認為，國家的基本權利來源於國家作為國際社會成員的資格，或者是基於實在國際法（特別是一般國際習慣法）的承認。《奧本海國際法》指出：「一般認為，國際社會的成員資格必然使國家享有所謂國家的基本權利，這些基本權利被認為是主權國家組成國際社會的必然結果。」20 世紀以來，雖然社會連帶法學派和規範法學派的代表人物否定存在「固有的、絕對的和不可變更的」國家基本權利，但是國家基本權利的概念還是逐漸得到了國際社會的普遍確認。美洲國家 1933 年 12 月通過的《國家權利和義務宣言》和 1948 年 4 月通過的《波哥大憲章》都包含有國家權利和義務一章。《波哥大憲章》第七條規定：「每一個美洲國家都有按照國際法尊重其他國家權利的義務。」第八條規定：「各國的基本權利不得以任何方式加以侵害。」聯合國成立以後通過的《國家權利和義務宣言草案》《國際法原則宣言》《各國經濟權利和義務憲章》等國際文件，以及區域性國際組織和國際會議通過的許多宣言和決議都直接或間接地確認了國家基本權利的存在。這些文件和其他有關的多邊與雙邊條約、宣言、決議和司法判例等共同構成了國家基本權利的國際法依據。

國家在享有基本權利的同時，必然負有尊重他國基本權利的義務。一國享有的基本權利，正是他國承擔的相應義務；反之亦然。根據國家主權平等原則，在現代國際關係中，不可能存在只享受權利不承擔義務的國家，也不可能存在只承擔義務不享受權利的國家。下面將對國家的基本權利的內容進行探討。

二、國家基本權利的內容

對於國家基本權利的內容，長期以來存在各種不同的主張。聯合國大會於 1946 年 12 月 6 日通過的《國家權利和義務宣言草案》規定了國家的四項基本權利，即獨立權、平等權、自衛權和管轄權。雖然《國家權利和義務宣言草案》不具有法律拘束力，但是它反應了國際法學者對於國家基本權利的內容的研究成果，因而有著重要的指導意義。根據《國家權利和義務宣言草案》和其他有關國際文件的規定，國際法學者一般認為，國家主要享有獨立權、平等權、自衛權和管轄權等項基本權利。

（一）獨立權

獨立權是指國家根據自己的意志處理本國對內、對外事務而不受任何外來控製和干涉的權利。獨立權是國家主權的集中體現。國家在不違反其承擔的有效國際義務的情況下，在對內方面可以自由選擇其政治、經濟、社會和文化制度，制定政策和採取立法、司法及行政措施管理國家，促進經濟、社會及文化事業的發展；在對外方面，國家有權根據自身的利益制定外交政策，自由決定與其他國家建交、締約、結盟、宣戰、媾和以及進行其他往來，不受任何其他國家或國際組織的干涉和控製。

國家的獨立權包括政治獨立和經濟獨立兩個方面，而這兩個方面是緊密聯繫在一

起的。政治獨立是經濟獨立的前提；經濟獨立則是政治獨立的基礎。對於廣大發展中國家來說，由於歷史的原因和現行國際經濟秩序的不利影響，它們在爭取經濟獨立方面仍然存在巨大的困難，特別是在國際經濟一體化的今天，發展中國家如何在保持經濟獨立的前提下，有效地參與國際經濟活動，這是一個需要認真考慮和對待的問題。

(二) 平等權

平等權是指國家以平等的資格和身分參與國際關係，平等地享受國際法權利和承擔國際法義務的權利。平等權是國家主權的直接體現。由於國家都是具有平等主權的國際法主體，因此國家不論大小、強弱，社會政治、經濟制度以及發展水平如何，均享有平等的法律地位，均有權平等地參加國際關係，享受國際法上的權利和承擔國際法上的義務。根據傳統國際法的理論和實踐，國家的平等權主要體現在以下五個方面：①國家在國際組織和國際會議中享有平等的代表權和投票權。②國家享有平等的締約權，原則上國家不受其未加入或同意的條約的拘束。締約時，各國有權使用本國文字，除非另有約定，各國文字具有同等效力。③國家相互之間沒有管轄權，一國不得對他國主張立法、司法或行政管轄權，特別是非經他國同意，不得對他國的行為或財產進行審判、扣押或強制執行。④國家享有平等的尊榮權，國家元首、政府首腦、國旗、國徽等不受侮辱。⑤國家享有平等的位次權，國家在簽署條約時實行「輪署制」，或者依商定文字的國名字母順序簽署。各國在國際會議上的位次按照會議所用文字的國名字母順序排列。以上傳統國際法所確認的國家平等權的內容雖然在近代歷史上由於國家實力的不平等而經常遭到破壞，但是上述國家平等權的內容在現代國際交往中不僅基本上得到遵守，而且有了一定的發展。國家的平等權包括形式上的平等和事實上的平等兩個方面，不能用形式上的平等掩蓋事實上的不平等，應該堅決反對憑藉國家實力謀求優勢地位的做法。

(三) 自衛權

自衛權是指國家在遭到外來侵犯時，單獨或者與其他國家共同抵抗侵略的權利。《聯合國憲章》第五十一條規定，聯合國會員國均享有單獨或集體自衛的權利。會員國只有在受到實際的武力攻擊時才能進行自衛，而且應將其採取的行動立即向安理會報告；會員國的行動不得影響安理會維持國際和平與安全的職能，並且不得與安理會為此採取的行動相抵觸。從該條的規定可見，《聯合國憲章》在承認會員國自衛權的前提下，在一定程度上把國家的自衛行動納入了聯合國的集體安全保障制度之下。歷史上，一些國家以「自衛」為借口侵犯他國獨立、主權和領土完整的事例屢見不鮮。這種濫用國家自衛權的做法是現代國際法所堅決反對的。

(四) 管轄權

管轄權是指國家通過立法、司法或行政手段對本國領土範圍之內和/或之外的一定的人、事、物進行支配和處理的權利。

第四章　國際法上的國家

第一節　概述

一、國家的概念

國際法上的國家是指定居在特定的領土之上，並結合在一個獨立自主的權力之下的人的集合體。《奧本海國際法》認為：「當人民在他們自己的主權政府下定居在一塊土地之上時，一個真正意義的國家就存在了。」1933 年《美洲國家間關於國家權利和義務的公約》第一條規定：「國家作為一個國際人格者必須具備下列條件：①永久的人口；②確定的領土；③政府；④與他國交往的能力。」這個公約的規定雖不具有一般國際法的效力，但它關於國家構成條件的規定符合國家形成和存在的事實，因此得到了廣泛認可，許多國際法著作都以該公約提出的條件（或要素）來分析研究國家的概念。我們也認為構成國際法上的國家應具備該公約提出的四個條件或要素：

（一）永久的人口

國家是人的集合體，是由一定的人口或居民組成的社會，因此沒有人口就沒有國家。但構成一個國家存在的人口，必須是該國的永久人口，即具有該國國籍或公民資格的人。他們通常都定居在本國，與本國形成穩固的權利和義務關係，是國家存在和發展的社會基礎。至於人口的多少、種族或民族的異同，並不影響國家的存在，有的國家人口多達到幾億或十幾億，有的國家人口只有萬餘人或更少。例如，中國有 13 億多人口，居世界人口之最，而瑙魯只有萬餘人，也不失為一個國家。

（二）確定的領土

領土是人民長久定居的地方，也是國家存在的物質基礎和行使最高權力的空間，因此，形成國家必須有確定的領土。領土面積的大小無妨國家的存在，如俄羅斯的領土面積有 1707.54 萬平方千米，是世界上面積最大的國家，而摩納哥公國只有 1.95 平方千米。

另需說明的是，確定的領土是指國家形成時，它已有的領土。至於有的國家邊界沒有完全劃定，或與別國存在領土爭端，或者出現領土被別國侵占甚至完全被別國非法占領的情況，並不影響國家的存在。例如，1990 年科威特的領土就曾被伊拉克侵占，而科威特依然存在。

(三) 政府

國家必須有一個政府。政府是指構成國家政治和法律方面公共權力組織的整體，不是單純的國家行政機關，而應包括立法機關、司法機關和行政機關。政府在國家內部行使統治權，把人民組織起來，使他們有秩序地生活；在國際關係中，政府代表人民進行交往，享有國際法上的權利和義務。政府的存在是區分國家與非國家實體的重要標誌，如一個部落縱然有首領，也不是國家，因為它沒有政府。

政府是國家權力存在的形式，沒有政府就沒有國家，但是由於某種情況的出現，使一國政府的有效統治暫時中斷，如一國領土被別國侵占，迫使該國政府流亡到外國，則不意味著該國覆滅。正如《奧本海國際法》所言：「一個國家要求社會作為一個政治單位組織起來，以別於，例如，一個部落。但是，國家一旦建立起來，它的政府的有效統治暫時中斷，例如，在內戰中，或由於交戰國占領的結果，與國家的存在是不矛盾的。」1939—1945年，第二次世界大戰期間，有的國家的政府流亡於外國（像挪威），但它們仍可代表其國家簽發命令、參加國際會議等。

(四) 主權

《美洲國家間關於國家權利和義務的公約》規定的國家必須具備的第四個條件是「與他國交往能力」。所謂與他國交往能力可以理解為主權和獨立的意思。因為如果沒有主權和獨立，國家就沒有與別國交往的能力，不能承擔國際法上的權利和義務，而與別國的交往能力正是主權和獨立的表現。許多國際法的著作也都將此條件表述為主權的。國際法要求國家具備這個要素的目的是為了區別於沒有國際交往能力的國家內部劃分的行政區域和聯邦國家的成員。例如，中國各省、區和直轄市，以及香港、澳門特別行政區未經中央人民政府授權，均不得與外國進行官方往來，因為它們都不是中國主權的持有者。

符合國際法要求的國家須具備以上四個條件，但這並不是說具備了這四個條件的實體都是合法的國家，並因此而取得國際法的主體資格。一個實體可能展示了國家具有的要素特徵，但它創立時若違反國際法原則，它的存在就是非法的。例如，由於一國侵略的結果而產生的國家就是非法的，這樣的國家不具有合法的國際地位。

二、國家管轄豁免

(一) 國家管轄豁免的概念和根據

與國家管轄相關的，確切地說，與屬地管轄相關的一個很重要的問題是國家應放棄對外國國家的屬地管轄，給予外國國家管轄豁免之特權。外國國家的管轄豁免之特權被稱為國家豁免或主權豁免。國家豁免泛指一國在外國的行為和財產不受另一國的立法、司法和行政方面的管轄，但通常是指不受另一國的司法管轄，即非經一國同意，該國的行為和財產不受另一國法院的審判和強制措施的支配。2004年聯合國大會通過的《國家及其財產管轄豁免公約》規定：國家本身及其財產在另一國法院享有管轄豁免，國家有義務避免在其法院對另一國提起的訴訟行使管轄。本節所述國家豁免是指

一國在另一國與私人發生的民事訴訟應不受該另一國的法院管轄，該另一國的法院不得對其財產採取強制措施。但這不影響國際法所涉及一國使館、領館、特別使團、駐國際組織代表團，或派駐國際組織機關或國際會議的代表團，以及與這些機構相關的人員因職能所享有的特權與豁免，或國家元首個人的特權與豁免。

國家管轄豁免是19世紀逐漸形成的一項習慣法規則，並被聯合國大會通過的《國家及其財產管轄豁免公約》所編纂。國家管轄豁免的根據是主權平等。由於國家在國際社會中都是獨立的主權者，在國際法律體系中是平等的主體，互不從屬，相互自然也就沒有管轄和支配的權力。正如羅馬教皇格里高里九世提出的一句格言，「平等者之間無管轄權」。它可以為后來解釋國家主權豁免的根據做參考，實際上許多學者都引此格言作為解釋國家豁免的歷史源頭和理論根據。各國也承認在相互交往中有尊重別國的獨立權，而限制自己屬地最高權的義務；在本國領土給予外國國家豁免，不對外國實行管轄。

這一立場不僅被各國法院的判例實踐所支持，還被很多國際法教科書和其他著述所闡明。例如，曾任美國最高法院首席大法官的馬歇爾在其對「交易號案」製作的判詞中稱：「一國在其領土內的管轄權是排他的和絕對的，但它可自我加以限制。這種類似於主權象徵的完全的和絕對的管轄並不要求將外國主權者和他們的統治權力作為其管轄的客體。一個主權者在任何方面不從屬於另一個主權者，他負有最高的義務不將自己或其主權權利置於另一主權者的管轄之下，從而貶損其國家的尊嚴。」聯合國國際法委員會關於國家豁免專題的第一任報告員素差伊庫在其報告中指出：「國家豁免原則的最令人信服的根據可以由各國慣例和實踐所證明的，並通過國家主權、獨立以及平等之類的用語所表現出來的國際法發展。」他還認為：「平等者之間無管轄權」這一法律格言曾是一個有效的出發點和國家豁免理論的有說服力的法律基礎。

(二) 國家豁免的主體

享有管轄豁免的主體是國家，關於國家的意義，根據聯合國國際法委員會在對《國家及其財產豁免公約草案》關於「國家」用語的第二條第一款第二項的評註中的解釋，「國家」一詞包括完全自主和獨立的外國，但也進而包括有時並非真正是外國，有時是非完全獨立或僅有部分主權的實體。按照《國家及其財產豁免公約》第二條第一款第二項的規定，能夠代表國家享受管轄豁免的機關有：

（1）國家及其政府各機關。一般包括國家元首（國家元首既可歸入國家機關，也可屬於國家代表）、國家和政府的各種機關。因為它們執行國家的公務，國家元首的私人行為不在此類豁免的主體內。

（2）有權行使主權權力並以該身分行事的聯邦國家的組成單位或國家政治區分單位。但聯邦成員是否有豁免資格還要由各國國內法決定。國際法委員會認為聯邦國家的組成單位是否被作為一個「國家」，還要取決於特定的國家的憲政慣例或歷史背景。

（3）國家機構、部門和其他實體。但需要它們有權力行使並且實際在行使國家主權權力。

（4）以國家代表身分行事的國家代表。

(三) 國家豁免的範圍

1. 國家豁免範圍的主張與實踐

國家豁免的核心問題是豁免的範圍。對這個問題，國際上向來存在兩種不同的主張和實踐。

一種主張認為：國家豁免是絕對的，國家的一切行為和財產不論其性質如何，都應享有豁免。其代表人物如英國的奧本海、布里格斯、戴西、美國的海德和德國的李斯特等。這種主張曾在 19 世紀得到西方國家的廣泛支持並付諸法院判案的實踐。例如，1812 年美國最高法院對「交易號案」的判決、1835 年美國海事法院對「憲法號案」的判決、1897 年美國最高法院對「昂德希爾訴赫南德茲案」的判決都對外國國家和財產給予完全豁免，美國的立場影響了英國、法國等歐洲國家。英國法院自 1820 年、德國法院自 1819 年、法國法院自 1825 年開始遵循這一原則。

另一種主張認為：國家豁免是相對的或應受限制的，只有國家主權行為（亦稱統治權行為、公法行為或非商業行為）和用於政府事務的國家財產才享有豁免，國家的非統治權行為（也稱管理權行為、私法行為或商業行為）和用於商業目的國家財產不應享有豁免權。這種主張在 19 世紀至 20 世紀的前半葉，雖然只得到為數不多的國家和法院判案的支持，與絕對豁免的主張相比處於劣勢，但到了 20 世紀后半葉得到越來越多的國家支持，甚至連一貫主張絕對豁免的國家也紛紛改變了立場，使絕對豁免幾乎成了行不通的主張和現實。如一向主張絕對豁免的美國、英國等都轉向了限制豁免。美國國務院法律顧問泰特 1952 年 5 月 19 日在其給美國司法部關於國家管轄豁免的信函中公開宣布，美國政府不再讚同外國政府對於其商務交易行為提出豁免的要求。依此公函，美國法院對外國的豁免要求要按國務院的建議行事，對外國的商業行為不予豁免。美國 1976 年公布的《外國主權豁免法》也採取了限制豁免的立場。其他國家也採取措施限制外國豁免的範圍。據統計，已有幾十個國家採取或支持限制豁免，不少國家制定了國家豁免法。

此外，還有關於國家豁免的公約及其他文件也對國家豁免的範圍規定了限制。如 1972 年的《歐洲國家豁免公約》，2004 年聯合國大會通過的《國家及其財產豁免公約》。至此，限制國家豁免已形成新的國際習慣法規則，但它確實已成為一種廣泛的國際趨向。

2. 《國家及其財產管轄豁免公約》關於豁免範圍的限制

按照《國家及其財產管轄豁免公約》的規定，國家對以下八種事項訴訟不得援引豁免：

（1）國家與外國自然人或法人進行的商業交易引起的訴訟，但國家間進行的商業交易或者該商業交易的當事方另有明確的協議則不在此限；

（2）雇傭合同的訴訟，但是如果國家間另有協議，或者雇傭是為了履行政府權力方面的特定職能或者被雇傭者是外交代表、領事官員或常駐國際組織的代表則不在此限；

（3）國家對其作為或不作為引起的人身傷害或財產損害的訴訟；

（4）國家對財產的所有、佔有和使用的訴訟；

（5）關於知識產權和工業產權的訴訟；

（6）關於參加公司或其他集體機構的訴訟；

（7）關於國家擁有或經營的船舶，只要在訴訟事由產生時該船舶是用於商業性的目的；

（8）仲裁協議的效力，即國家與外國自然人或法人訂立關於將商業交易爭端提交仲裁解決的協議，關於仲裁協議的有效性、解釋或適用、仲裁程序或者裁決的確認或撤銷的訴訟。

《國家及其財產管轄豁免公約》第四部分規定：一國財產免受所在國法院的強制措施，國家有義務使其法院遵守這項規則，在涉及外國的訴訟中不採取針對該外國財產的強制措施，如查封、扣押和強制執行。但國家財產的這種豁免要受以下三種情形的限制：

（1）國家已在其接受的國際協定、仲裁協定或書面合同中，或在法院發表的聲明或在當事方發生爭端後提出的書面函件中，明示同意就該有關財產採取此類措施。

（2）國家已經撥出或專門指定該財產用於清償該訴訟標的要求。

（3）該財產在法院地國領土上，並且被訴訟當事國具體用於或意圖用於政府非商業性用途以外的目的，而且與訴訟標的的要求有關，或者與被訴訟的機構或部門有關。但國家的以下財產不應視為屬於被國家具體用於或意圖用於政府非商業性以外目的的財產：①用於或意圖用於國家使館、領館、特別使團、駐國際組織代表團、派往國際組織的機關或國際會議的代表團用途的財產，包括任何銀行帳戶款項；②屬於軍事性質，或用於或意圖用於軍事目的的財產；③國家中央銀行或其他貨幣當局的財產；④構成國家文物遺產的一部分，或屬國家檔案的一部分，並非供出售或意圖出售的財產；⑤構成具有科學、文化或歷史價值的物品展覽的一部分，並非出售或意圖出售的財產。

（四）國家管轄豁免的放棄

國家可以明示或默示的方式自願放棄其在外國法院享有的管轄豁免。根據《國家及其財產管轄豁免公約》第七條規定，明示放棄豁免包括國家通過國際協定、書面合同或在法院發表的聲明或在特定訴訟中提出的書面函件表示放棄。按《國家及其財產管轄豁免公約》第八、九條規定，默示放棄是指國家通過在外國法院提起或參與訴訟（包括反訴），或採取與案件實體相關的任何其他步驟，表示了接受法院管轄的意思。

但是，根據《國家及其財產管轄豁免公約》第七條第二款和第八條第二、三、四款的規定，在以下情形，一國的行為不應解釋為同意另一國的法院對其行使管轄權：①一國同意適用另一國的法律；②一國僅為援引豁免或對訴訟中有待裁決的財產主張一項權利或利益的目的而介入訴訟或採取任何其他步驟；③一國代表在另一國法院出庭作證；④一國未在另一國法院的訴訟中出庭。

另需說明的是，國家放棄管轄豁免不等於也放棄了法院執行的豁免，執行豁免的放棄必須由國家做出明確的表示。《國家及其財產管轄豁免公約》第二十條規定，依照

《國家及其財產管轄豁免公約》第七條的規定，一國明示放棄管轄豁免，並不構成該國默示同意對其國家財產採取強制措施。

第二節 國家、政府及其他實體的承認

國際法上的承認是指既存國家表示認可某種事實或情勢，並願意接受由此產生的法律後果的行為。承認的對象包括新國家、新政府、民族解放組織、叛亂團體和交戰團體。

一、國家的承認

(一) 國家承認的概念和性質

1. 國家承認的概念

國家的承認是指既存國家對新產生的國家給予的認可並接受由此而產生的法律後果，與新國家建立關係的行為。新國家獲得既存國家的承認就是它與承認國家進行交往的開端。

2. 國家承認的性質

關於國家承認的性質，可從不同的角度認識和理解，從既存國家是否承認新國家來講，承認是國家單方面的政治行為。因為國際法並未加諸各國承認新國家的義務，也沒有賦予新國家獲得別國承認的權利。一國是否承認新國家是其主權範圍內的事，由其根據國際關係和外交政策的需要自由決定。但是既存國家一旦表示承認新國家，它的這種行為就是一種具有法律意義的行為，就會產生法律效果。

另外，從承認對新國家的國際法主體資格的影響來認識國家承認的性質，西方國家學者提出了兩種學說，即構成說和宣告說。持構成說的一些學者認為，新國家作為國家的存在不需要承認，別國不承認並不影響它的存在，承認的必要在於使國家成為一個國際人格者，成為國際社會的成員。另外一些學者認為，承認確定新國家滿足了國家資格必須具備的條件，即國家作為一個法律事實的存在必須經過既存國家的確定，經過承認，被承認國與承認國之間就發生了依附於國家資格的國際權利和義務，因此承認是具有構成性的。持構成說學者的主張雖不完全一致，但都認為承認具有創造國際法主體資格的性質。

若是從國家實際交往的角度來認識承認的作用，可以說新國家只有得到別國的承認，它才能與別國進行政治、經濟、文化及其他方面的交往，表現它的國際交往能力。但一些學者把事情推到極端，認為承認本身具有創造國際法主體的作用，顯然是不妥當的。這會導致大國強國以不承認來否定新國家或任意對待新國家，甚至作為它們侵犯和破壞新國家的獨立和主權的借口。

宣告說認為，承認只是既存國家對新國家存在的事實給予確認或宣告而已，並不具有創造國際人格的作用。新國家的國際法主體資格取決於其成為國家的事實，如英

國的布賴爾利說：「對一個新國家給予承認，不是『構成性』而是『宣告性』的行為。承認不能把一個並不存在的國家變成法律上的存在。一個國家，如果事實上卻已存在的話，即使沒有獲得承認也是可以存在的；不論其他國家是否予以正式承認，這個國家也是有權被別國作為國家看待的。承認的主要任務是宣告一個不大明確的事情成為事實，並宣告承認國準備接受這個事實所產生正常後果，即國際交往的通常禮節。」這一學說現在已獲得多數學者的支持，並且早就得到了1933年《美洲國家間關於國家權利和義務的公約》和1936年國際法學會布魯塞爾年會決議的認同。如《美洲國家間關於國家權利和義務的公約》第三條規定：「國家在政治上的存在並不依靠於他國的承認。甚至尚未得到承認的國家也有權捍衛本國的領土完整和獨立，為本國的生存與繁榮做出安排，因而也有權按照它所認為合適的方式組織起來，有權制定維護本國利益的法律，管理本國的服務部門並確定本國法院的管轄範圍與權限。」宣告說所闡明的觀點是應予肯定的，但是似乎對承認能使一個新國家與承認國家進行正常國際交往方面的作用沒有給予應有的注意。中國學者傾向於支持宣告說。

(二) 新國家產生的情勢和對其承認的條件

1. 新國家產生的情勢

在國際社會的變化萬千中，以下某種情勢的出現會導致新國家的產生。

(1) 殖民地或附屬國的獨立。

這是指殖民地或附屬國人民通過武裝鬥爭或和平方式擺脫原殖民國家或宗主國的統治而成為新獨立國家。例如，美國1776年脫離英國的殖民統治而獨立。19世紀拉丁美洲一大批殖民地獨立。第二次世界大戰後，亞洲、非洲等地區的數十個殖民地獨立。

(2) 國家合併。

這是指兩個或兩個以上國家的領土合併建立一個新國家，如1964年坦噶尼喀與桑給巴爾合併為坦桑尼亞聯合共和國。

(3) 國家分離。

這是指從一國領土分離出一部分或幾部分，脫離母國而成立一個或幾個新國家的情形。如1903年巴拿馬共和國的建立，就是從哥倫比亞分離出來的。1971年孟加拉國的建立是從巴基斯坦分離出來的結果。

(4) 國家解體。

這是指一個國家解散，分裂成為幾個或若干個新國家，原國家不復存在。例如，第一次世界大戰之後奧匈帝國一分為三，建立了奧地利、匈牙利和捷克斯洛伐克。1991年蘇聯解體，分別成立了15個新國家。

2. 新國家承認的條件

是否承認新國家，雖然是各國自由量裁的事情，但是如果一國決定承認新國家，這種決定的做出就不能是一個絕對的專斷意志，而要受國際法的限制或約束。也就是要符合國際法為國家承認設立的條件。依現代國際法，既存國家承認新國家必須遵循以下兩個條件：

(1) 新產生的政治實體具備國家的要素。

此條件要求被承認的對象必須是一個國家實體，而不是其他實體。因為既存國家承認新國家，是認為它具有國際法主體資格，願意與之進行全面國際交往。所以，要就被承認的政治實體必須具有國家構成的四個要素，不具備這四個要素的實體，即使是國際法的主體也不能進行全面的國際交往。

(2) 新國家符合國際法原則而產生。

這個條件是要求被承認的新國家建立的政治基礎必須符合國際法的原則，既存國家才能承認它。對違反國際法原則而建立的國家，既存國家非但不應給予承認，反而應該反對其存在的事實。這是國際法加諸各國的不承認義務。《奧本海國際法》指出：「如果一種新的情勢發生於一個違反一般國際法的行為，也可以不給予承認。不法行為不產生權利的原則在國際法上已經確立，而且按照這項原則，違反國際法的行為不能成為違法者獲得法律上權利的根源。」例如，現存國家領土的一部分在外國侵略者武力占據之下製造出一個傀儡國家，完全處在外國控制之下，靠外國武力維持，就根本不能成為一個國家，因為外國製造這樣一個國家，破壞了其領土所屬國家的主權和領土完整，本身就是違反尊重國家主權和領土完整及不侵犯原則的行為，而既存國家承認這樣的傀儡，就是支持一國侵略和占領別國領土的違法行為，同樣是違法的行為。

歷史上的典型實例是對日本侵華及其製造的「滿洲國」的承認問題。1931年日本帝國主義發動了九・一八事變，隨后侵占中國東北三省並製造了所謂的「滿洲國」。當它在1932年1月3日侵占中國錦州后，1月7日，當時的美國國務卿史汀生，就針對日本在中國東北侵略分別照會中、日兩國政府，聲明美國政府「不能承認任何實際情勢之合法性，也不承認中、日政府或其代理人所締結的足以損害美國或其國民之條約的權利，或損及中國主權獨立或領土及行政完整，或違反國際對華政策，即所謂『門戶開放』的任何條約或協定。同時，美國政府也不承認任何由違反1928年8月27日《巴黎非戰公約》之方法所造成之情勢或締結之條約或協定」。這一聲明所表明的立場后來被稱為「史汀生不承認主義」。雖然這一主張沒能阻止日本的侵略，但它對反對侵略造成的非法事實是很有益的，也得到了國際聯盟的採納。

當1932年3月1日偽滿洲國成立后，3月11日，國際聯盟大會就通過決議規定會員國負有義務不承認通過違反《國際聯盟盟約》和《巴黎非戰公約》的方式產生的任何情勢、條約和協定。事實上，偽滿洲國傀儡組織成立后，除得到日本侵略者本身及其同盟者和一個經濟利益需求國的承認外，沒有獲得任何其他國家的認可。1932年9月4日國際聯盟的調查報告書中指出，這個組織的成立完全由於「日本軍隊在場」和「日本文武官吏的活動，不能認為是由真正的和自然的獨立運動所產生」。「一般中國人對滿洲國政府均不讚成，此所謂滿洲政府者在當地中國人心目中一直是日人之工具而已。」1933年2月24日國際聯盟大會報告書根據「國際聯盟調查團」的意見，正式宣布，維持並承認滿洲現在之制度與現存國際義務的基本原則不相符合。同年，國際聯盟大會設立的顧問委員會還於6月7日通過了《關於不承認滿洲國之辦法》，通告會員國及非會員國分別執行。

這一不承認違反國際法原則產生的國家及其他事實之原則，在第二次世界大戰后，

被《聯合國憲章》《國際法原則宣言》《國家權力和義務宣言草案》和國際法委員會通過的《國家對國際不法行為的責任條款草案》等國際文件所確認，並付諸實踐。1976年聯合國大會通過決議，宣布南非非法策劃的特蘭斯凱「獨立」無效，要求各國政府不以任何形式予以承認。這一決議也得到了安理會的讚同。聯合國的這些實踐可被視為對違反民族自決原則而建立的「國家」不予承認的先例。安理會還在 1983 年做出決議，宣布土耳其侵略造就的「北塞浦路斯土耳其共和國」在法律上無效，要求各國不予承認這個所謂的獨立國家。

從對新國家承認條件的分析，可以得出如下結論：對不符合條件的新國家尤其是違反國際法原則而建立的國家，既存國家非但不應給予承認，而且應予譴責，使它不能存在於國際社會。對符合條件的新國家，既存國家當然可以承認，但應避免過急承認或過遲承認，因為這樣做容易引起母國或新國家的抗議或指責。

(三) 國家承認的方式、範圍和效果

1. 國家承認的方式

國際法並沒規定國家承認的方式，實踐中，國家通過明示或默示的方式表達其對新國家的承認。

(1) 明示承認。

明示承認一般是指既存國家通過單方面的發照會、函電或發表聲明等宣告承認新國家。例如，1957 年中國總理兼外交部長周恩來致電突尼斯外交部長，告知「中華人民共和國政府已正式決定承認突尼斯共和國」。此外，既存國家還可以在其簽訂的條約中載有承認新國家的條款，如英、俄、法在它們簽訂的《倫敦協定》中規定承認希臘獨立。德國在 1919 年《凡爾賽和約》中（第八十一條和第八十七條）聲明承認捷克斯洛伐克和波蘭獨立。

(2) 默示承認。

默示承認是既存國家通過某種實際行動表示對新國家的承認。例如，與新國家建立外交關係或領事關係，締結雙邊條約，在政府間國際組織中投票表示接納新國家為該組織的成員。但與新國家共同參加國際組織或國際會議，或僅與新國家有某種事實上的聯繫，而這種聯繫又無承認的意思，則不構成默示承認。

2. 國家承認的範圍

既存國家承認新國家的範圍有法律上的承認和事實上的承認。

(1) 法律上的承認。

法律上的承認是指既存國家給予新國家確定的和完全的承認，意味著承認國家願意與被承認國家進行全面交往，因而構成兩國間發展正常關係的法律基礎。法律上的承認是永久的和不可撤銷的。既存國家一般都給予新國家法律上的承認，縱使既存國家在承認新國家時不加「法律上的」字樣，也不影響承認的完全性，因為從兩國外交或領事關係的建立，或重要條約的締結等實際交往情況可以表明屬於法律上的承認。

(2) 事實上的承認。

事實上的承認是既存國家出於其國防關係方面的考慮，或是對新國家地位的鞏固

49

尚缺乏信心的情況下，不願意立即與新國家建立全面的關係，但實際上又需要與新國家進行一定的交往，因而給予新國家事實上的承認，暫時與它在比較小的範圍內建立聯繫。通常是在經濟、貿易、商業、文化和科技方面的交往，不發生政治、外交和軍事關係。事實上的承認是不完全的承認，帶有暫時性，並且是可以撤銷的。一般情況下，它都發展為法律上的承認。例如，19世紀，當一些拉丁美洲國家脫離西班牙和葡萄牙殖民主義統治而獨立時，英、美出於與這兩個殖民國家的關係和本身的實際利益考慮，對新獨立國家開始只給予事實上的承認，後來才把事實上的承認上升為法律上的承認。日本1919年給予芬蘭事實上的承認，1921年上升為法律上的承認。但在特殊情況下，如在導致事實上的承認的前提條件不復存在的情形下，事實上的承認即可撤銷。

「法律上的」和「事實上的」這些詞語是形容被承認的國家的，指它是被承認為一個法律上的國家，還是一個事實上的國家，而不是形容承認的行為本身。法律上的承認和事實上的承認之間的實質區別是，法律上的承認是最完全的承認，而事實上的承認是在臨時基礎上考慮目前實際情況後給予的程度較低的承認。因此，如果在承認的國家看來，新的當局雖然實際上是獨立的，並且在它控製的領土內掌握著有效的權力，但它還沒有充分穩定，或者還看不出它能符合關於承認的其他條件，那麼就發生事實上的承認。

3. 國家承認的效果

一般地說，既存國家承認新國家，就表示它接受了新國家在國際社會的地位及作為一個國家通常具有的全部權利和義務。接受承認在兩國關係中產生的法律效果主要表現在以下幾個方面：

（1）既存國家給予新國家法律上的承認奠定了兩國全面交往的法律基礎。

因此，兩國會締結條約、進行政治、經濟、文化、科學技術等方面的交流與合作。為此而建立外交和領事關係，互設使館和領事館，以方便和促進兩國之間的交流與合作。事實上的承認不產生兩國的政治關係，也不建立外交和領事關係。

（2）承認國應承認被承認國的立法、司法和行政的效力。

（3）承認國承認被承認國的財產權、訴訟權和豁免權。

財產權是指在承認國境內的被承認國的國家財產不受侵犯，並應受到承認國的適當保護。訴訟權即指被承認國有權在承認國的法院提起訴訟和參加訴訟。

根據國際實踐，國家承認的法律效果具有溯及既往的效果。也就是說，既存國家對新國家的承認產生的效果可追溯到承認發生之前。所以，新國家在未被承認之前完成的法律行為的效力應得到承認國的認可。《奧本海國際法》指出：「至少按照英、美兩國法院的實踐，承認，不論是事實上的承認還是法律上的承認，都有追溯力，這就是說，法院把被承認的新國家或政府的行為看做是從該被承認的國家或政府建立時起就有效。」

二、政府和其他實體的承認

(一) 政府的承認

1. 政府承認的概念

政府的承認是指一國通過某種方式表示認可另一國產生的新政府有代表其國家的地位或資格。政府的承認發生在一個國家的內部出現社會革命或叛亂，導致該國發生非憲法程序的政權更迭，建立了新政府的場合。這個新政府全然改變舊政府的對內統治秩序，甚至改變了國家的社會制度、政治制度和法律制度，改變了舊政府對外關係的方針、政策和國際關係。因而發生既存國家承認這個新政府的問題。政府承認的意義在於：一個國家承認別國的新政府有代表其國家的資格或法律地位，願意同其所代表的國家建立或保持正常關係。因為新政府所代表的國家的主體資格是連續存在的，未因政府的更迭而受到影響。既存國家如果不承認新政府，就不能與其代表的國家進行交往。

2. 政府承認的條件

依現代國際法的理論與實踐，一個新政府要獲得別國的承認必須是在新政府已經在其國家的全部或大部分領土內實行了有效統治，並且得到了人民的擁護和服從。例如，當中華人民共和國中央人民政府成立后，除及時獲得蘇聯等社會主義國家的承認外，還得到英國等西方國家的承認。如英國政府 1950 年 1 月 6 日致函中華人民共和國政府稱：「察悉中央人民政府已有效控製中國絕大部分之領土，今日業已承認此政府為中國法律上之政府。」瑞典於 1950 年 1 月 14 日通知承認中華人民共和國政府的電函也稱：「鑒於中華人民共和國中央人民政府已有效地控制著中國大部分領土的事實，現決定法律上承認中央人民政府為中國政府。」

這一「有效統治原則」作為承認新政府的根據，可以說是現代國際實踐一般奉行的。在有效統治原則的基礎上，對新政府的承認一般不必考慮有關政府的政治起源和法律根據。因此，一國內部的革命或叛亂所建立的政權，儘管是違反其國內法的規定，但仍屬於該國內部情勢變化，並不違反國際法，所以別國對此應予尊重。然而，一個國家的政府僅僅由於有另一個國家的武裝部隊在它的領土上支持而控製著國家，可能有理由被認為是不值得承認的。例如，1979 年蘇聯入侵阿富汗后扶植建立的卡爾邁勒（納吉布拉）政權就不應獲得承認。

3. 政府承認的方式、範圍和效果

政府承認的方式和範圍與國家承認一樣，可由承認國家自由決定採取明示的或默示的方式承認新政府，給予新政府法律上的或事實上的承認。國際實踐表明，國家趨向通過默示的方式承認新政府。例如，1930 年，墨西哥外交部長艾斯特拉達聲明，墨西哥在外國發生革命或政變時將不發表任何給予承認的聲明，而僅決定是否與有關外國政府繼續保持外交關係（保持外交關係是一種默示的承認）。這一立場被稱為「艾斯特拉達主義」，並為許多國家所採行，如英國、法國、美國、比利時等已經放棄了明示承認新政府。

政府承認與國家承認的效果是相同的。但要說明的是，在新政府控製其國家領土的大部分或絕大部分，而舊政府仍然控製一小部分領土的情況下，一國承認了新政府，就意味著它承認舊政府代表其國家的地位或資格由新政府取代，舊政府完全消亡。例如，1949年10月1日中華人民共和國中央人民政府成立后，對所有承認中華人民共和國政府的國家來講，中國的舊政府已不復存在，中華人民共和國政府是中國唯一合法代表。它們不得再與臺灣當局保持任何官方關係，除非得到中華人民共和國政府的同意。

(二) 民族解放組織的承認

民族解放組織的承認是指國家對旨在擺脫外國奴役或殖民主義統治，爭取建立獨立國家而進行民族解放運動的組織給予的認可。因為這樣的民族解放組織在其成為獨立國家之前，是具有類似國家性質的政治實體，對其控製的地區實施著有效統治，並獲得了當地人民的支持，具有一定的國際法主體資格，所以獲得國家承認，承認國與其進行一定範圍的交往。例如，第二次世界大戰后，阿爾及利亞民族解放組織曾獲得包括中國在內的二十多個國家的承認，它在八個國家和一些國際組織派駐了正式代表。此外，還有安哥拉人民解放運動、莫桑比克解放陣線、巴勒斯坦解放組織等也都曾獲得了一些國家的承認。

(三) 叛亂團體和交戰團體的承認

叛亂團體的承認是一國對另一國內出現的叛亂組織給予的一定認可。叛亂團體是指一國內反抗政府或進行起義的團體。它有明確的目標、統一的領導和組織機構，並已實際占領和控製著本國領土的一部分，正在與本國政府進行武力鬥爭。如果叛亂團體的反政府或起義行動迅速完成，不論它的叛亂結果成功或失敗，通常都不出現國家承認它的問題。但是，如果叛亂活動曠日持久的存在，它的武力鬥爭雖然沒達到內戰程度，但別國出於保護其在叛亂團體控製地區的商務和僑民等方面的利益，可能對叛亂團體給予承認。這種承認只是表示承認國在一定範圍內對於叛亂者（或起義者）的武裝鬥爭活動保持中立態度，除非這種活動侵害到它的國民或財產等利益，它都不加干涉；承認叛亂團體在其控製的地區有一定的權力，以及在一定限度內與叛亂團體進行接觸。一般地說，承認叛亂團體的性質和內容不過如此，它不使叛亂團體具有交戰者的地位和權利。

交戰團體的承認是一國對另一國內存在的交戰團體國際地位給予的確認。交戰團體是指一國內為政治目的向本國政府發動內戰的、具有交戰者資格的叛亂團體。它不同於叛亂團體的是：①叛亂活動或與政府的武裝鬥爭實際上已發展到了內戰的性質，在負責任的政治組織和軍事組織的領導下進行有組織的軍事行動；②在交戰行動中，遵守戰爭法規則；③占領了領土的相當地區，並在該地區建立了事實上的政權，行使著類似政府的權力，進行著有效統治，形成了與政府對峙的態勢。別國為了保護自己的利益而對這種交戰團體給予承認。

承認交戰團體的主要效果是：①使被承認的交戰團體取得內戰中交戰一方的地位，具有戰爭法上的權利和義務。承認國則應在交戰團體和它的本國政府之間保持中立地

位，享有中立國應有的權利和義務。②被承認的交戰團體對其實施的國際不法行為應負國際責任，但在其控制的地區免除其反對本國政府的責任。

第三節　國家的繼承

國際法上的繼承是指由於某種具有國際法意義的事實或情勢出現，使國際法上的相關權利和義務從一個承受者轉移給另一個承受者，引起的法律關係的改變。這種法律關係改變的效果直接影響繼承者和被繼承者及第三者的權益，因而繼承是國際法上的重要規則。國際法上的繼承有國家的繼承、政府的繼承和國際組織的繼承，但主要是國家的繼承。

一、國家繼承的概念

(一)　國家繼承的概念

國家繼承是指一國對領土的國際關係所負的責任，由別國取代。也就是說，由於出現了國家領土變更的事實，而使與變更的領土相關的國際法上的權利和義務從被繼承國轉移給繼承國。此處所說的國際法上的權利和義務不包括那些屬於國家固有的基本權利和義務，以及以國家的國際人格的存在為前提而存在的，隨同國家的國際人格的消滅而消滅的其他權利和義務。因為這樣的權利和義務不屬於國家繼承的範圍。《奧本海國際法》稱：「各國的實踐表明，按照國際法，不發生一般的繼承。當一個國際人格者消滅時，它作為人格者所有的權利和義務也隨之消滅。但是，某些權利和義務的確是由一個先前的國際人格者轉移給后繼的國際人格者。」

二、國家繼承的內容和規則

聯合國大會1978年通過的《關於國家在條約方面的繼承的維也納公約》（以下簡稱《關於條約繼承的公約》，該公約已於1996年11月6日生效）和1983年通過的《關於國家對國家財產、檔案和債務的繼承的維也納公約》（以下簡稱《關於國家財產、檔案和債務繼承的公約》，該公約尚未生效）對國家繼承的內容和規則進行了編纂。雖然后一個公約目前尚未生效，但它反應了國家繼承的一般實踐，概括了關於國家繼承的一些習慣法規則，可以作為這些習慣法規則存在的證據。所以，我們以下主要依據這兩個公約的規定，闡述國家繼承的內容和規則。

(一)　條約的繼承

　1. 條約繼承的原則
　(1) 人身條約不繼承。

凡是與國家國際人格有關的條約，也稱「人身條約」，一般都不繼承。例如，參加國際組織的條約、政治性條約（像結盟條約、友好條約、共同防務條約、中立條約等）。因為這類條約的效力是以締約國的繼續存在為前提的，在一定意義上，它們可以

被認為具有國家的屬人性質的；締約國消亡，則對它不可能再有效，如一國領土完全並入別國，或一國領土與別國合併建立新國家，或一國解體，其領土分別屬於各個新獨立國家時，原國家不存在了，它所締結或參加的人身條約自動失效，獲得其領土的國家無從繼承。如果它們由繼承國繼承，就會根本改變條約實行所依據的前提。

(2) 非人身條約繼承。

繼承國對被繼承國締結的「處分條約」或稱「非人身條約」一般應予繼承。例如，對領土劃界條約，有關邊境制度、河流及其他水域的使用和管理條約，道路交通的條約等，均應繼承；對有關中立化和非軍事化的條約，原則上也應繼承；對有關經濟貿易、司法協助、引渡及其他類似的條約是否繼承，則是有爭議的。因為這樣的條約雖然在一定的意義上是非政治性的，但都具有顯著的政治特徵。然而，在合併的情況下，國家實踐支持了這樣一種見解，即在原則上，組成統一國家的各國在統一前締結的非政治性條約繼續對繼承國有拘束力，至少在統一實現時條約對其有效的那一部分領土是這樣的情形。據此，可以說關於這樣的條約是否繼承，繼承國應根據領土變更的實際情況酌定。

2. 領土轉移不同情形的條約繼承規則

由於國家間領土變更的情況不同，繼承國對被繼承國締結或參加的涉及繼承的各種條約的效力的處理也可以不同。《關於條約繼承的公約》對此做了如下規定：

(1) 國家部分領土轉移的條約繼承。

當一國領土的一部分，或雖非一國領土的一部分，但其國際關係由該國負責任的任何領土，成為另一國領土的一部分時，自繼承之日起，被繼承國的條約，停止對國家繼承所涉領土生效；繼承國的條約對該領土生效。

(2) 國家領土合併的條約繼承。

在兩個或兩個以上國家領土合併而組成一個繼承國時，原國家的條約對繼承國繼續有效，不過僅適用於該條約原來所適用的那部分領土。

(3) 國家領土分離或分立的條約繼承。

在從一國領土中分離出一部分或幾部分組成一個或幾個新國家，和一國領土分立成兩個或數個國家的情形下，不論被繼承國是否存在，原來對被繼承國全部領土有效的條約，繼續對每一個繼承國有效，僅對其部分領土有效的條約，則只對由該部分領土組成的繼承國有效。

(4) 新獨立國家對條約的繼承。

當殖民地或附屬領土獲得獨立而建立新國家時，這樣的新獨立國家對原殖民國家或宗主國的條約的繼承適用「白板規則」。《關於條約繼承的公約》第十六條規定：「新獨立國家對於任何條約，不僅僅因為在國家繼承日期該條約對國家繼承所涉領土有效的事實，就有義務維持該條約的效力或者成為該條約的當事國。」也就是說，新獨立國家對原殖民國家或宗主國締結或參加的，且適用於該獨立領土的條約有權自由決定繼承與否。

(二) 國家財產的繼承

國家財產的繼承就是在發生國家繼承的情況下，被繼承國的國家財產轉屬繼承國。

被繼承國的國家財產是指在國家繼承之日按照被繼承國國內法的規定為該國所擁有的財產、權利和利益。

1. 財產繼承的原則

（1）被繼承國的國家財產應與變更的國家領土相關聯，即只有在被繼承國的國家財產與轉移領土密切相關或密不可分的情形，才能繼承。

（2）根據領土的實際生存及公平原則處理國家財產的繼承，即在被繼承國的財產與轉移領土內的人民的創造和生存相關的情形，應由繼承國予以繼承。因為人民要隨著領土轉移而轉移，所以由他們創造並與之生存息息相關的財產也應隨著領土轉移而轉移。對這樣的財產繼承還要考慮公平比例原則。

按這兩項原則處理國家的財產繼承時還要區分財產的性質，凡屬被繼承國的國家不動產隨領土的轉移由繼承國繼承；對被繼承國的國家動產，若與轉移領土生存活動有關，應隨領土的轉移由繼承國繼承，但應顧及公平。

2. 領土轉移不同情形的財產繼承規則

（1）國家部分領土轉移的財產繼承。

當國家的一部分領土轉移給另一個國家時，被繼承國的國家財產繼承，首先應按繼承國與被繼承國之間的協議解決；如無協議，則位於繼承所涉領土內的被繼承國的不動產應轉屬繼承國，與繼承所涉領土活動有關的被繼承國的動產也應轉屬繼承國。

（2）國家領土合併的財產繼承。

在兩個或兩個以上國家領土合併而組成一個繼承國時，被繼承國的國家財產，包括動產和不動產應全部轉屬繼承國。

（3）國家領土分離和分立的財產繼承。

在國家領土分離或分立組成一個或數個國家的情況下，對被繼承國的財產繼承，首先按被繼承國與繼承國間的協議處理，若無協議，則位於國家繼承所涉領土內的被繼承國的不動產和與所涉領土實際生存活動有關的動產，轉屬繼承國；對與所涉領土活動無關的動產，則應按公平比例轉屬各繼承國。在被繼承國解體不復存在的情況下，位於該國原領土之外的國家不動產，也應按公平比例轉屬各繼承國。

（4）新獨立國家對殖民國家或宗主國的財產繼承。

處理新獨立國家對其原殖民國家或宗主國的財產繼承，也要遵守財產與獨立領土相關聯和領土實際生存原則，將獨立領土內的被繼承國的不動產和與該領土實際生存相關的動產轉屬繼承國。但要考慮到繼承國與被繼承國歷史上的特殊情況所造成的二者之間的政治上、經濟上的不平等和發展上的不平衡，所以還要遵循「各國人民對其財富和自然資源有永久主權原則」，並考慮到繼承國曾於獨立之前對被繼承國的國家財產所做的貢獻，對繼承國在繼承財產方面給予特殊考慮。

《關於國家財產、檔案和債務繼承的公約》第十五條關於新獨立國家對財產的繼承規定：①位於國家繼承所涉領土內的被繼承國的國家不動產應轉屬繼承國；②屬於國家繼承所涉領土但位於該領土之外而在領土附屬期間已成為被繼承國的國家財產的不動產應轉屬繼承國；③在第②項所述以外而位於國家繼承所涉領土之外的被繼承國的國家不動產，附屬領土曾為其創造做出貢獻者，應按照附屬領土所做貢獻的比例轉屬

繼承國；④與被繼承國對國家繼承所涉領土的活動有關的被繼承國國家動產應轉屬繼承國；⑤屬於國家繼承所涉領土並在領土附屬期間成為被繼承國國家財產的動產應轉屬繼承國；⑥在第④⑤項所述以外的被繼承國的國家動產，附屬領土曾為其創造做出貢獻者，應按照附屬領土所做貢獻的比例轉屬繼承國。

該公約還規定，若是被繼承國和新獨立國家之間對被繼承國國家財產的繼承不執行上述規定而另行締結協定予以決定時，此等協定不應違反各國人民對其財富和自然資源享有永久主權原則。

(三) 國家檔案的繼承

國家檔案的繼承是指在繼承發生時，被繼承國的國家檔案轉屬繼承國。國家檔案是指被繼承國為執行其職能而編纂或收到的且在國家繼承之日，按照被繼承國國內法的規定屬於其所有並出於各種目的作為檔案被直接保存或控製的各種日期和種類的一切文件。

國家檔案的繼承應由被繼承國與繼承國協議解決，如無協議，一般應將與所涉領土有關的檔案轉屬繼承國。但由於國家領土轉移的情況不同，無協議情況下檔案的繼承規則也有所差異。

1. 部分領土轉移的檔案繼承

國家部分領土轉移的檔案繼承主要應遵守以下兩項規則：

(1) 被繼承國國家檔案中為了對國家繼承所涉領土進行正常的行政管理的部分應轉屬繼承國；此項以外被繼承國國家檔案中完全或主要與國家繼承所涉領土有關部分也應轉屬繼承國。

(2) 被繼承國應從其國家檔案中向繼承國提供與被移交領土的領土所有權或其疆界有關、或為澄清轉屬繼承國的被繼承國國家檔案文件的含義所必需的最有力的證據。

2. 領土分離的檔案繼承

在國家領土分離的情況下，檔案繼承的規則有：

(1) 被繼承國國家檔案中為了對國家繼承所涉領土進行正常的行政管理而應在該領土內的部分，應轉屬繼承國。此項之外的被繼承國國家檔案中與國家繼承涉領土直接有關的部分，也應轉屬繼承國。

(2) 被繼承國應從其國家檔案中向繼承國提供與繼承國領土的所有權或為澄清轉屬繼承國的國家檔案文件的含義所必需的最有力的證據。

3. 國家分立（解體）的檔案繼承

國家分立和不復存在而其領土各部分組成兩個或兩個以上國家時，處理國家檔案的繼承規則有：

(1) 被繼承國國家檔案中為了對其一繼承國領土進行正常的行政管理而應留該繼承國領土內的部分，應該轉屬該繼承國。此項之外的被繼承國國家檔案中與一繼承國領土直接有關的部分，應轉屬繼承國。

(2) 前述部分以外的被繼承國的國家檔案，應在考慮到一切有關情況后公平轉屬各繼承國。

（3）每一繼承國應從被繼承國家檔案屬於它的部分中向其他繼承國提供與該繼承國領土的所有權或其疆界有關，或為澄清轉屬各該繼承國的被繼承國國家檔案文件的含義所必需的最有力的證據。

4. 新獨立國家的檔案繼承

關於曾受殖民國家或宗主國統治的新獨立國家對檔案的繼承，根據《關於國家財產、檔案和債務繼承的公約》第二十八條的規定，可予以特殊處理。

（1）原屬國家繼承所涉領土所有並在領土附屬期間成為被繼承國家檔案，以及被繼承國國家檔案中為了對國家繼承所涉領土進行正常的行政管理而管轄，均應轉屬新獨立國家；在上述以外的被繼承國的國家檔案中完全主要與國家繼承所涉領土有關的部分，也應轉屬新獨立國家。

（2）對第（1）款所述之外的被繼承國國家檔案中與國家繼承所涉領土有關部分，其轉屬或適當複製應由被繼承國與新獨立國家協議決定，使繼承國國家檔案的這些部分獲得盡可能廣泛和公平的益處。

（3）被繼承國應從其檔案中向新獨立國家提供與新獨立領土的所有權或將有關檔案文件含義的所需最有力的證據。

（4）被繼承國應與新獨立國家合作，努力找回原屬國家繼承所涉領土所有而附屬期間散失的檔案。

（四）國家債務的繼承

國家債務的繼承是指在發生國家繼承的情況下，被繼承國的國家債務轉屬繼承國。國家債務又稱公共債務，是指一個國家按照國際法而對另一個國家、某一國際組織或任何其他國際法主體所負的任何財政義務。國家債務通常包括兩類：一類是整個國家所負的債務，稱為國債；另一類是地方化的國家債務，即以國家名義承擔，而實際上只用於地方的債務。這兩類債務都是國家繼承的範圍。但要說明的是被繼承國所負的惡債不在繼承範圍，因為惡債是國家違反國際法原則所舉的債務，如為徵服或侵略別國所負的債務。國家債務的繼承規則，因國家領土變更的不同情況而異。

1. 國家部分領土轉移的債務繼承

當一個國家將其部分領土轉移給另一個國家時，被繼承國的國家債務轉屬繼承國，應按被繼承國與繼承國之間的協議為之。如無協議，被繼承國的債務應按公平比例轉屬繼承國，同時應特別考慮到轉屬繼承國的與債務有關的財產、權利和利益。

2. 國家領土合併的債務繼承

當兩個或兩個以上國家合併組成一個繼承國時，被繼承國的國家債務應轉屬繼承國。

3. 國家領土分離的債務繼承

當國家的一部分或幾部分領土與該國分立組成新國家時，除被繼承國與繼承國之間另有協議外，被繼承國的債務應按照公平比例轉屬繼承國，同時應特別考慮到轉屬繼承國的與國家債務有關的財產、權利和利益。

這種領土變更情況下的債務繼承規則也適用於國家一部分領土與該國分離而同另

一國合併的情形。

4. 國家領土分立的債務繼承

國家的分立和不復存在而在其領土各部分組成兩個或兩個以上國家時，除各繼承國另有協議外，被繼承國的債務應按照公平比例轉屬繼承國，同時應特別考慮到轉屬繼承國的與國家債務有關的財產、權利和利益。

5. 新獨立國家對債務的繼承

新獨立國家對其原殖民國家或附屬國的債務繼承時，要考慮到它的歷史特殊情況而不予繼承被繼承國的國家債務，但是若新獨立國家與被繼承國鑒於與被繼承國在國家繼承所涉領土內的活動有關，被繼承國的債務同轉屬新獨立國家的財產、權利和利益之間的聯繫而另有協議者除外。不過，這種協議不應違反各國人民對其財富和自然資源享有永久主權的原則，其執行也不應危及新獨立國家經濟上的基本均衡。

三、政府的繼承

(一) 政府繼承的概念和內容

政府繼承是指一國被推翻的政府所享有的國際法上的權利和義務轉移給取代它的新政府。出現政府繼承的原因是一個國家內由於爆發革命或叛亂推翻了舊政權，建立了新政府。新政府不僅是通過非憲法程序產生，改變了舊政府的國內秩序，甚至改變了國家的社會制度、法律制度、司法制度等，同時改變對外的方針政策及國際關係。它不再是舊政府的統治的繼續，因而出現了新政府對舊政府的國際法上的權利和義務是否繼承的問題。例如，1789年法國大革命、1917年俄國革命和1949年中國革命都取得了成功，推翻了舊政權建立了新政府，出現這些新政府對舊政府的繼承問題。

根據國際實踐，政府繼承的內容一般涉及條約、財產和債務的繼承。對舊政開結或參加的國際條約，新政府可根據它的國家利益和國際關係的需要，以及條約自質和內容決定是否繼承。對舊政府所有的財產，無論其位於國內還是國外，也不視以什麼形式存在，新政府都有權繼承。因為新政府是其國家的唯一合法代表。

(二) 中華人民共和國政府繼承的實踐

眾所周知，中國自1840年鴉片戰爭后，即進入了一個受西方列強欺壓和掠奪的最黑暗時期，也被人們稱為不平等條約時期。中國人民在中國共產黨的領導下經過長期革命，推翻了以蔣介石為首的國民黨政府的統治，於1949年10月1日建立了中華人民共和國政府，徹底改變了中國任人蹂躪的地位，改變了舊政府的統治秩序和國際關係。新政府對舊政府的國際法上的權利和義務是否繼承，有權做出選擇，對與中國人民的根本利益不相容的權利和義務均不予繼承。1789年法國大革命建立的新政府和1917年俄國革命建立的新政府處理的繼承實踐也有類似先例。這一原則體現在中華人民共和國政府處理對舊政府的條約繼承、財產繼承和債務繼承的實踐中。

1. 對條約的繼承實踐

中華人民共和國政府對舊政府接受的國際條約繼承的總原則是區別對待，根據條約的內容和性質來決定是否繼承。舊政府接受的任何條約在未經過中國政府表示承認

以前，外國政府不能據以提出要求對抗中華人民共和國。1949年中國人民政治協商會議通過的《共同綱領》第五十五條規定：「對於國民黨政府與外國政府所訂立的各項條約和協定，中華人民共和國中央人民政府應加以審查，按其內容分別予以承認，或廢除，或修改，或重訂。」按此規定，中國政府對舊政府與外國締結的有關領土和邊界的條約，除個別情形外，一般都予以尊重，並在此基礎上，經過與有關國家通過談判修正或重訂。對於舊政府接受的其他條約，只要有利於國際和平與發展，符合中國的需要和人民利益，中國政府都願意繼承。例如，對《聯合國憲章》這種有益於維護世界和平與安全和促進國際合作與發展的條約，中華人民共和國政府堅決支持，願意繼承。新政府成立后，曾多次向聯合國表明願意繼承《聯合國憲章》及其規定的中國在聯合國組織的一切權利。

2. 對財產的繼承實踐

中華人民共和國政府自其成立之日起，就有權繼承舊政府在中國境內外的一切財產。實踐中，新政府成立後，就繼承了中國境內的舊政府的財產，對舊政府在境外的財產也聲明予以繼承。例如，1949年12月30日，周恩來外長就中國航空公司和中央航空公司在香港的資產問題發表聲明宣布：「中國航空公司和中央航空公司為中華人民共和國中央人民政府所有，受中央人民政府民航總局直接管轄。兩航公司留在香港的資產，只有我中央人民政府和我中央人民政府委託的人員，才有權處理，絕不容許任何人以任何手段侵犯、移動和損害。」1950年3月18日，交通部長章伯鈞就中國留在中國香港和新加坡的商船產權發表聲明：「最近起義駛往新加坡的海玄輪和在香港起義的客輪以及在各國港口原屬國民黨政府及中國官僚資本所有的各輪均應為中華人民共和國所有，受中華人民共和國政府交通部直接管轄，我中央人民政府的此項神聖的產權，應受到新加坡政府、中國香港政府和各國政府的尊重。」同年10月10日，中國人民銀行行長南漢宸致電國際復興開發銀行稱：「中國在國際復興開發銀行的全部財產和權益，是屬於中國人民的，以此，只有作為中華人民共和國國家銀行的中國人民銀行才有處理中國在復興開發銀行中已繳股款及一切其他財產和權益的合法權利。」對舊政府在境外的其他財產，中國政府同樣有繼承的權利。

3. 對債務的繼承實踐

中華人民共和國政府對舊政府的債務繼承原則是，凡舊政府接受的外國侵略和奴役中國的債務，以及舊政府為鎮壓中國人民革命或從事違反中國人利益的活動所舉之債，中華人民共和國政府一律不予繼承。因為這樣的債屬於惡性債務，如清王朝在它的末期為了便利用兵而準備修建粵漢和川漢鐵路（因這兩條鐵路均在湖廣總督轄區範圍，故稱「湖廣鐵路」），而德、英、法、美四國出於在華謀利目的，強迫清政府接受它們的貸款。在這種情況下，清政府於1911年與這四個國家的銀行簽訂了借貸合同，向它們借貸。此種債務屬於惡性債務，中華人民共和國政府有權拒絕繼承。

第五章　國際法上的個人

第一節　國籍

一、國籍的概念和意義

居住在一國境內的人，主要是本國人，但也有外國人和無國籍人。在現代國際社會中，國家間的人員交往頻繁，可以說，任何一個國家的境內都有外國人。區別誰是本國人，誰是外國人和無國籍人，就需要看這些人的國籍。具有本國國籍的是本國人，具有外國國籍的是外國人，不具有任何國家國籍的是無國籍人。所有居住在一國境內的人，無論是本國人還是外國人，都受該國法律管轄。但是本國人和外國人的法律地位是不同的。因此，研究國際法上的個人問題，特別是研究外國人的法律地位問題，必須首先研究國籍問題。國籍是指一個人屬於某一國家的國民或公民的法律資格。它表明一個人同某一特定國家之間固定的法律聯繫。國籍對個人和國家都具有重大意義：

(一) 國籍是一個國家確定某人為其國民或公民的根據

一國依法賦予某人以該國國籍，就使得這個人取得該國國籍從而成為該國的國民或公民。一般來說，國民與公民並無嚴格區別。凡具有一國國籍，就是該國的國民或公民。但在某些國家，國民與公民的含義和在國內的法律地位並不完全相同。例如，美國法律規定，凡是出生於美國本土並受美國管轄的人，是美國的公民；凡是出生於美國海外屬地的人則是美國的國民而非公民。在法國，法國本土的人為法國公民，法國殖民地的人具有法國國籍則為法國國民，但不是法國公民。公民享有完全的政治權利，而國民只享有部分政治權利。從國際法的觀點來看，一個人只要具有一國國籍，他就和該國發生一種固定的法律聯繫，不論他居住在何處，都受國籍國的管轄和保護，因此，這種區別並無實際意義。

(二) 國籍是確定一個人法律地位的一個重要依據

國籍是區別本國人和外國人的根據，具有本國國籍的人就處於本國公民的地位，受本國法律管轄，享有本國公民的權利（包括外國人不能享有的選舉權與被選舉權），承擔本國公民的義務（包括外國人不能承擔的服兵役義務）。國家對僑居在外國的本國人有權予以外交保護，並且有義務接納其回國。不具有本國國籍的外國人或無國籍人，就處於外國人地位。外國人享有的權利和承擔的義務與本國人是有區別的。國家對於外國人，既無權予以外交保護，也無義務接納其入境。

（三）國籍對於國家行使管轄權具有重要意義

國家管轄權包括領域管轄、國籍管轄、保護性管轄和普遍性管轄四個方面。前三種管轄權，都必須在區分國籍的基礎上行使。例如，行使領域管轄，對本國人和對外國人的管理不同。就中國而言，對外國人是依 1985 年第六屆全國人民代表大會常務委員會通過的《中華人民共和國入境出境管理法》進行管理的。行使國籍管轄，即屬人管轄，就是對具有本國國籍的人行使管轄，國家首先要確定哪些人具有本國國籍，才能行使管轄。行使保護性管轄，在中國具體體現為《中華人民共和國刑法》第八條的規定。該條是只適用於外國人的，因此，必須確定犯罪人是外國人，才能根據《中華人民共和國刑法》第八條的規定行使保護性管轄。

國籍問題涉及國家主權和重要利益，因此各國都主張把國籍問題保留在國內管轄的範圍之內。按照國際法，國籍問題原則上屬於每個國家的國內管轄事項，每個國家有權以自己的法律決定誰是它的國民，這個原則早已為 1930 年的《關於國籍法抵觸的若干問題的公約》所肯定。該公約第一條規定，「每一國家依照其法律決定何人為其國民」。國際實踐也一再確認了這一原則：1923 年常設國際法院對「突尼斯—摩洛哥國籍命令案」的諮詢意見指出，在國際法的目前狀態下，按照本院的意見，國籍問題原則上是屬於國家保留範圍之內的事項。1955 年國際法院對「諾特波姆案」的判決也認為，國籍屬於國家的國內管轄。

國籍法是一國制定的有關其國籍的取得、喪失和變更等問題的法律規範的總稱。從本質上說，它屬於國內法。各國由於其形成過程、民族傳統和習慣、人口和經濟等情況不同，關於國籍立法的方式和原則是不同的。就立法方式而言，大致有兩種：一種是在憲法中規定國籍事項，另一種是以單行法來規定。最早用憲法規定國籍問題的是法國的《1791 年憲法》，最早用單行法方式規定國籍問題的是 1842 年普魯士國籍法。現今世界上大多數國家都採取後一種方式。從立法的原則來說，各國的做法也是不同的。例如，關於國籍的取得，有的採取血統原則，有的採取出生地原則，還有的採取兩種原則兼用的混合原則。

舊中國曾制定和頒布過幾部國籍法，最早的是 1909 年清政府頒布的《大清國籍條例》。中華人民共和國成立之後，處理國籍問題主要是依據政府有關政策的規定，直到 1980 年 9 月 10 日才頒布了《中華人民共和國國籍法》。這是新中國成立以后頒布的第一部國籍法。

國籍法雖然是國內法，但是由於各國國籍法的規定不同，在國家之間交往不斷增加和各國人民往來頻繁的情況下，往往引起國籍抵觸。這些問題如果得不到解決或解決不當，就會引起國家之間的糾紛。這些糾紛應由有關國家協商解決，因而國籍問題又具有國際性。

為了在國際範圍內解決國籍問題，國際上簽訂了若干有關國籍問題的公約。第二次世界大戰以前，比較重要的有 1930 年的《關於國籍法抵觸的若干問題的公約》《關於某種無國籍情況的議定書》《關於雙重國籍某種情況下兵役義務的議定書》和 1933 年的《美洲國家間國籍公約》《美洲國家間關於婦女國籍的公約》等。聯合國成立后，

聯合國國際法委員會把國籍問題列為優先考慮的編纂項目之一，先后簽訂的國際公約有 1954 年的《關於無國籍人地位的公約》、1957 年的《已婚婦女國籍公約》、1957 年的《減少無國籍狀態公約》等。這些公約的締結使有關國籍問題的一些原則和規則成為國際法的重要內容。

二、國籍的取得與喪失

（一）國籍的取得

國籍的取得是指一個人取得某一國家的國民或公民的資格。一個人是否取得一國的國籍，應依該國的法律決定。根據各國的國籍立法和實踐，國籍的取得主要有兩種方式：一種是因出生而取得，另一種是因加入而取得。

1. 因出生而取得的國籍

因出生而取得的國籍又稱原始國籍，是指一個人由於出生而取得一國國籍。這是最主要的一種取得國籍的方式，因為世界上絕大多數人都是因出生而取得一國國籍的。但是，各國國籍立法對因出生而取得國籍的規定，採取的立法原則是不相同的。有的採取血統原則，有的採取出生地原則，有的採取血統原則和出生地原則相結合的混合原則。採取的立法原則不同，取得國籍的情況也不同。

（1）依血統原則。

依血統原則取得國籍，就是根據血統關係取得一國國籍，即以父母的國籍來確定一個人的國籍。根據這一原則，凡本國人所生的子女，不論出生在國內還是在國外，當然具有本國國籍。

血統原則又可分為單系血統原則和雙系血統原則。單系血統原則通常是指父親的國籍決定其子女的國籍，故又稱父系血統原則。例如，1924 年伊拉克國籍法規定：「任何人出生時，其父為伊人者。不論在何地出生，都應認為是伊拉克國民。」雙系血統原則是指父母的國籍決定其子女國籍。例如，1957 年匈牙利國籍法規定：「父母一方屬於匈牙利國籍者，子女是匈牙利人。」

從現代各國籍立法的情況看，採取純粹血統原則的國家是很少的。根據中國著名國際法學者李浩培教授對 99 個國家國籍法的研究表明，採取純粹血統原則的國家只有 5 個，即奧地利、埃塞俄比亞、列支敦士登、蘇丹和斯里蘭卡。

（2）依出生地原則。

依出生地原則取得國籍，是指一個人的國籍根據他的出生地來決定。也就是說，一個人出生在哪裡，就取得哪個國家的國籍，而不問他的父母屬於哪國國籍。歷史上一些地廣人稀的國家，為了盡量吸收外來人口，一般採取出生地原則。例如，拉丁美洲的一些國家如墨西哥、巴拉圭、秘魯、烏拉圭等，都曾採取過出生地原則，不過現在已轉而兼採血統原則了。現在採取純粹出生地原則的國家已經沒有了。

（3）依血統原則和出生地原則相結合的混合原則。

依血統原則和出生地原則相結合的混合原則取得國籍，是指血統關係和出生地都是決定國籍的根據。換言之，就是一個人可以根據他的血統關係或出生地決定其國籍。

不過，採取混合原則的國家，立法上也有不同。有的以其中一種原則為主，以另一種原則為輔，而有的則平衡地兼採兩種原則。現今世界上大多數國家的國籍立法都採取「混合原則」。

2. 因加入而取得國籍

因加入而取得國籍，又稱繼有國籍，是指一個人由於加入某國國籍而取得該國國籍。「入籍」有狹義和廣義之分。狹義的入籍是指外國人或無國籍人按一國法律之規定，通過本人自願申請並經批准而取得該國國籍；廣義的入籍包括由於婚姻、收養、準婚生、領土變更等原因而取得某國國籍。在前一種情況下，入籍是由於當事人自願；在后一種情況下，入籍不是根據當事人的自願，而是根據法律規定的入籍法律事實的存在。下面分別予以說明：

（1）自願申請入籍。

自願申請入籍舊稱「歸化」，通常所說的入籍，是指這種狹義的入籍。

一個國家是否允許外國人或無國籍人加入本國國籍，是一國主權範圍內的事。國家可以根據本國法律的規定，或者批准當事人的申請而予以入籍，或者拒絕當事人的申請而不准入籍，別國無權干涉，任何人也沒有權利主張一個國家必須接受他入籍。但是，原則上各國都允許外國人入籍，不過規定有一定的條件和法律程序。

入籍條件和法律程序由各國法律規定。關於入籍的條件，由於各國的性質、利益和內外政策不同，法律規定的具體內容是各有差異的。但一般來說，許多國家國籍法都規定有年齡、居住期限、行為表現、職業等條件。有的國家還規定文化程度、通曉該國語言、身心健康等條件。例如，按 1952 年泰國《國籍條例》的規定，必須具備以下條件者，才可以加入泰國國籍：依照泰國法律及其本國法律已達法定年齡；行為良好且有正當職業；居留泰國的時間截至申請日連續不下 10 年；具有有關部門所規定的泰文知識程度。入籍的條件由各國自行規定，但是，各國規定的條件不應違背國際法。例如，歷史上美國曾經拒絕黑人和黃種人加入美國國籍，這是種族歧視的表現，是違反國際法的。

關於入籍的程序，根據各國國籍法的規定，申請入籍須經一定的國家機關批准。有的規定由立法機關批准，有的規定由司法機關批准，但是大多數國家規定由行政機關批准。入籍申請被批准后，就取得該國國籍。

入籍的效力是否及於其配偶和子女由各國法律規定。各國法律對這個問題的規定並不一致，但是現今大多數國家的國籍法都承認，父母入籍其未成年子女也隨同取得國籍。例如，1955 年希臘國籍法規定：「在入籍人入籍時，其子女未滿 20 歲且未結婚者，從該人入籍時起，成為希臘國民。」但有的國家的國籍法准許入籍人使其未成年子女不隨同入籍。例如，1949 年原捷克斯洛伐克國籍法規定：「15 歲以下的子女包括在其父或母的入籍申請者，隨同其父或母取得捷克斯洛伐克國籍。」也就是說，未成年子女，如果不包括在其父或母的入籍申請內，則不隨同其父或母入籍。關於丈夫入籍，其效果是否及於妻子，現在大多數國家的立法採取了妻子國籍獨立的原則。例如，1962 年波蘭國籍法規定：「配偶之一方改變國籍時，不影響配偶之另一方的國籍。」現在採取丈夫入籍使妻子也自動入籍的原則的國家已為數甚少了。

（2）由於婚姻入籍。

因婚姻入籍是指一國國民由於與他國國民結婚而取得他國國籍。由於婚姻而變更國籍的問題，主要是婚姻對女子國籍產生的影響問題，因為從現代各國的國籍立法來看，男子的國籍一般不受婚姻的影響，而女子的國籍卻往往由於婚姻而發生變更。然而，關於婚姻對女子國籍的影響，各國法律規定是不同的。主要有以下三種情形：

①無條件的妻隨夫籍。也就是說，凡是與本國男子結婚的外國女子即取得本國國籍，凡是本國女子與外國男子結婚即喪失本國國籍。例如，1930年埃塞俄比亞國籍法規定：「埃塞俄比亞國民同外國女子的正式婚姻，賦予後者以埃塞俄比亞國籍。」「埃塞俄比亞女子由於同外國人結婚，就喪失埃塞俄比亞國籍。」這種立法的理論基礎是夫妻國籍應當一致的原則，但這一原則是建立在男尊女卑的基本觀念之上的，是違反現代歷史潮流的。現今採取這種立法的國家已不多見。

②外國女子與本國男子結婚，無條件地取得本國國籍，採取妻隨夫籍的原則；而本國女子與外國男子結婚，不當然喪失本國國籍，即採取女子國籍獨立的原則。例如，1907年海地國籍法規定，「同海地男子結婚的外國女子依從其丈夫的地位」，而1942年海地國籍法規定，「同外國男子結婚的海地女子保持其海地國籍」。這種立法的目的在於增加本國國民數量，片面地有利於本國的性質很明顯，採取的國家也很少。

③外國女子與本國男子結婚，原則上取得本國國籍，但有一定條件；而本國女子與外國男子結婚，原則上喪失本國國籍，但也有一定條件。例如，1950年薩爾瓦多憲法規定，外國女子在薩爾瓦多境內居住滿二年而同薩爾瓦多男子結婚，並在結婚時選擇薩爾瓦多國籍時，即認為由於入籍而取得薩爾瓦多國籍。同時，按照1886年薩爾瓦多外國人法的規定，薩爾瓦多的女性公民依照其夫的本國法由於結婚並不取得其夫的國籍時，仍保留其自己的國籍。但是，現在大多數國家國籍立法的傾向是，根據男女平等的原則和婦女國籍獨立的原則，規定婚姻不影響國籍。也就是說，與本國男子結婚的外國女子不因婚姻而取得本國國籍，與外國男子結婚的本國女子也不因結婚喪失本國國籍。外國女子要取得本國國籍，須經過入籍程序，本國女子喪失本國國籍，須經過退籍程序。

（3）由於收養入籍。

因收養入籍是指一國國民因收養無國籍或具有外國國籍的兒童為養子女，而使被收養的兒童取得收養者國家的國籍。收養是否使被收養者的國籍發生變更，各國的法律規定是不同的。各國法律的規定大致有三種情形：①收養影響國籍。本國國民收養的外國國籍或無國籍的養子女，因收養而取得本國國籍。②收養不影響國籍，即養子女不因收養而取得養父母所屬國的國籍。③收養雖不影響被收養人的國籍，但養父母所屬國可以按優惠的條件給被收養人以該國國籍。

（4）由於交換領土入籍。

兩國在平等的基礎上依條約交換部分領土，該領土上的居民的國籍是否隨領土的交換而變更，一般是依雙方的協議解決的。如果協議規定，該領土上的居民隨領土的交換而移交給對方，這些居民就取得對方的國籍。例如，1960年中國和緬甸曾交換部分領土，根據1960年中緬邊界條約的規定，在領土被移交給另一方以後，所涉領土上

的居民應該被認為是該領土所屬一方的居民。也就是說，領土交換前，在所涉領土上的中國國民，交換后取得緬甸國籍。在所涉領土上的緬甸國民，交換后取得中國國籍。

(二) 國籍的喪失

國籍的喪失是指一個人由於某種原因喪失他所具有的某一國家的國籍。關於國籍的喪失一般都在國籍法中加以規定，國籍的喪失可分為自願和非自願兩種。

1. 自願喪失國籍

自願喪失國籍，是指根據本人的意願而喪失國籍。它有兩種情形：一是本人自願申請退籍，經批准后喪失本國國籍。但是各國國籍法都規定了一些退籍的條件。例如，1952 年瑞士國籍法規定，任何瑞士國民，如果並不居住在瑞士境內，年齡至少已滿 20 歲，且已取得或保證能夠取得一個外國國籍者，經過申請，得被解除其國籍。1980 年頒布的《中華人民共和國國籍法》第十條規定：「中國公民具有下列條件之一的，可以經申請批准退出中國國籍：①外國人的近親屬；②定居在國外的；③有其他正當理由。」第十一條規定：「申請退出中國籍獲得批准的，即喪失中國國籍。」二是自願選擇某一國國籍，因而也發生喪失國籍的情況。例如，在交換領土的情形下，交換地區的居民選擇了對方國籍，即喪失本國國籍。在一個人具有雙重國籍的情況下，他根據有關國家的協議，自願放棄某一國籍，即喪失該國國籍。

2. 非自願喪失國籍

非自願喪失國籍，是指由於法定原因而非由於本人自願而喪失本國國籍。非自願喪失國籍，主要是由於取得外國國籍、婚姻、收養、認領等原因而喪失本國國籍。與上述因同樣原因而取得國籍是相對應的，無需贅述。關於由於被剝奪而喪失國籍，這可說是非自願喪失國籍的典型。現今一些國家的法律規定了剝奪國籍的制度，從而使得一些人由於被剝奪而喪失本國國籍。關於剝奪國籍在國際法上的效力問題，在學者中雖有爭論，但國內法院的判決，對於外國剝奪其本國國民國籍的法令的效力一般是肯定的。例如，1934 年瑞士聯邦法院審理的「勒姆貝爾特訴蓬勿爾市政府案」，就是一椿涉及承認外國剝奪國籍法令效力的案件。在該案中，原告約克林的父親康·勒姆貝爾特出生時為俄國籍，1919 年遷居瑞士，1927 年同蓬勿爾市女市民考爾巴兹結婚。1927 年這對夫妻遷居比利時，生一女取名約克林。但依比利時國籍法，約克林並未取得比利時國籍。1933 年他們一家又遷居瑞士。約克林父母向蓬勿爾市政府提出申請，要求將約克林登記在市民冊上，並發給證書，但該市行政當局拒絕登記。約克林父母乃以約克林的名義向瑞士聯邦法院對蓬勿爾市政府起訴。瑞士聯邦法院認為，按照瑞士的判例，瑞士女子如同無國籍人結婚，所生的子女，如果出生時不取得瑞士國籍而成為無國籍人，那麼在出生時即取得瑞士國籍。為了確定約克林在出生時是否應取得瑞士國籍，所要解決的法律問題是：約克林出生時，其父親是不是無國籍人？而這個問題的關鍵是：瑞士法院是否承認蘇俄 1921 年 10 月 28 日關於剝奪國籍的法令的效力。如果承認約克林的父親已被剝奪俄國國籍而成為無國籍人，那麼約克林乃取得瑞士國籍。瑞士聯邦法院在判決中，承認蘇聯 1921 年關於剝奪國籍的法令。判決蓬勿爾市政府敗訴。這是國內法院承認外國剝奪其本國國民國籍的法令的效力的例子。許多國家

的國籍法還有關於恢復國籍的規定。國籍的恢復又叫國籍的回復，是指喪失了一國國籍的人重新取得該國國籍。《中華人民共和國國籍法》第十三條規定：「曾有過中國國籍的外國人，具有正當理由，可以申請恢復中國國籍；被批准恢復中國國籍，不得再保留外國國籍。」也就是說，恢復中國國籍以不保留外國國籍為條件，並且須經過申請和批准。

三、中華人民共和國國籍法

1980年9月10日，第五屆全國人民代表大會第三次會議通過並於同日公布施行的《中華人民共和國國籍法》（以下簡稱《國籍法》）是中華人民共和國成立以來頒布的第一部國籍法。它是總結了中國30年來處理國籍問題的經驗，並在參考了世界主要國家的國籍立法和有關國籍問題的國際公約的基礎上制定出來的。這是一部符合中國國情和民族傳統的社會主義的國籍法。

《國籍法》的基本原則是：

（一）各族人民平等地具有中國國籍原則

《國籍法》第二條規定：「中華人民共和國是統一的多民族的國家。各民族的人都具有中國國籍。」這項原則包含著兩方面的意義：①中國境內各民族的人都具有中國國籍。中國是一個多民族的國家，各族人民在取得國籍上一律平等，不因民族大小、先進落后而有所不同；在享受公民權利和承擔義務上也一律平等，不因民族的不同而不同。②中國各族人民所具有的國籍，是統一的中華人民共和國的國籍。中國是一個單一制國家，因此，國內各民族的國籍，都是統一的中國國籍。這一原則，既反對了歧視少數民族的大漢族主義，也反對了分裂主義以及其他破壞民族關係的活動。

（二）不承認中國公民具有雙重國籍原則

這項原則又稱「一人一籍」原則。《國籍法》第三條規定：「不承認中國公民具有雙重國籍。」根據這一原則，中國國籍法規定：①定居外國的中國公民，自願加入或取得外國國籍，即自動喪失中國國籍。②父母雙方或一方定居在外國的中國公民，本人出生在外國，具有中國國籍，但本人出生時即具有外國國籍的，不具有中國國籍。③中國公民申請退出中國國籍獲得批准的，即喪失中國國籍。④外國人申請加入中國國籍獲得批准的，即取得中國國籍，但不得再保留外國國籍。⑤曾經有過中國國籍的外國人被批准恢復中國國籍的，不得再保留外國國籍。前三條規定，是為了避免中國公民在取得外國國籍的同時，又具有中國國籍。后兩條規定，是為了避免外國人在取得中國國籍的同時，又具有外國國籍。這五條規定都體現了不承認中國公民具有雙重國籍原則。

（三）在原始國籍的賦予方面採取血統主義和出生地主義相結合的原則

這項原則具體體現為《國籍法》第四、五、六條。第四條規定：「父母雙方或一方為中國公民，本人出生在中國，具有中國國籍。」第五條規定：「父母雙方或一方為中國公民，本人出生在外國，具有中國國籍；但父母雙方或一方為中國公民並定居在外

國，本人出生時即具有外國國籍的，不具有中國國籍。」這兩條規定採取的是血統主義。第六條規定：「父母無國籍或國籍不明，定居在中國，本人出生在中國，具有中國國籍。」這條規定採取的是出生地主義。這三條規定體現了《國籍法》在賦予原始國籍上採取血統主義和出生地主義相結合原則。

中國採取血統主義和出生地主義相結合原則，是以血統主義為主，以出生地主義為輔。這表現在中國絕大多數人是依血統主義取得中國國籍的，只有極少數無國籍人或國籍不明的人的子女，由於不能取得任何國家的國籍，為了避免產生無國籍的問題，才依出生地主義賦予中國國籍。而且，依血統主義取得中國國籍，除本人出生時即具有外國國籍因而不具有中國國籍外，一般不受限制而依出生地主義取得中國國籍，則要受若干條件的限制。

(四) 男女國籍平等原則

這項原則是指男女國籍具有同等的法律效力，不因性別不同而有所差異。此項原則是中國憲法規定的男女平等原則在國籍問題上的體現，主要表現在以下兩個方面：①在賦予原始國籍上，否定歧視婦女的父系血統主義，採取體現男女平等的雙系血統主義。《國籍法》第三、四條規定，父母雙方或任何一方為中國公民，不論出生在國內和國外，都具有中國國籍。②在對待婚姻是否影響國籍的問題上，否定妻隨夫籍的做法，採取婦女國籍獨立原則。根據《國籍法》的規定：與中國人結婚的外國女子，不因婚姻關係而自動取得中國國籍；丈夫取得中國國籍，不使妻子當然取得中國國籍；與外國人結婚的中國女子，不因婚姻關係而自動喪失中國國籍；丈夫退出中國國籍，不影響妻子的國籍。

(五) 國籍的加入、退出和恢復採取自願申請和審批相結合的原則

《國籍法》第十四條規定：「中國國籍的取得、喪失和恢復，除第九條規定的以外，必須辦理申請手續。未滿十八周歲的人，可由其父母或其他法定代理人代為辦理申請。」第十六條規定：「加入、退出和恢復中國國籍的申請，由中華人民共和國公安部審批。經批准的，由公安部發給證書。」《國籍法》還規定了申請加入、退出和恢復中國國籍的條件。

以上五項原則，是《國籍法》的基本原則，集中體現了新中國第一部國籍法的特色。

第二節　外國人的待遇

一、外國人的法律地位

外國人是指在一國境內不具有居留國國籍的人。無國籍人一般也歸入外國人的範疇。從法律上說，外國人除自然人外，還包括外國法人。

一國境內的外國人包括兩類：一類是根據國際法享有外交和領事特權與豁免權的

外國人；另一類是普通外國人。享有外交和領事特權與豁免權的外國人具有特殊的法律地位，與普通外國人不同，因而不在一般外國人之列。

根據國際法，一同境內的外國人的法律地位，由所在國法律加以規定。給予外國人什麼待遇，是一國主權範圍內的事，別國無權干涉。但是，居留國規定外國人的法律地位時，須顧及國際法的一般原則和國際通例，不得違背該國所承擔的國際義務；此外還應顧及外國人的屬人管轄權。

外國人處於居留國的屬地管轄之下，他們須遵守居留國的法律和法令。外國人在居留國居留期間，依法享受該國給予的待遇，履行法律規定的義務。同時，他們仍處在本國屬人管轄之下，因此也負有效忠本國的義務。當其合法權益在居留國受到侵害時，可以獲得本國的外交保護。

二、外國人待遇的一般原則

關於國家給予外國人何種待遇，國際法上並無統一規定。在國際實踐中，各國一般在互惠和不歧視的基礎上，同時在不同領域分別採取國民待遇、最惠國待遇和差別待遇。

(一) 國民待遇

它是指國家在一定範圍內給予外國人與本國公民同等的待遇。即在同等條件下，外國人享有與本國人相同的權利並承擔相同的義務。依此原則，一方面，國家給予外國人的待遇不低於本國人的待遇；另一方面，外國人不得要求任何高於本國人的待遇。

從國際實踐來看，給予外國人以國民待遇，一般限於民事權利和訴訟權利方面。至於政治權利，如選舉權和被選舉權，外國人一般不能享有；外國人也不承擔服兵役的義務。即使在民事權利方面，也有一定限制：①各國往往出於國家安全和利益的考慮，不允許外國人從事某些特定的職業，擔任某些特定的職務，以及取得某種利益。如一些國家規定，外國人不能充當引水員、飛行員，不得任文官、商船船長和律師等。一些國家還禁止外國人擁有土地。②有些國家對外國人的旅行、居住有某些限制，如前往非開放地點需辦理特許證件。當然，國家也有可能根據互惠原則，對於某些外國人適用特別的優惠，如給予對方人員以徵稅方面的優惠，而本國人則不享有。

(二) 最惠國待遇

它是指一國（施惠國）給予另一國（受惠國）國民的待遇，不低於現時或將來給予任何第三國國民的待遇。最惠國待遇一般通過雙邊或多邊條約適用於經濟和貿易方面。目前國際上普遍採用互惠的、無條件的和有限制的最惠國待遇。根據國際實踐，最惠國待遇不適用於以下情形：①給予鄰國的利益和特惠；②關稅同盟內的優惠；③自由貿易區和優惠貿易區域內部的優惠；④經濟共同體內的優惠。1978 年國際法委員會通過了包含 30 個條文的最惠國待遇條款草案。但是，在當今時代最惠國待遇正面臨挑戰。2008 年，國際法委員會再次決定將「最惠國條款」專題列入其工作方案。並在第二年成立了研究組。

(三) 差別待遇

它是指一國給予外國人不同於本國人的待遇，或對不同國籍的外國人給予不同的待遇。第一種情況如國民待遇中對外國人民事權利的一些限制，或者一國在某些領域或地區給予外國人特別優惠的待遇。第二種情況如最惠國待遇的例外情形，以及由於民族、歷史、地理等原因，某些國家或國家集團的關係密切一些，從而相互給予對方國民而不給予第三國國民在某些事項上較優惠的待遇。國際法承認上述差別待遇。但是，如果因種族、宗教、政治等方面的原因實行差別待遇，則成為歧視待遇，就是違反國際法的。

在外國人待遇問題上，一些西方國家和國際法著作曾提出「國際標準」的主張。它要求給予外國人的待遇不得低於「文明世界」的「國際標準」或「最低標準」，否則就要負國際責任。這種所謂「國際標準」，實質上就是西方國家的標準，它不過是西方國家在其他國家謀取特權的借口。

三、外國人的入境、居留和出境

(一) 入境

根據國家主權原則，國家是否允許外國人入境以及在什麼條件下允許外國人入境，是其自由裁量的事項。國家沒有允許外國人入境的義務。由於國際交往的需要，各國一般不禁止外國人為合法目的的入境，條件是互惠並要求持有護照和辦理簽證手續。有些國家通過協議互免簽證，比如1985年德國、法國和荷蘭等國簽訂的《申根協定》，該協定規定互相開放邊界。

國家為了自身安全和公共利益，有權拒絕下列幾類外國人入境：傳染病患者、精神病患者、刑事罪犯和從事不正當職業者。但是，國家不得實行歧視性的限制或禁止外國人入境，如只限制某一特定國家的人入境或只禁止某一種族的人入境。1882年，美國制定了第一個種族歧視的移民法，規定以10年為期禁止一切華工入境。1904年美國國會又通過法律，規定無限期地禁止華工入境。這些法律都是屬於歧視性的法律文件，因而是違反國際法的，因此，受到了國際輿論的譴責。

(二) 居留

是否允許外國人居留，也是一國自行決定的事。任何國家不能主張其國民有在他國領土上居住的權利，任何外國人也沒有要求接受國必須準予其居留的權利。外國人合法進入一國境內後，可根據所在國的法律和有關國際條約，在該國短期、長期或永久居留。外國人在居留國的權利和義務由該國法律規定。按照國際實踐，外國人的民事權利包括人身權、財產權、知識產權、受教育權、婚姻家庭權、繼承權和訴訟權等，一般受居留國的保護。外國人必須遵守居留國的法律，交納捐稅，接受居留國的屬地管轄。

(三) 出境

在國際法上，國家既無必須允許外國人入境的義務，對於在其境內的外國人也無

禁止其離境的權利。不過，國家通常對外國人的離境規定某些條件，一般要求付清捐稅或債務，了結民事、刑事訴訟。對於合法出境的外國人，應允許其按照居留國法律規定帶走合法財產。

一國不得禁止外國人合法離境，但在特定情況下可以限令外國人離境，或將其驅逐出境。不過，此項權利不得濫用。

四、外國人在中國的法律地位

自鴉片戰爭開始，帝國主義列強將大量不平等條約強加於中國，使外國人在華享有領事裁判權等各種特權。外國人在長達一個多世紀的時期內，在華始終處於特權地位。新中國成立以後，人民政府立即採取有力措施，對於在華的外國人，根據不同情況予以區別對待：對於破壞中國革命和建設的帝國主義分子予以堅決打擊；對於違法的外國人依法予以處理；對於守法的外國人依法予以保護，對於一般外僑在生活上盡量予以照顧；對於從事革命或進步事業而受到迫害的外國人，給予居留的權利。

目前，凡依《國籍法》不具有中國國籍的人，即是在中國國境內的外國人。享有外交和領事特權以外的一般外國人的法律地位，由中國《憲法》《外國人入境出境管理法》及其實施細則、《外國人在中國永久居留審批管理辦法》《民法通則》《民事訴訟法》《刑法》《個人所得稅法》及其他有關法令加以規定。

根據中國有關法律，外國人入境、過境和在中國境內居留，必須經中國政府主管機關許可。外國人入境應提出申請，提供有效護照和有關證件，辦理簽證。被認為入境後可能危害中國國家安全、社會秩序的外國人不准入境。外國人在中國居留，必須持有中國政法主管機關簽發的身分證件或居留證件，在規定時間內申請辦理居留登記、申報戶口、繳驗證件。外國人持有效簽證或居留證件，可以前往對外國人開放的地區旅遊；若前往不對外國人開放的地區旅行，必須申請旅行證件。對於不遵守中國法律的外國人，中國政府主管機關可以縮短其在中國停留的期限或取消其在中國居留的資格。外國人出境，憑本人有效護照或其他有效證件。刑事案件的被告人或犯罪嫌疑人；民事案件尚未了結的當事人，其他違反中國法律的行為需受追究的，有上述情形之一的外國人不準出境。對於持無效出境證件或他人出境證件或偽造、塗改的出境證件的外國人。中國檢察機關有權阻止其出境。外國人一般不準攜帶槍支、彈藥入境；經批准攜帶槍支、彈藥入境、過境、出境的，必須依法辦理手續。

根據中國憲法及其他法律，外國人在華享有民事權利和訴訟權利，合法利益受保護。對於符合法定條件的外國人，可以獲得永久居留資格。但外國人在中國沒有選舉權和被選舉權，不得參加中國的政治活動等，也不承擔服兵役的義務。外國人在中國居留期間，必須遵守和服從中國法律，不得危害中國國家安全、損害社會公共利益、破壞社會公共秩序。外國人在中國犯罪，按照中國法律處罰；外國人在中國領域外對中國國家或公民犯罪，若該人在中國境內，也依中國法律處罰。

第三節　外交保護

在國際法上，與外國人地位問題有關，同時也與國家對外國人侵害的責任問題有關的，是外交保護問題。

一、外交保護的概念與性質

主權國家根據其屬人優越權，具有對本國在外國的僑民進行保護的權利。外交保護是指一國對於另一國國際不法行為給屬於本國國民的自然人或法人造成損害，通過外交行動或其他和平解決手段援引另一國的責任，以期使該國責任得到履行。國家行使外交保護的方式可以是談判、國際司法和仲裁。

在國際法上，外交保護是國家的權利。是否對國外的國民進行外交保護，是國家自由決定的事情，即使該國國民依據國內法可能有要求保護的權利。外交保護是國際習慣法的重要問題之一，由聯合國大會1996年通過第51/160號決議請求國際法委員會進行研究。《外交保護條款草案案文》澄清離開外交保護的性質及適用範圍，編纂並發展了對自然人（包括船員）和法人以及無國籍人和難民行使外交保護的原則，對外交保護國際法制度的確定有重要意義。2010年10月，聯合國大會第六委員會根據大會決定設立外交保護問題工作組，進一步探討以國際法委員會起草的條款為基礎制定一項外交保護公約或採取任何其他適當行動的問題。

外交保護與領事保護有聯繫。領事保護是指派遣國的外交、領事機關或領事官員，在國際法允許的範圍內，在接受國保護派遣國的國家利益、本國公民和法人的合法權益的行為。《維也納外交關係公約》第三條第一款第二項和《維也納領事關係公約》第五條第一款規定保護是使館和領事的職務之一。1998年巴拉圭訴美國的「維也納領事關係公約案」、1999年德國訴美國的「拉格朗案」和2003年墨西哥訴美國的「阿韋納和其他墨西哥國民案」就是這方面的例子。但是，外交保護與領事保護有本質區別：前者起因於外國的國際不法行為，是依國際法採取外交行動或其他和平解決程序，目的在於促使責任國履行其國家責任；后者與外國的國際不法行為無關，是在符合外國國內法的基礎上協助本國人或要求當地政府為其提供便利，如幫助聘請律師、探視被羈押人員或協助撤離危險地區等。

二、外交保護行使的條件

國家行使外交保護必須滿足以下三個先決條件：

（1）外國的國際不法行為造成損害。國際不法行為是違反一國所承擔的國際義務並可歸於該國家的行為。這種損害保護國自然人或法人的行為，包括違反《維也納領事關係公約》、侵犯人權、「司法拒絕」和非法徵收或徵用等，比如1962年比利時訴西班牙的「巴塞羅那電車、電燈和電力有限公司案」、1989年美國訴義大利的「西西里電子公司案」、2001年列支敦士登訴德國的「某些財產案」和2009年比利時訴瑞士的

「民事和商事管轄權和判決執行案」。國有化是國家的主權行為，原則上不引起外交保護。但是，如果東道國拒絕給予適當賠償，則可能引起外交保護。

（2）受保護者具有保護國國籍。有權行使外交保護的國家是國籍國。國籍國提起外交保護需滿足國籍持續原則，也就是從發生損害之日到正式提出求償之日受害個人持續具有請求國國籍。如果在這兩個日期受害個人都持有該國籍，則推定該國籍是持續的。因此，對於在一國正式提出求償之日后獲得被求償國國籍的人，該國不享有行使外交保護的權利。但是，在一國正式提出求償之日為其國民而在受到損害之日不是其國民的情況下，該國仍然可以對該人行使外交保護，但條件是該人曾經具有被繼承國的國籍，或者已喪失原國籍，並且基於與提出求償無關的原因、以不違反國際法的方式已獲得該國的國籍。如果一個人在受到損害時是原國籍國的國民而不是現國籍國的國民，現國籍國則不得就該人所受損害向原國籍國提起外交保護。

在一個人具有雙重國籍或多重國籍的情況下，會引起兩個問題：一是哪個國家能對第三國提出請求？二是一個國籍國能否對另一個國籍國提出請求？對於前一個問題，兩個或多個國籍國可以單獨或共同行使外交保護，第三國不得援引其中一個國籍對抗另一個國籍國的請求。對於后一個問題，一個國籍國不能對另一個國籍國提出請求，除非在發生損害之日和正式提出求償之日，前一個國家的國籍都是受害者的主要國籍。這實際上是1951年「諾特波姆案」實際國籍的反應。

在公司的情況下，其國籍國原則上是指公司依照其法律成立的國家。但是，如果公司受另一個國家或另外數個國家的國民控製，並在成立地國沒有實質性商務活動，而且公司的管理總部和財務控製權均處於另一個國家，則該公司的管理總部和財務控製所在地國為國籍國。適用於自然人的國籍持續原則同樣適用於公司。對公司行使外交保護原則上排斥公司股東的國籍國為其股東行使外交保護，除非有以下幾種情況：①由於與損害無關的原因，按照成立地國的法律該公司已不存在；②在受到損害之日，該公司具有被指稱對造成損害應負責的國家的國籍，並且在該國成立公司是該國要求在其境內經營的前提條件。此外，如果一國的國際不法行為對股東本人的權利、而非公司的權利造成直接損害，這些股東的國籍國則有權為其國民行使外交保護。

（3）用盡當地救濟，即國籍國在為受害自然人或法人提出外交保護之前，該受害自然人或法人必須首先用盡責任國通過普通的或特別的司法或行政法院或機構提供的一切法律救濟。但是在下列情況下，則無需用盡當地救濟：①不存在合理地可利用的能提供有效補救的當地救濟，或者當地救濟不具有提供此種補救的合理可能性；②救濟過程受到不當拖延，且這種不當拖延是由責任國造成的；③受害人與責任國之間在發生損害之日沒有相關聯繫；④受害人明顯地被排除了尋求當地救濟的可能性；⑤責任國放棄了用盡當地救濟的要求。

三、無國籍人和難民的外交保護

《外交保護條款草案案文》第八條允許一個國家為非本國國民，即無國籍人和難民行使外交保護，只要他們在受到損害之時和正式提出求償之日在該國具有合法的和慣常的居所。但是，這不適用於難民國籍國的國際不法行為造成損害的情況。這裡將外

交保護的範圍擴大到非本國國民，明顯地屬於國際法的逐漸發展。法國認為這完全沒有得到各國實踐的支持，並特別懷疑：承認國家可以為其承認具有難民身分的人行使外交保護，是否符合《1951年關於難民地位的日內瓦公約》附件的某些條款，因該公約明確指出，發放旅行證件不賦予證件持有人任何得到證件發放國外交或領事當局保護的權利。

第四節　引渡和庇護

一、引渡

引渡是指一國把在該國境內而被他國追捕、通緝或判刑的人，根據有關國家的請求移交給請求國審判或處罰。

引渡是國家間的一種司法合作行為。在國際法上，國家沒有引渡的義務，除非條約另有規定。一國是否接受他國的引渡請求，在沒有條約義務的情況下，由被請求國自行決定。國家之間一般通過內立法或締結雙邊條約、多邊條約規定引渡問題。最早的國內立法是1833年的《比利時引渡法》。雙邊條約則不勝枚舉。多邊引渡公約有1933年的《美洲國家間引渡公約》和1957年的《歐洲引渡公約》，此外還有一些國際公約含有引渡條款，如1997年的《制止恐怖主義爆炸事件的國際公約》、2000年的《聯合國打擊跨國有組織犯罪公約》和2003年的《聯合國反腐敗公約》等。在各國引渡法、國家間的引渡條約以及國際引渡實踐的基礎上，1990年12月聯合國大會通過了《引渡示範條約》，確定了有關引渡問題的一般規則。

(一) 請求引渡的主體

請求引渡的主體即有權請求引渡的國家，一般有罪犯國籍所屬國、犯罪行為地國、受害國即犯罪結果發生地國。當發生這三類國家中數個國家為同一罪行或不同罪行請求引渡同一人時，被請求國應斟酌決定接受哪一個國家的請求。

(二) 引渡的對象

引渡的對象即被請求國指控為犯罪或判刑的人。他可以是請求國的國民、被請求國的國民或第三國的國民。通常各國都拒絕引渡本國國民，此即「本國國民不引渡原則」。只有英、美等國有少數相反的實踐。

(三) 可引渡的犯罪

可引渡的犯罪一般是普通刑事犯罪，且必須是請求引渡國和被請求引渡國都認定為犯罪的行為，這叫「雙重犯罪原則」或「相同原則」。《引渡示範條約》規定，可引渡的犯罪行為系指按照締約國雙方法律規定可予監禁或以其他方式剝奪其自由最長不少於1~2年或應受到更為嚴厲懲罰的行為；如果因為執行監禁或其他剝奪自由的判決而引渡，則在其未服刑期至少有4~6個月時方可準予。政治犯罪、宗教犯罪或犯罪行為系軍法範圍內的罪行是拒絕引渡的強制性理由。

「政治犯不引渡」是法國資產階級革命以後形成的一項國際習慣規則。1793 年法國憲法規定，法國給予為爭取自由而從本國逃亡到法國的外國人以庇護。1833 年《比利時引渡法》規定禁止引渡政治犯。1834 年法國和比利時訂立條約規定政治犯不引渡。後來，政治犯不引渡原則為各國所普遍接受。但是，各國對政治犯的含義和範圍，歷來解釋不一；在實踐中，是否屬於政治犯，由被請求引渡國家決定。但戰爭罪、滅絕種族罪、腐敗罪等不應視為政治罪，可以引渡。

(四) 引渡的程序

《引渡示範條約》規定，引渡請求應以書面方式提出。請求書、佐證文件和隨後的函件應通過外交渠道在司法部或締約國指定的任何其他當局之間直接傳遞。引渡請求書應附有一些必要的證明材料。被請求國應依其國內法程序處理引渡請求。引渡請求需經被請求國的主管司法和行政機關分別進行司法審查和行政審查，然後做出是否引渡的決定。被請求國應迅速將決定通知請求國。無論全部或部分拒絕請求，均應說明理由。請求被接受的，由請求國和被請求國安排移交罪犯的時間、地點、條件和交接方式。

(五) 引渡的效果

《引渡示範條約》規定，請求引渡國只能就其請求引渡的所指控的犯罪行為對該被引渡者進行審判和處罰。至於被引渡者能否由請求引渡國再次引渡到第三國，如請求引渡所涉罪行本身根據該條約應予引渡，則應予同意；但不得以原準予引渡所依據的犯罪行為或原被請求國同意的其他罪行之外的任何罪行進行再引渡。

(六) 中國的引渡實踐

新中國成立後，由於中國當時所處的國際環境和經濟發展的實際狀況，在相當長的一段時期內與外國沒有發生引渡問題。

改革開放以來，中國與有關國家在懲治犯罪的刑事司法方面的合作日益增多，同時中國締結或參加的涉及引渡條款的國際條約也越來越多，因此，中國處理的引渡案件逐漸增多。1993 年，中國和泰國簽訂了引渡條約。這是新中國與外國簽訂的第一個專門性引渡條約。此後，中國還與俄羅斯、韓國、法國、秘魯和南非等國家簽訂了雙邊引渡條約。2000 年 12 月，《中華人民共和國引渡法》（以下簡稱《引渡法》）頒布並實施。這是中國進行中外引渡合作的基本法。

《引渡法》由總則、外國向中國請求引渡、中國向外國請求引渡和附則四個部分組成，分別規定了引渡的原則、條件、程序、審查機關和執行等。

1. 引渡的原則

中外引渡合作應在平等互惠的基礎上進行，並不得損害中國主權、安全和社會公共利益。中外引渡應通過外交途徑聯繫。中國外交部為指定的進行引渡的聯繫機關。但是，如果引渡條約對聯繫機關有特別規定的，依照條約規定。

2. 外國向中國請求引渡

外國向中國提出的引渡請求，只有在同時符合下列兩個條件時才準予引渡：①引

渡請求所指的行為，按照中國法律和請求國法律均構成犯罪。②為提起刑事訴訟而請求引渡的，引渡請求所指控的犯罪必須依雙方的法律均可判處一年以上有期徒刑或者其他更重的刑罰；為執行刑罰而請求引渡的，在提出引渡請求時，被請求引渡人尚未服完的刑期至少為六個月。中國有關主管機關在審查引渡請求時，可基於法定情況拒絕引渡。這些情況有兩類：一是「應當拒絕引渡」的情形；二是「可以拒絕引渡」的情形。前者包括：被請求引渡人具有中國國籍，政治犯或中國已給予受庇護權利的，軍事犯罪，可能因種族、宗教、國籍、性別、政治見解或者身分等原因而被提起刑事訴訟或者執行刑罰，中國已對指控的犯罪做出生效判決或者已經終止刑事訴訟程序，被指控犯罪已過追訴時效或被請求引渡人已被赦免，被請求引渡人曾經或可能遭受酷刑，以及根據缺席判決提出引渡請求等。后者包括：中國對引渡請求所指控的犯罪具有刑事管轄權，並且正在進行刑事訴訟或者準備提起刑事訴訟；由於被請求引渡人的年齡、健康等原因，根據人道主義原則不宜引渡的。

請求國請求引渡必須出具請求書，並提供逮捕證或生效法律判決書或裁定書的副本以及必要的犯罪證據或者證據材料，而且，請求國還須保證：①不對被引渡人在引渡前實施的其他未準予引渡的犯罪追究刑事責任，也不將該人再引渡給第三國；②承擔因撤銷、放棄引渡請求或引渡請求錯誤而給被請求引渡人造成損害的責任。如果兩個以上國家就同一行為或者不同行為為請求引渡同一人，應當綜合考慮中國收到引渡請求的先后、中國與請求國是否存在引渡條約關係等因素，確定接受引渡請求的優先順序。

引渡審查由外交部、最高人民法院和國務院進行。外交部在收到請求國提出的引渡請求后，對引渡請求及其所附文件、材料是否符合《引渡法》和引渡條約的規定進行形式審查。如果符合規定，外交部則將引渡請求書及其所附文件和材料轉交最高人民法院。最高人民法院指定高級人民法院對引渡請求是否符合《引渡法》和引渡條約關於引渡條件等的規定進行審查並做出裁定，最后由最高人民法院復核。最高人民法院裁定符合引渡條件的，由外交部報送國務院決定。國務院在必要時，可授權國務院有關部門決定。引渡拘留、引渡逮捕、引渡監視居住和引渡執行等由公安機關進行。

3. 中國向外國請求引渡

中國向外國請求引渡通過中國外交部進行。在緊急情況下，在向外國正式提出引渡請求前，可以通過外交途徑或者被請求國同意的其他途徑，請求外國對有關人員先行採取強制措施。引渡、引渡過境或者採取強制措施的請求所需的文書、文件和材料，應當依照引渡條約的規定提出；在沒有引渡條約或者引渡條約沒有規定時，可依《引渡法》有關規定提出；被請求國有特殊要求的，在不違反中國法律的基本原則的情況下，可以按照被請求國的特殊要求提出。如果被請求國就準予引渡附加條件，對於不損害中國主權、國家利益和公共利益的，可以由外交部代表中國政府向被請求國做出承諾；對於限制追訴的承諾，由最高人民檢察院決定；對於量刑的承諾，由最高人民法院決定。

二、庇護

(一) 庇護的概念與性質

一般所稱之庇護，是領土庇護，它指國家對於因政治原因而被外國追訴或受迫害而來避難的外國人，準其入境和居留，並給予保護。

庇護是國家的主權行為，給予庇護的權利是從國家的屬地優越權引申出來的。個人可以請求庇護，是否給予則由被請求國自由決定。因此，庇護的主要根據是國內法，許多國家的憲法均含有庇護條款，如1982年中國《憲法》第三十二條規定：「中華人民共和國對於因為政治原因要求避難的外國人，可以給予受庇護的權利。」

(二) 庇護的對象

庇護的對象主要是政治犯，所以庇護又稱政治避難。它是在政治犯不引渡的基礎上發展起來的。但庇護不僅是不引渡，還包括不予驅逐和準其居留，而且庇護的對象也超出通常意義的政治犯，包括從事科學和創作活動而受迫害的人。第二次世界大戰以來的一些國際文件，明確將某類人排除在庇護的對象之外。例如，1948年《世界人權宣言》規定，對於真正由於非政治性的罪行或由於違背聯合國的宗旨和原則的行為而被起訴的人，不得予以庇護，比如犯有危害和平罪、戰爭罪或危害人類罪之人。

(三) 域外庇護

域外庇護又稱外交庇護，是指國家的駐外使領館庇護外國人。拉美有些國家一般承認外國使館有權給予庇護，如拉美國家簽訂的1928年《庇護公約》、1933年《政治庇護公約》和1954年《外交庇護公約》都規定了使館對政治避難者的庇護。但是，在整個拉美地區及其之外的區域，外交庇護沒有被各國普遍接受，因而不是普遍適用的國際法規則。

第六章　國家領土

第一節　概述

一、國家領土的概念和組成部分

國家領土是指國家主權管轄和支配下的地球的特定部分。確定的領土是國際法上的國家必須具備的四個要素之一。雖然由於歷史上各國領土形成的方式和過程不同，造成了各國領土大小不一的狀況，但是沒有領土的國家是不存在的。一個流浪的部落，雖然有一個政府或在其他方面是有組織的，但沒有在它自己的領土上定居以前，不是一個國家。

國家領土有領陸、領水、領陸和領水的底土以及領陸與領水以上的空氣空間等部分組成。

（一）領陸

領陸是國家疆界以內的全部陸地，包括大陸和島嶼。就某一個國家而言，其領陸可能單純由大陸部分組成，也可能全部由島嶼組成，或者由大陸和島嶼共同組成。領陸是國家領土中最基本的組成部分，領土的其他部分都是附著於領陸而存在的。世界上不存在沒有領陸的國家。

（二）領水

領水是國家陸地疆界以內的水域和與陸地疆界鄰接的一定寬度的水域。根據其法律地位的不同，領水又分為內水和領海。內水包括一國境內的河流、湖泊、河口、港口、內海灣、內海峽，以及領海基線以內的其他水域。內水的法律地位與領陸完全相同，未經允許，外國船舶不得在一國內水中航行。領海是指鄰接國家陸地領土及內水的一定寬度的海域，其法律地位與內水有所區別，外國船舶在領海中享有無害通過權。

（三）領陸和領水的底土

領陸和領水的底土是國家領陸和領水之下的部分。它們是陸地和水域不可分割的部分，當屬國家領土的組成部分。

（四）領空

領空是國家領陸和領水以上一定高度的空氣空間。領空對保衛國家安全、發展航空運輸事業以及進行科學研究具有十分重要的意義，因此，它也是國家領土的重要組

成部分。

領陸、領水、領陸和領水的底土、領空四個部分構成國家領土的整體。在地理分佈上，有些國家的領土連成一片，有些國家的領土則比較分散。但無論國家領土的分佈情況如何，都屬於國家領土主權支配的範圍。

二、領土的法律地位

作為構成國家的基本要素之一，領土具有重要的意義。這種意義包括社會和政治兩個方面。從其社會意義來看，領土是國家的物質基礎，領土為民族的生存和發展提供了必要的自然條件；從其政治意義來看，領土是國家行使權力的空間，國家在本國領土內可以充分獨立而無阻礙地行使其權力，排除一切外來的競爭和干涉。

國家對本國領土具有完全和排他的主權。這種主權在國際法上稱為國家的領土主權。領土主權是國家對其領土本身以及領土範圍內的人和物所具有的最高權力，其內容包括所有權和管轄權兩個方面。國家對領土的所有權意味著國家對其領土範圍內的一切土地和資源享有佔有、使用與支配的權力。基於這種權力，國家可以割讓、出賣、出租部分領土，或者與別國交換部分領土，甚至完全與別國合併。國家對領土的管轄權即為國家的屬地管轄權，是指國家通過立法、司法或行政手段對本國領土範圍之內的一定的人、事、物進行支配和處理的權力。

由於領土對國家及其人民的生存具有極其重要的意義，因此，互相尊重主權和領土完整成為現代國際法的一項基本原則。《聯合國憲章》第二條規定：「……各會員國在其國際關係上不得使用威脅或武力，或以與聯合國宗旨不符之任何其他辦法，侵害任何會員國或國家之領土完整或政治獨立……」中國和印度、緬甸共同倡導的和平共處五項原則將「互相尊重主權和領土完整」列為第一項原則，予以高度的重視。

國家的領土主權必須在國際法的範圍內行使。國家在行使本國領土主權的同時，負有尊重其他國家領土主權的義務，國家不得以任何方式侵犯別國的領土主權，破壞別國的領土完整。根據國際習慣法和國際條約，國家的領土主權要受到一定的限制，國家應該在受限的範圍內，自覺約束本國行使領土主權的行為。

第二節　河流與湖泊

如前所述，領水是國家領土的組成部分，領水分為內水和領海兩個部分。

一、河流

世界各國河流眾多，根據其地理特徵和法律地位的不同，河流可以分為國內河流、界河、多國河流、國際河流和運河五種類型。

（一）國內河流

國內河流又稱「內河」，是指從其發源地到河口完全位於一國境內的河流。內河完

全處於所在國的主權管轄之下。國家對內河的航行、捕魚、河水的利用和管理享有充分的自主權，非經國家同意，外國船舶無權在一國內河中航行。中華人民共和國成立以前，一些國家曾根據不平等條約，取得在中國長江和其他一些內河上航行的權利，不僅外國商船可以自由航行，從事沿岸貿易，外國軍艦也經常溯流而上，深入中國內地，嚴重地侵害了中國的領土主權；中華人民共和國成立以後，外國船舶不再享有在中國內河航行的權利。1984 年以來，為適應改革開放和促進對外貿易與經濟交流的需要，中國陸續開放了長江沿岸的一些港口，外國商船可以航行到這些港口從事商業貿易活動。這是中國政府自由同意的結果，是行使國家主權的表現。

（二）界河

界河，是指流經兩國之間並分隔兩國疆界的河流，如黑龍江和烏蘇里江是中國和俄羅斯兩國的界河；鴨綠江和圖們江是中國與朝鮮兩國的界河。

沿岸國對界河中邊界線本國一側的水域享有主權，但由於河水以及其中的生物資源流動的特點，關於界河的航行、捕魚及河水利用等問題一般由有關國家協議解決。在大多數情況下，即使界河直通海洋，也不對非沿岸國開放。例如，1858 年《中俄瑷琿條約》規定：「黑龍江、松花江、烏蘇里江，此后只準中國、俄國行船，各別外國船只不準由此江河行走。」

（三）多國河流

多國河流，是指流經兩個或兩個以上國家領土的河流，如尼羅河流經坦桑尼亞、布隆迪、盧旺達、烏干達、蘇丹、埃及六個國家；中國雲南省境內的元江流入越南后稱為紅河。

多國河流流經各沿岸國的河段分別屬於各該國的領土，由其進行管轄。在管理和利用流經本國的河段方面，沿岸國享有主權。但由於多國河流涉及所有流經國的利益，因此，各沿岸國在利用本國境內的河水時，必須顧及其他流經國的利益，不得濫用權力，損害別國利益。例如，上游國家不得故意使河水改道、污染河水或者採取可能使下游河水泛濫或枯竭的措施。從國際實踐來看，同一多國河流的各沿岸國的船只可以在整條河流上航行。

（四）國際河流

國際河流，是指流經數國並通向海洋，根據國際條約向所有國家商船開放的河流。國際河流在地理特徵上類似於多國河流，但其法律地位不同於多國河流。

國際河流制度在 19 世紀開始出現於歐洲。1815 年維也納公會的最后議定書宣布，不僅沿岸國，而且所有國家的商船都可以在歐洲的國際河流上航行。1856 年《巴黎和約》第十五條規定了多瑙河及其河口的自由航行制度。1868 年《曼海姆條約》規定萊茵河對各國開放。其后，易北河、奧得河、涅曼河、舍爾德河等先後開放。根據 1885 年《柏林公約》的規定，非洲的剛果河和尼日爾河也實行自由航行制度。這樣，國際河流制度開始推行到歐洲以外的地區。后來，美洲的聖勞倫斯河、亞馬遜河和亞洲的湄公河也相繼成為外國商船可以航行的國際河流。

國際河流流經各沿岸國的河段屬於各該國的領土，沿岸國對本國境內的河段享有主權。國際河流對各國開放，沿岸國與非沿岸國商船都有權在國際河流上航行。

為明確規定國際河流的地位和法律制度，國際聯盟於1921年在巴塞羅那召開了一次有40多個國家參加的國際會議，會議通過的《國際性可航水道制度公約及其規約》是確定國際河流法律制度的一個重要文件。根據該公約以及其他有關國際河流的條約的規定，國際河流對沿岸國的商船、軍艦和非沿岸國的商船開放，航行時，所有國家的國民、財產等在一切方面享有平等的待遇；沿岸國對流經本國領土的河段行使管轄權；除為維持或改善航行條件徵收公平的捐稅以外，不得徵收任何其他捐稅；國際河流一般設立國際委員會，制定必要的規章制度，以保障河流的航行自由。

國際河流的自由航行制度是19世紀為適應資本主義自由通商的需要而建立和發展起來的。這種制度客觀上有利於促進各國之間的經濟和文化交流，因此，其積極作用應予以肯定。

(五) 運河

運河是人工開鑿的水道。一般情況下，運河的法律地位和國內河流相同，它們處於所在國的主權管轄之下，外國船舶不享有航行自由。中國的大運河即屬此類。

在國際法上具有重要意義的是溝通海洋，構成國際航行要道的運河，如埃及的蘇伊士運河、巴拿馬的巴拿馬運河和德國的基爾運河。這些運河一般根據國際條約和所在國國內法的規定，向所有國家的船舶開放。

1. 蘇伊士運河

蘇伊士運河位於埃及境內，長172.5千米，寬180~200米，平均水深15米。運河溝通地中海和紅海，是歐洲和亞洲之間最短的航道，具有十分重要的戰略和航行價值。

1854年，埃及政府與法國人斐迪南·勒塞普簽訂關於修築和使用蘇伊士運河及其附屬建築的租讓合同。埃及政府准許勒塞普組織「國際蘇伊士運河公司」，給予該公司開鑿和經營運河的特權。

蘇伊士運河的開鑿於1859年開始，歷時10年完成。1875，英國利用埃及政府的財政困難，購買了其持有的運河公司44%的股票。1882年，英國趁埃及內亂之機派兵入侵埃及，控制了埃及和蘇伊士運河。1888年5月26日，英國、法國、德國、奧匈帝國、俄國、義大利、荷蘭、西班牙、土耳其等國家簽訂了《君士坦丁堡公約》，規定了蘇伊士運河的法律地位和航行制度。根據該公約的規定，蘇伊士運河實行中立化，交戰國不得在運河或距運河港口3海里以內從事敵對行動，交戰國軍艦通過運河時不得停留，不得在運河及其港口裝卸軍隊、軍火及其他軍用物資，運河內不得設立永久性防禦工事。運河實行自由航行制度，無論平時或戰時對所有國家的船舶開放，不得限制對運河的使用，而且永遠不得封鎖運河。

第一次世界大戰爆發后，英國宣布埃及為被保護國。英國在運河區駐扎軍隊，控制著運河的經營管理大權。1956年，埃及總統納賽爾宣布將蘇伊士運河收歸國有。埃及政府將運河收歸國有后，於1957年4月24日發表聲明，重申尊重《君士坦丁堡公約》規定的運河的自由航行制度，保證運河向所有國家的船只開放，並設立埃及的運

河管理局管理運河的航行事宜。

2. 巴拿馬運河

巴拿馬運河位於巴拿馬共和國境內，全長 81 千米，溝通大西洋和太平洋，具有十分重要的經濟和戰略價值。

1850 年，美國和英國簽訂條約，規定兩國共同開鑿一條橫貫巴拿馬地峽的運河。1901 年，美國利用英國正在南非與布倫人進行戰爭的困境，與英國簽訂了《海—龐斯福特條約》，取得了單獨開鑿巴拿馬運河的權利，並允諾在巴拿馬運河適用 1888 年《君士坦丁堡公約》確定的蘇伊士運河的自由航行和中立化原則。1903 年 1 月，美國與哥倫比亞政府簽訂條約，哥倫比亞將巴拿馬地峽租給美國 100 年。由於哥倫比亞參議院不批准該公約，於是，美國策動本來屬於哥倫比亞的巴拿馬省於 1903 年 11 月 3 日宣布獨立。11 月 6 日，美國正式承認巴拿馬共和國。同年 11 月 18 日，美國和巴拿馬簽訂了《關於開鑿通洋運河的條約》。根據該條約，巴拿馬將處於運河兩端的科倫市和巴拿馬市之間建造運河所需的地段以及運河兩岸各 5 英里寬的土地永遠給美國使用、佔有和控製，以便修建、管理和保護運河。該條約規定，運河及其入口處應按照《君士坦丁堡公約》的規定保持永久中立，但同時規定美國有權在任何時候使用其警察、陸軍、海軍，或在運河區建立要塞。1914 年，巴拿馬運河由美國建成並開放使用。美國頒布了關於運河管理和航行的規則，對巴拿馬運河區行使完全的管轄權。

巴拿馬人民為收回巴拿馬運河的主權進行了長期的鬥爭。1974 年，美國被迫同意結束它對巴拿馬運河的管轄。1974 年 9 月 7 日，巴拿馬和美國簽訂了新的《巴拿馬運河條約》和《關於巴拿馬運河永久中立和運河營運條約》。這兩個條約於 1979 年 10 月 1 日起生效。根據新條約的規定，美國承認巴拿馬共和國對運河區的領土主權，巴拿馬共和國以運河主人資格授予美國在條約生效期間經營管理和保衛運河的必要權力。同時，巴拿馬應越來越多地參與運河的管理和保護；運河區升巴拿馬國旗；運河區的司法、移民、海關、郵局等將交由巴拿馬管理；運河的防務由美國和巴拿馬共同負責。該條約還規定，巴拿馬運河實行中立化和自由航行制度，無論平時或戰時，平等地向各國和平通過的船只開放。《巴拿馬運河條約》的有效期至 1999 年 12 月 31 日屆滿，2001 年 1 月 1 日，巴拿馬收回了巴拿馬運河的管理權，而且運河的防務也由巴拿馬單獨負責。

3. 基爾運河

基爾運河位於德國境內，全長 95 千米，連接北海與波羅的海，1896 年開通。基爾運河為德國的內水。第一次世界大戰之前，運河對外國船舶開放，但德國有權隨時關閉或者實行通航限制。第一次世界大戰結束后，1919 年的《凡爾賽和約》將基爾運河定為國際通航運河，實行與蘇伊士運河和巴拿馬運河大致相同的中立化和自由航行制度，對所有與德國保持和平關係的國家的商船和軍艦開放。希特勒上臺后，單方面撕毀《凡爾賽和約》，恢復了德國對運河的完全控製，並限制外國軍艦通過運河。第二次世界大戰后，對於基爾運河並沒有制定新的國際公約加以規定。目前，有關基爾運河的航行制度遵循德國制定的《基爾運河航行規則》以及德國與其他國家簽訂的協定。根據《基爾運河航行規則》，外國商船通過運河時，必須提出申請，獲得批准后方可通

行；外國軍艦通過運河應通過外交途徑事先通知德國政府，並需要得到批准。外國船舶通過運河應繳納通行費。

二、湖泊

湖泊是被陸地環繞的水域。如果湖泊完全為一國陸地所包圍，則屬於該國領土的一部分，所在國對此類湖泊享有排他的主權，且不對外國船舶開放。如果湖泊被兩個或者兩個以上國家的陸地所包圍，則屬於全體沿岸國，湖泊的劃分、管理和利用等問題與有關沿岸國協議解決，各沿岸國對劃歸本國的部分水域行使主權。法國和瑞士之間的日內瓦湖，伊朗和俄羅斯、哈薩克斯坦、土庫曼斯坦、阿塞拜疆之間的里海，美國和加拿大之間的安大略湖等即屬此類。

有些湖泊有狹窄的水道通向海洋。在這種情況下，若湖泊及其通向海洋的水道沿岸均屬一國領土，則為沿岸國的內水，不對外國開放；若湖泊有兩個或兩個以上的沿岸國，其法律地位應依全體沿岸國的協議或國際公約確定。例如，黑海的法律地位即根據國際條約的規定多次發生變化。現行黑海的法律地位和航行制度是由 1936 年 7 月簽訂的《蒙特勒公約》規定的。

第三節　領土的取得與變更

在長期的歷史發展過程中，各個國家形成了自己的領土。但是，由於某種原因國家的領土面積可能會增加或減少，這種現象被稱為領土的取得或變更。在不同的歷史時期，領土取得和變更的方式不盡相同。傳統國際法時期的領土取得和變更的方式有五種，而在現代國際法時期又出現了一些新的方式。

一、傳統國際法上的領土取得與變更方式

傳統國際法上關於國家領土取得與變更的方式，採用羅馬法上關於財產取得和喪失的概念。這是因為在近代國際法形成時期，領土被視為君主的個人財產，領土與財產之間的類似成了領土變更方式的理論根據。當時的領土變更方式有先占、時效、添附、割讓和徵服。隨著歷史的發展與進步，這些方式有的已經失去其存在的合法性，有的則仍為現代國際法所承認。

（一）先占

先占又稱占領，是指國家通過對無主土地的佔有而取得對該土地的主權的行為。先占的主體是國家，客體是不屬於任何國家的土地，即無主地。傳統國際法認為無主地是不屬於任何國家的荒蕪土地，或雖有土著人居住，但尚未形成國家的土地，但現代國際實踐已不再認可這種主張。1975 年，國際法院在關於「西撒哈拉問題」的諮詢意見中指出：「根據國家實踐，凡有部落或人民居住並有一定的社會和政治組織的地方，就不能認為是無主地。」

國家通過先占取得無主土地的領土主權必須滿足兩個條件：一是國家正式表示佔有該無主土地的意思，這種意思表示可以在國家的公開聲明中做出，也可以見諸於國家的外交文件之中；二是國家在該地區適當行使或表現其主權，通過立法、司法或行政措施對該地區實際有效的占領或控製。只有同時具備了以上兩個條件，方能構成對無主土地的有效占領，從而使國家取得對該地區的主權。1928年，常設仲裁法院法官麥克斯·胡伯在「帕爾馬斯島案」的仲裁裁決中指出：國家發現某一無主地而取得的只是一種「不完全的權利」，這種權利可以由於后來未對該地區實行有效統治而喪失。至於先占的範圍，一般應該與佔有國的實際控製範圍相一致。

　　先占作為傳統國際法上國家領土變更的方式之一，在西方國家對外殖民擴張時期曾具有很重要的意義。但在現代，除南極洲以外，地球上不屬於任何國家領土的無人居住地區幾乎已不存在。而根據現代國際法，有土著人居住但尚未形成國家的地區不能成為先占的對象，因此，先占作為國家取得領土的方式已沒有太大的現實意義。但是，在解決國家之間的領土爭端時，有時還應考慮先占作為領土變更的方式所具有的效果。

(二) 時效

　　時效，是指國家佔有他國的部分領土，經過長期和平地行使管轄權而取得對該領土的主權。

　　國際法的時效與國內法的時效有兩點區別：①國內法的物權取得時效只限於原來善意佔有，而國際法中通過時效取得領土並不以善意佔有為前提。即使是非法佔有，只要經過相當長的時間，即可消除佔有的非法性而使國家取得對有關領土的主權。②國內法的物權取得時效有確定的期限，而國際法中通過時效取得領土主權沒有確定的期限。只要被占土地的原屬國未提出抗議或主張，佔有國經過長期行使管轄權，即可取得對該領地的主權。但是，原屬國的抗議或主張構成依時效取得領土的障礙。

　　時效與先占的區別在於先占的對象是無主土地，而依時效取得的是別國的領土。時效作為取得領土的一種方式，由於不考慮最初佔有的善意與否以及取得領土主權沒有確定的期限，因此，其效力在國際法上歷來都是有爭議的。在現代國際實踐中，幾乎沒有任何國家情願將本國的部分領土置於別國管轄之下，也沒有任何國家在本國部分領土被別國佔有之后不提出抗議或者不主張自己的權利。由此可見，在現代國際法上，時效作為國家領土的取得方式已沒有現實的意義。

(三) 添附

　　添附，是指國家領土由於新的形成而增加。添附有兩種情況：一種是由於自然的作用使國家的領土擴大。例如，河流泥沙的衝擊可能在河口形成三角洲或者使原有三角洲的面積增加；海岸因水流衝擊形成漲灘或者領海內出現新的島嶼。另一種是人力的作用所致，較為普遍的是在海岸以外圍海造田，如日本曾經在神戶附近的海上大規模圍海造田，形成436萬平方米新的土地。但是，按照《聯合國海洋法公約》的規定，國家的近海設施和人工島嶼，以及在專屬經濟區、大陸架和公海上建造的人工島嶼、設施和結構等不構成領土的添附。

在以河流為界的情況下，一般來說，一沿岸國未經另一沿岸國的同意，不應在本國一側築堤或者圍灘造田，因為這樣做勢必會使河水衝刷對方的堤岸，使界河原來的分界線發生變化。但是，如果由於自然力的作用河流發生偏移或者河岸出現漲灘，致使一國領土逐漸增加和另一國領土相應減少，則屬於合法的領土變更。添附無論是自然作用還是人為作用所致，現代國際法都予以認可。對由於添附使得領土增加，國家無需採取宣告或者其他法律行為，也無需其他國家的承認。

(四) 割讓

割讓，是指一國根據條約將本國的部分領土轉移給他國。割讓一般分為強制性的割讓和非強制性的割讓。在強制性割讓的情況下，領土的轉移是無代價的，它往往是戰爭的結果，是戰勝國迫使戰敗國簽訂和約，將戰敗國的部分領土據為己有。例如，1895年，中國在甲午戰爭中戰敗后，日本強迫清政府簽訂《馬關條約》，將臺灣和澎湖列島等割讓給日本；第一次鴉片戰爭后，1842年，英國迫使清政府簽訂《南京條約》，割讓了香港島；第二次鴉片戰爭后，1860年，英國通過《北京條約》，迫使清政府割讓了南九龍半島。1905年日俄戰爭中俄國戰敗，日俄雙方簽訂了《樸次茅斯和約》，俄國被迫將庫頁島割讓給日本。

非強制性的割讓是指國家在平等的基礎上，和平地轉讓部分領土，具體形式包括買賣、交換或者贈送。例如，1803年，美國從法國購買了路易斯安那州；1867年，美國又以720萬美元從沙皇俄國購買了阿拉斯加州。

傳統國際法不禁止以戰爭作為解決國家爭端的手段，因此，作為戰爭的結果，強制性割讓領土的情況時有發生，而且被承認為國家領土變更的合法方式之一。1928年《巴黎非戰公約》規定締約國在其相互關係上放棄以戰爭作為推行國家政策的工具。1945年《聯合國憲章》要求會員國「以和平方式解決國際爭端」，規定會員國「在其國際關係上不得使用威脅或武力，或以與聯合國宗旨不符之任何其他方法，侵害任何會員國或國家之領土完整或政治獨立」。因此，在現代國際法上，強制性割讓領土的方式已經失去其存在的合法性。至於在平等自願的基礎上非強制性地割讓領土，由於其符合國家主權平等原則，因而依然是合法、有效的。

(五) 征服

征服，是指國家以武力對他國領土的全部或一部進行兼併從而取得該領土的主權的方式。征服是以武力兼併別國領土的行為，它並不需要締結條約，僅由戰勝國單方面將其占領的別國領土的全部或者一部於戰后予以兼併即可。按照傳統國際法，有效的征服須滿足一定的條件：征服國正式表示兼併戰敗國領土的意思；如果兼併的是戰敗國的部分領土，戰敗國須放棄收復失地的意思；如果兼併的是戰敗國的全部領土，征服國須對該國的全部領土實行有效的控制，同時，戰敗國及其盟國須放棄一切抵抗。

征服作為國家取得領土的方式之一，是以戰爭的合法性為基礎的。由於現代國際法嚴格禁止侵略戰爭，因此，通過侵略戰爭取得的權利或利益，包括侵占的領土，均屬非法。國際社會不僅不承認征服國兼併別國領土的合法性，而且要採取聯合行動，幫助被征服國恢復領土主權。1990年8月2日，伊拉克出兵侵占科威特，隨即宣布科

威特作為伊拉克的第 19 個省，對其實行兼併。伊拉克的侵略行為受到國際社會的一致譴責，在聯合國的制裁和多國部隊的打擊下，伊拉克被迫放棄對科威特的吞並，科威特的領土主權得到恢復。

二、現代國際法上領土取得與變更的新方式

現代國際法除承認先占、添附、自願割讓等傳統的領土取得與變更方式的合法性之外，還承認全民投票和恢復領土主權是領土變更的新方式。

(一) 全民投票

全民投票又稱全民公決，是指由某一領土上的居民充分自主地參加投票，以決定該領土的歸屬的方式。全民投票決定領土歸屬是一種合法的領土變更方式。

在現代國際實踐中，不乏以全民投票的方式決定領土歸屬的情形。例如，根據 1919 年《凡爾賽和約》的規定，德國薩爾區的行政管理由國際聯盟負責，為期 15 年，期滿後通過全民投票決定該地區的最后歸屬。在 1935 年 1 月舉行的全民投票中，絕大多數居民讚成薩爾重新並入德國。1961 年，英屬喀麥隆就其地位問題舉行全民投票，結果其北部居民讚成加入尼日利亞，南部居民則同意與喀麥隆合併。2011 年 1 月，原屬蘇丹的南蘇丹地區舉行全民公決，結果 98% 以上的人讚成南蘇丹脫離蘇丹而獨立。同年 7 月 9 日，南蘇丹正式宣布獨立。

全民投票的合法性取決於參加投票的居民的意志是否得到充分自由的表達。如果某一地區已經被外國軍隊占領，該外國出於為兼併該領土尋找依據的目的而舉行全民投票，這種投票的結果就不可能是當地居民自由意志的反應，國際社會也不應承認由此產生的領土變更的合法性。

(二) 恢復領土主權

恢復領土主權，是指國家收回以前被別國非法佔有的領土，恢復本國對有關領土的歷史性權利。由於現代國際法禁止以武力或武力威脅侵犯別國的領土完整，不承認通過武力或武力威脅獲取別國領土的合法性，因此，國家在適當的情況下恢復其對以前被強迫放棄的領土的主權是完全合理的。例如，第二次世界大戰后，根據 1943 年的《開羅宣言》和 1945 年的《波茨坦公告》，中國政府收復了依照 1895 年的《馬關條約》被日本割讓的臺灣和澎湖列島的領土主權。

第四節　領土主權的限制

國家雖然對本國領土享有排他的主權，但領土主權並不是絕對的，它應當受到國際法的限制，包括一般限制和特別限制。一般限制是指習慣國際法對國家領土主權的限制；特別限制是指國際條約對國家領土主權的限制。

一、共管

　　共管，是指兩個或兩個以上國家對某一特定領土共同行使主權。這一概念最先出現在神聖羅馬帝國末期。當時的意思是兩個或兩個以上的君主對特定的城鎮或土地行使共同的所有權，而后來逐漸成為國際法上的一個概念。

　　在國際法的發展史上曾發生過若干共管的事實，例如，蘇丹曾於 1898—1955 年處於英國和埃及的共管之下；新赫布里底群島於 1914—1980 年曾置於英國和法國的共管之下。共管也適用於河流或其他水域。例如，1973 年，巴西與巴拉圭就巴拉那河的使用問題簽訂條約，巴拉那河的水資源以共管的形式為兩國所擁有。此外，1922 年，沙特阿拉伯和科威特簽訂條約，在兩國之間建立一個中立區，在兩國達成確定邊界的協議之前，雙方對該中立區享有平等的權利。1965 年，兩國締結一項新的條約，結束了這種臨時安排，將中立區分別割歸兩國所有。

　　如果對特定領土實行共管的協議是有關國家在平等自願的基礎上簽訂的，且協議的內容不損害該領土上人民的利益，則這種情況是符合現代國際法的。不過，歷史上，共管往往是殖民國家對殖民地進行爭奪和妥協的結果，成為它們兼併有關領土的前奏。例如，1898—1955 年，英國與埃及對蘇丹實行共管，事實上卻把蘇丹置於英國的殖民統治之下。

二、租借

　　租借，是指一國根據條約將其部分領土出租給另一國，在租借期內，承租國將租借地用於條約規定的目的並行使全部或部分管轄權；出租國仍保留租借地的主權，租借期滿后予以收回。

　　在近代歷史上，租借大多是根據不平等條約產生的，是帝國主義國家對弱小國家領土主權的非法限制，違反國家主權平等原則。例如，1898 年，中國清政府在兩方國家的聯合壓力下，被迫簽訂了一系列不平等條約，先后將膠州灣租借給德國（租期 99 年），將旅順、大連租借給俄國（租期 25 年），將威海衛租借給英國（租期 25 年），將廣州灣租借給法國，將九龍半島租借給英國（租期 99 年）。這些國家實際上把租借地作為其殖民地進行統治，嚴重損害了中國的領土主權。到 1997 年 7 月 1 日，中國已收回了全部租借地。當然，國家之間在平等自願的基礎上簽訂租借條約進行的領土租借，則是符合現代國際法的。

三、國際地役

　　國際地役，是指一國根據條約承擔的對其領土主權的特殊限制，目的是為了滿足別國的需要或者為別國的利益服務。國際地役的主體是國家，客體是國家的領土，不構成國家領土組成部分的專屬經濟區、大陸架不能作為國際地役的客體。

　　國際地役可以分為積極的地役和消極的地役。積極的地役是指國家承擔義務，允許別國在自己的領土上從事某種活動。例如，一國允許別國利用本國的道路或港口運輸或進出口貨物；允許別國在本國領土上修建管道輸送石油或天然氣；允許別國飛機

通過本國領空往返於其兩部分領土之間；等等。消極的地役是指國家承擔義務，在其特定領土上不從事某種活動，為他國的利益服務。例如，根據1919年《凡爾賽和約》的規定，萊茵河兩岸為非軍事區，德國承擔義務不在非軍事區內設防，以保證法國和比利時的安全。

國際地役的概念在國際法理論上一直存在爭議。有的學者認為，現代國際法不需要採取國際地役的概念，因為羅馬法上的地役概念適用於國家領土，原本是為了適應神聖羅馬帝國時期歐洲封建領主的土地錯綜複雜分佈的特殊狀態，而這種狀態現在已不存在。另外，國際地役與私法上的地役性質不同，共同使用同一名詞是錯誤的。事實上，國際地役這一概念所包含的內容在現代國際實踐中依然大量存在，如為數眾多的內陸國家需要利用其他國家的交通線路或港口輸送旅客或貨物進出海洋，許多國家需要通過別國領土修築油氣管道等。1932年常設國際法院對「上薩瓦自由區和節克斯區案」的判決和1960年國際法院對「印度領土通行權案」的判決都肯定了國際地役的存在。對於國際實踐中的這種客觀存在，國際法不可能不做反應。至於是否採用「國際地役」這一名詞並無關宏旨。對國家領土主權的限制只要是國家在平等基礎上根據條約自願承擔的，無論其名稱如何，都是符合現代國際法的。

第五節　邊界與邊境

一、邊界的概念與形成

國家邊界是確定國家領土範圍的界限。國家邊界可以分為陸地邊界、水域邊界、空中邊界和地下層邊界。

國家邊界的形成有三種情況：有的邊界是在長期的歷史過程中形成的，稱為歷史邊界；有的邊界是通過條約劃定的，稱為條約邊界；有的邊界是從原國家繼承而來的，稱為繼承邊界。

歷史邊界是指在長期的歷史過程中，根據相鄰國家的行政管轄範圍確定的邊界。這種邊界是通過相鄰國家之間的相互默示承認形成的。中國與緬甸、尼泊爾、巴基斯坦等國締結邊界條約之前，都遵循這種歷史上形成的邊界。

由於今天多數國家的邊界都已根據條約劃定，因此，條約邊界在國家邊界中十分普遍。國家通過條約劃分邊界主要有兩種情況：一種是簽訂專門的邊界條約，對國家之間的未定邊界予以確定或者對原有邊界做出調整；另一種是通過締結和約變更原國家的領土或者確定新國家的領土，劃定國家邊界。條約邊界準確、明瞭，不易發生爭議，即使發生爭議也有條約規定作為解決的依據，所以，現代國家願意通過條約來劃定邊界。事實上，條約邊界往往是在歷史邊界的基礎上劃定的，兩者有一定的聯繫。

繼承邊界是指從原殖民地或附屬領土的界限或者原國家國內行政管轄範圍繼承而來的邊界，主要是指新國家的邊界。例如，1991年蘇聯解體后，蘇聯原來的各加盟共和國相繼成為獨立的國家，它們的邊界都是按照蘇聯時期的行政管轄範圍確定的。

二、邊界的劃分

(一) 劃界方法

國家之間劃分邊界線一般採取三種方法，即幾何學劃界法、天文學劃界法和自然劃界法。

1. 幾何學劃界法

幾何學劃界法是指採用幾何學原理劃定邊界線的方法，如以一個固定點到另一個固定點所劃的直線或採用交圓法、正切線法等確定國家的邊界。這種劃界法一般適用於海上或者地形複雜、不易實地勘查的地區。例如，1881年《中俄改訂條約》第八條規定：「至分界辦法，應自奎峒山過黑伊爾特什河至薩烏爾嶺劃一直線，由分界大臣就此直線與舊界之間，酌定新界。」非洲許多國家的邊界就是採用幾何學方法劃定的。

2. 天文學劃界法

天文學劃界法是指以天文學的經緯度確定國家邊界的方法。這種劃界方法比較簡單，一般適用於海上或人口稀少的地區，而且需要劃分的邊界線比較長，如美國和加拿大從溫哥華到伍茲湖西岸之間就是以北緯49度線作為兩國的邊界線的。

3. 自然劃界法

自然劃界法是根據邊界地區的自然狀態或自然屏障確定具體邊界線的方法。例如，以山脈、河流、湖泊、森林、沙漠等作為國家的邊界。以自然屏障為界的，一般適用如下規則：

(1) 以山脈為界。

若國家締結的條約中規定以山脈為界，但未具體規定邊界線位於山脈的何處時，根據國際習慣，界限應定在山脈的分水嶺。這就是國際法上的所謂「分水嶺原則」。當然，若條約另有規定或者根據實際情況，邊界線也可以定在山脈的山脊或山麓。

(2) 以河流為界。

若兩國以河流為界，邊界線的位置應該視具體情況而定。如果是可以航行的河流，兩國邊界應定在主航道的中心線上；如果是不可以航行的河流，則應定在河流的中心線上。例如，1960年《中緬邊界條約》第八條規定，凡是以河流為界的地段，不能通航的河流以河道中心為界，能夠通航的河流以主要航道（水流最深處）的中心線為界。

界河的水流在自然力的作用下可能出現偏移。按照一般規則，若界河水流由於自然原因逐漸向一方河岸移動，其主航道中心線或者河道中心線也隨之移動；若界、河因自然原因急遽改道，除非沿岸國另有協議，邊界線維持不變。例如，《中緬邊界條約》第八條規定，如果界河改道，除雙方另有協議外，兩國的邊界線維持不變。若界河上有橋樑，兩國應以橋樑的中間為界。

(3) 以湖泊為界。

若有湖泊分隔兩個或兩個以上國家的領土，除另有協議規定外，邊界線應通過湖的中心。

(二) 劃界程序

在現代，國家之間通過簽訂邊界條約劃分邊界已經成為一種普遍的實踐。根據邊界條約劃界一般要經過兩個階段，即定界和標界。

定界是指有關國家經過談判簽訂邊界條約，將商定的兩國邊界的主要位置和基本走向寫入條約中，邊界條約還要規定處理各種具體情況的原則和規則，它是確定有關國家邊界的基本法律文件。

邊界條約正式簽訂之后，即進入實際標界階段。首先，要組成由締約雙方各自任命的代表參加的劃界委員會。該委員會根據邊界條約規定的邊界，進行實地勘查，劃定邊界線的位置，並樹立界碑作為標誌。其次，制定邊界議定書並繪製邊界地圖，詳細載明全部邊界的具體走向和界標的精確位置。議定書和地圖經雙方代表簽字或經雙方政府批准后生效。作為邊界條約的附件，邊界議定書和邊界地圖也是確定邊界的重要法律文件。

劃界過程中產生的邊界條約、邊界議定書、邊界地圖以及界標應該一致。但是，由於各種原因，有時也可能出現不一致的地方。遇有此種情況，通常按下列原則解決：

(1) 界標位置與議定書和地圖不符時，以議定書和地圖為準；

(2) 地圖與議定書和邊界條約不符時，以議定書和邊界條約為準；

(3) 議定書與邊界條約不符時，以條約為準，但有特別約定的除外。

三、邊境制度

邊境也稱邊境地區，是指邊界線兩側的一定區域。邊境制度淵源主要有兩個方面：①國家的國內法律和制度，如國家制定的邊界巡邏制度、海關與衛生檢查制度、人員和貨物的出入境制度等；②相鄰國家之間簽訂的雙邊協定，涉及維護界標、利用界水、過境往來、保護自然資源和維護邊境秩序等。邊境制度的內容主要包括以下五個方面：

(一) 邊界標誌的維護

在以界標標明的邊界線上，相鄰國家對界標的維護負有共同責任，使界標的位置、形狀、型號和顏色符合邊界文件中規定的要求。兩國可以協議確定對全部界標的分配形式，以明確各自的維護責任。雙方應採取必要措施防止界標被移動、損壞或滅失。若一方發現界標出現移動、損壞或滅失的情況，應盡快通知另一方，並於雙方代表在場的情況下予以修復或重建。國家有責任對移動、損壞或毀滅界標的行為給予嚴厲懲罰。陸地上的界標和邊界線還應保持易於辨認的狀態，如中國和尼泊爾於1963年簽訂的《中尼邊界議定書》第二十九條規定，為了使邊界線易於辨認和防止出現騎線村莊，在陸地邊界線兩側各10米的地帶內不得建立新的房屋或其他永久性的建築物。

(二) 邊界水資源的利用和保護

國家之間若以河流和湖泊為界，則產生水資源的利用和保護問題。這樣的問題通常在邊界文件中加以規定。

沿岸國對邊界水資源有共同的使用權。國家在使用界水時，不得損害鄰國的利益，

如不得採取可能使河流枯竭或泛濫的措施，更不得故意使河流改道。1961 年《中緬邊界議定書》規定：「締約雙方應盡可能防止界河改道，任何一方不能使界河改道。」同時，相鄰國家在界水上享有平等的航行權，船舶在界河上航行一般不受主航道中心線的限制。船舶在航行時應該帶有明顯的國籍標誌。除遇難或有其他特殊情況外，一方的船舶不得到對方沿岸停泊。

　　沿岸國漁民在界水中捕魚，一般不得越過界水上的邊界線。對捕魚的管理以及界水中魚類的保護與繁殖等具體問題，由沿岸國協議規定。若國家需要在界水上建造橋樑、堤壩及其他水利工程，應取得另一方的同意。國家在利用界水的同時，必須注意對界水的保護。邊境的其他水資源若涉及兩國邊境居民共同利用的問題，也應採取共同的保護措施。例如，國家應對邊界本國一側的各種污染源進行有效的控製和治理，以免使界水受到污染。

(三) 邊境土地的利用

　　國家對本國邊境土地的利用，應該遵守不損害對方國家利益的原則。國家不得在邊境地區建立可能污染對方國家空氣或水資源的工廠或從事任何可能造成此類污染的活動；不得在靠近邊界的地區設立靶場或進行任何類型的武器試驗，以免危及對方居民的生命或財產的安全；邊境地區森林發生火災時，國家應盡力控製火勢並將其撲滅，不使火災蔓延到對方境內。

(四) 邊境居民的往來

　　由於歷史的原因，相鄰國家邊境地區的居民在民族、宗教、風俗習慣、家庭或者經濟活動等方面往往有著較為密切的聯繫。為尊重歷史習慣，照顧邊境居民的生產和生活需要，相鄰國家在平時一般都給予邊境居民一些特殊的方便，以便利他們相互往來，以及從事探親訪友、朝聖、就醫或小額貿易等活動。例如，1956 年《中國和尼泊爾王國保持友好關係以及關於西藏和尼泊爾之間的通商和交通的協定》規定，為保證邊境居民通商，中、尼雙方各指定同等數目的貿易市場，而且凡按習慣專門從事中、尼邊境貿易的雙方商人，可以仍在傳統的貿易地點進行貿易活動。雙方香客可以按照宗教習慣繼續往來朝聖，雙方對香客所攜帶的自用行李和朝聖用品不予徵稅。中國還與一些鄰國達成雙邊協議，同意逐漸消除兩國邊境居民的過界耕地、邊界放牧等現象。

(五) 邊境事件的處理

　　相鄰國家通常根據條約設置由雙方代表共同組成的邊界委員會，負責處理邊境地區發生的涉及兩個國家的事件。邊境地區的一般事件，如偷越國境、損毀界標等，均由邊界委員會處理。邊界委員會未能解決的或者特別嚴重的事件，通過外交途徑解決。

四、中國的領土和邊界

(一) 概念

　　中國位於歐亞大陸東部。中國的陸地領土包括大陸及其沿海島嶼、臺灣以及包括釣魚島在內的附屬各島、澎湖列島、東沙群島、西沙群島、中沙群島、南沙群島以及

其他屬於中國的島嶼。中國領水包括陸地疆界以內的河流、湖泊、領海基線以內的水域和鄰接海岸與內水的領海。中國領空是中國領陸和領水之上一定高度的空氣空間。

中國陸地邊界長約 2.2 萬千米，與朝鮮、俄羅斯、蒙古、哈薩克斯坦、吉爾吉斯斯坦、塔吉克斯坦、阿富汗、巴基斯坦、印度、尼泊爾、不丹、緬甸、老撾、越南等國家接壤。海岸線長約 1.8 萬千米，隔黃海與韓國相向，隔東海與日本相向，隔南海與菲律賓、印度尼西亞、馬來西亞、文萊等國家相向。

中國領土是在長期的歷史發展過程中形成的。幾千年來，中國各族人民一直在這塊土地上休養生息，創造了光輝燦爛的中華文明。中華民族具有保衛祖國、抵抗侵略的光榮傳統，但在近代歷史上，由於帝國主義國家的侵略，中國政府被迫簽訂了一系列不平等條約，將大片領土割讓給外國。與此同時，一些國家在中國取得了各種特權，嚴重地損害了中國的主權和領土完整。

中華人民共和國成立後，中國政府取消了外國在中國領土上的一切特權，維護了國家的領土完整。中國政府在本國領土內充分、有效地行使國家權力，對領土內的人、物以及發生的事件具有排他的管轄權。為了保證國家領土完整不受侵犯，中國政府大力發展國防事業，並對侵犯中國領土的行為進行了堅決的還擊。中國一貫尊重別國的主權和領土完整，從不侵犯別國領土，也不允許其他國家侵犯本國領土。

中國與鄰國有著漫長的邊界線，也存在一些邊界問題。中國政府一貫主張與鄰國本著友好協商的精神進行直接談判，簽訂條約，解決邊界問題。1960 年 10 月，中國與緬甸簽訂關於兩國邊界問題的協定，設立聯合委員會劃定了兩國邊界。隨後，中國又於 1961 年 10 月與尼泊爾、1962 年 12 月與蒙古人民共和國、1963 年與巴基斯坦和阿富汗分別簽訂邊界條約，正式劃定了與這些國家的邊界。

中國與蘇聯有很長的邊界，兩國之間的劃界屬於歷史遺留問題。經過談判，中蘇兩國外交部長於 1991 年 5 月在莫斯科簽署了《關於中蘇國界東段的協定》。1991 年蘇聯解體之后，中國與蘇聯的邊界成為中國與俄羅斯、哈薩克斯坦、吉印爾吉斯斯坦和塔吉克斯坦等四國的邊界。俄羅斯政府宣布，中國與蘇聯簽署的《關於中蘇國界東段的協定》對俄羅斯繼續有效。中、俄兩國在分別完成國內的批准程序后，於 1992 年 3 月互換了該協定的批准書。1994 年 9 月 3 日，中國與俄羅斯在莫斯科簽署了《關於中俄國界西段的協定》。1995 年 10 月 11 日，該協定的批准書交換儀式在北京舉行。至此，中國與俄羅斯的全部邊界問題均以條約的形式得到解決。此外，中國與哈薩克斯坦、吉爾吉斯斯坦和塔吉克斯坦三國也通過談判的方式，解決了原來存在的邊界問題。對於與其他國家之間仍然存在的邊界和領土爭端，中國政府一貫主張在和平共處五項原則的基礎上，通過和平談判或友好協商求得解決。

(二) 中國和有關國家的領土和邊界問題

1. 中國與印度的領土邊界問題

中國與印度的邊界全長約 2000 千米，分東段、中段和西段。東段沿著喜馬拉雅山南麓，從不丹以東到緬甸邊界的伊索拉希山口；中段沿著喜馬拉雅山脈，從拉達克以南直到尼泊爾邊界；西段沿著喀喇昆侖山脈，從喀喇昆侖山口到西藏阿里地區和拉達

克、喜馬偕爾邦的接壤處。中印邊界雖然沒有正式劃定，但是，根據兩國歷史上的行政管轄範圍，早已形成了一條傳統習慣線。

中印邊界糾紛是歷史遺留問題，1913年10月，在英國的策劃下，中國、英國及中國西藏地方當局的代表為「解決西藏問題」在印度北部的西姆拉舉行了一次會議。英國政府採用詐欺手段誘使中國代表簽署了一項西姆拉專約，但中國政府從未正式簽署和批准該專約，因此，該專約是無效的。爾后，英國代表背著中國中央政府的代表，與本無締約權的西藏地方代表單獨草簽了經過更改的「西姆拉條約」，后來又以秘密換文的方式，非法劃定一條所謂的「麥克馬洪線」。根據這一條約，中印邊界被劃定在喜馬拉雅山的分水嶺上，這條界線與傳統習慣線之間歷來屬於中國的9萬多平方千米的土地被劃歸英屬印度。歷屆中國政府從未承認「麥克馬洪線」，所以，它是非法和無效的。甚至英國政府在與西藏地方當局秘密換文后的相當長時期內，也沒有把所謂的「麥克馬洪線」畫在地圖上，而且長期未敢越過傳統習慣線。直到第二次世界大戰後期，英國才越界侵占了中國西藏的小塊地區。

1947年印度獨立后，印度政府不僅繼承了英國殖民者侵占的中國領土，而且繼續向外擴張。至1953年，印度政府終於控制了非法的「麥克馬洪線」以南的全部地區。1959年，印度政府向中國提出全面的領土要求，總面積為12.5萬平方千米。此后，印度軍隊不斷越過實際控製線，在中國領土上設立據點，進行武裝挑釁，多次製造流血事件。1962年10月，印度軍隊向中國發動大規模進攻，中國邊防部隊被迫進行自衛還擊，給予來犯者應有的懲罰。中國政府一貫堅持在維護國家領土主權的基礎上，通過談判解決與印度之間存在的領土和邊界問題。

2. 西沙群島、南沙群島

西沙群島位於南海西部，距離海南島約150海里，由20多個小島組成；南沙群島位於南海最南部，由島嶼和許多珊瑚礁組成。西沙群島和南沙群島都是中國領土不可分割的組成部分。

早在兩千多年以前，中國就發現了西沙群島和南沙群島。東漢的《異物志》、宋代的《夢梁錄》，元代的《島夷志略》，明代的《東西洋考》《順風相送》，清代的《海國見聞錄》等歷代史書都有關於兩群島的記載。中國政府最早對西沙群島和南沙群島行使主權和管轄權。唐代時南沙群島即被劃歸瓊州督府管轄；北宋朝廷也曾派戰船到西沙群島巡邏，明確地將其置於自己的管轄範圍之內。其后的歷代中國政府都對兩群島持續地行使著管轄權。1911年以來，西沙群島和南沙群島一直歸海南島管轄。第二次世界大戰中，日本侵占了這些島嶼，戰后又將其歸還中國，當時的中國國民黨政府於1946年派艦接收了西沙群島和南沙群島並再度將其劃歸廣東省管轄。

中華人民共和國成立后，於1959年設立了西沙群島、南沙群島、中沙群島辦事處，由海南行政區領導，管轄西沙群島、中沙群島、南沙群島的島礁及其海域。1988年撤銷海南行政區，設立海南省，西沙群島、南沙群島、中沙群島辦事處相應劃歸海南省管轄。2012年6月21日，中華人民共和國民政部網站刊登《民政部關於國務院批准設立地級三沙市的公告》。該公告指出，經國務院批准，撤銷海南省西沙群島、南沙群島、中沙群島辦事處，設立地級三沙市，管轄西沙群島、中沙群島、南沙群島的島

礁及其海域。三沙市人民政府駐西沙永興島。這是中國對海南省西沙群島、中沙群島、南沙群島的島礁及其海域行政管理體制的調整和完善。

西沙群島和南沙群島屬於中國領土，在國際上也是公認的。許多國家出版的百科全書和地圖都承認兩群島是中國領土。但是，越南對西沙群島和南沙群島主張主權，並於 1974 年和 1998 年兩次同中國發生武裝衝突。至今，越南、菲律賓、馬來西亞等國家仍占據著南沙群島的部分島礁。這是對中國領土主權的嚴重侵犯。

3. 釣魚島列嶼

釣魚島列嶼位於臺灣東北約 100 海里處，由釣魚島、黃尾嶼、赤尾嶼、南小島、北小島和一些礁石組成，其中釣魚島面積最大，約 4 平方千米。釣魚島等島嶼自古以來就是中國領土的一部分，早在明代它們就被作為臺灣的附屬島嶼納入中國的海防區域。日本於 1895 年非法占據了這些島嶼，第二次世界大戰以後，又將其交由美國託管。1971 年 6 月 17 日，美國與日本簽訂「歸還沖繩協定大綱」，將釣魚島等島嶼劃入歸還範圍。日本政府即以此為依據，聲稱對這些島嶼擁有主權，並且把日本航空自衛隊的防空識別區擴大到這一地區。

1971 年 12 月 30 日，中國外交部發表聲明，指出中國與日本的琉球群島在這一地區的分界線位於赤尾嶼和久米島之間，美國和日本拿中國的釣魚島等島嶼私相授受是侵犯中國主權的行為。1972 年 3 月 3 日和 3 月 10 日，中國代表在聯合國國際海底委員會會議上聲明：釣魚島等島嶼是臺灣島的附屬島嶼，並不屬於琉球，這些島嶼周同的海域和鄰近中國的海域的海底資源都屬於中國所有，任何其他國家不得染指。

1972 年，中、日兩國實現邦交正常化；1978 年，兩國締結和平友好條約。從中日友好的大局出發，中、日兩國政府同意將釣魚島問題留待將來解決。1992 年 2 月 26 日頒布的《中華人民共和國領海及毗連區法》第二條第二款明確規定：「中華人民共和國的陸地領土包括中華人民共和國大陸及其沿海島嶼、臺灣及其包括釣魚島在內的附屬各島……以及其他一切屬於中華人民共和國的島嶼。」

2012 年 9 月 11 日，日本政府與釣魚島「島主」栗原家族正式簽署島嶼「買賣合同」，以 20.5 億日元（約合 1.7 億元人民幣）從栗原家族手中購買了釣魚島，實現了對釣魚島的「國有化」。日本政府購買釣魚島的行為招致了中國政府和人民的強烈抗議。中國政府嚴正聲明，日本政府的所謂「購島」完全是非法的、無效的，絲毫改變不了日本侵占中國領土的歷史事實，絲毫改變不了中國對釣魚島及其附屬島嶼的領土主權。中華民族任人欺凌的時代已經一去不復返了。中國政府不會坐視領土主權受到侵犯。中方強烈敦促日方立即停止一切損害中國領土主權的行為，不折不扣地回到雙方達成的共識和諒解上來，回到談判解決爭議的軌道上來。如果日方一意孤行，由此造成的一切嚴重后果只能由日方承擔。

第六節　南極和北極地區國際海洋法

一、南極地區

(一) 南極概況

南極地區是指地球南極圈以內的大陸及其附近的島嶼，總面積為 1400 多萬平方千米，是地球上的七大洲之一。南極地區與南極洲有所不同，根據《南極條約》第六條的規定，南極地區是指地球南緯 60 度以南的地區，包括南極洲及其周圍的海洋，總面積約 6500 萬平方千米。

南極地區蘊藏著豐富的生物資源和礦物資源，已查明的魚類有 90 多種，其中大部分可供食用，著名的南極磷蝦可捕量達 50 多億噸。南極地區有 200 余種礦物，其中煤、石油和天然氣的儲量都十分豐富。南極絕大部分陸地和海洋終年被冰雪所覆蓋，其冰體約為 2700 萬立方千米，是世界上巨大的淡水資源。南極年平均氣溫在 -55℃ ~ -57℃ 之間，是世界上最冷的地區之一。由於特殊的地理和氣候條件，南極地區成為各國科學家從事氣象、冰川、地質、海洋生物、地球物理、地球化學、宇宙科學及通信技術等科學研究項目的理想場所。此外，南極是聯繫南美洲、大洋洲與非洲最短的海上和空中通道，具有十分重要的戰略意義。

19 世紀 20 年代，一些探險家登上了南極大陸。此后，南極地區巨大的科學研究價值和經濟價值以及對其進行開發的廣闊前景，吸引了眾多的科學家和許多國家的政府，各國對南極的科學考察活動越來越頻繁，為此而進行的國際合作也越來越廣泛。現在，已有 10 多個國家在南極地區設立了常年考察站。

1979 年，中國開始派遣科技人員參加其他國家的考察隊去南極考察。1981 年 5 月，中國正式成立了國家南極考察委員會，負責對南極考察工作的統一領導。1984 年 11 月，中國派出兩艘考察船和由近 600 人組成的考察團前往南極，開始了獨立的南極考察活動。至今，中國已經在南極地區設立了「長城站」和「中山站」兩個常年考察站。

(二) 南極的法律地位

隨著南極地區探險和考察活動的開展，一些國家先後提出了對南極地區的主權要求。1908 年，英國首先根據扇形理論宣布南極的一個地區為該國領土，其后，法國、澳大利亞、新西蘭、挪威、阿根廷、智利、南非等國家也相繼對南極提出領土要求，其中，有些國家所主張的領土範圍互相重疊，因而不斷發生爭執。美國和蘇聯兩個大國雖然沒有正式提出對南極的領土要求，但它們分別聲明不承認別國的領土要求，並且保留基於本國國民在南極的活動所產生的一切權利，包括領土要求在內。

為協調各國對南極的權利主張和促進在南極地區進行科學考察的國際合作，1955 年 7 月，美國、蘇聯、英國、法國、日本等 12 國在巴黎舉行了首次南極會議。會議同意暫時擱置各國對南極的領土要求，並強調加強在南極進行考察的國際合作。在

1957—1958 年國際地球物理年期間，經美國倡議，美國、蘇聯、法國、澳大利亞、新西蘭、挪威、比利時、日本、阿根廷、智利、南非等 12 個國家在華盛頓召開了南極會議。1959 年 12 月 1 日，上述 12 國簽訂了《南極條約》。1961 年 6 月 23 日，《南極條約》正式生效。

《南極條約》對南極地區的法律地位做出如下規定：

（1）和平利用南極。為了全人類的利益，締約各國承認「南極應永遠專為和平目的而使用，不應成為國際紛爭的場所和對象」；在南極地區禁止採取一切具有軍事性質的措施。例如，不得建立軍事基地，建築要塞，進行軍事演習或試驗任何類型的武器；禁止在南極進行任何核爆炸或處置放射性塵埃。

（2）南極科學考察自由和國際合作。任何國家都有在南極進行科學考察的自由並為此目的開展國際合作；締約國同意在一切實際可行的範圍內交換南極科學規劃的情報，在南極的各考察隊和各考察站之間交換科學人員，交換並可自由得到有關南極科學考察的成果和報告。

（3）凍結各國對南極的領土和權利要求。《南極條約》指出，條約的任何規定都不得解釋為締約任何一方放棄在南極原來所主張的領土主權權利或領土要求，或全部或部分放棄由於它或其國民在南極的活動或其他原因而構成的對南極領土主權要求的任何依據；在條約有效期間發生的一切行為或活動，都不得構成各國主張、支持或否定對南極的領土主權要求的基礎，也不得創立在南極的任何主權權利；在條約有效期內，締約國不得對南極提出新的領土主權要求或者擴大現有的要求。

（4）維持南極地區的公海制度。條約的規定不應損害或影響任何國家在南極地區根據國際法享有的對公海的權利或行使這些權利。

《南極條約》還建立了協商會議制度。條約的 12 個原始締約國是協商會議的當然成員國。此外，任何后來加入條約的締約國，當其在南極建立了考察站或派遣考察隊在南極進行活動並對南極問題表示興趣時，也可以成為協商會議的成員國。協商會議每兩年召開一次，目的是便於協商會議成員國交換有關情報；制訂促進科學合作的方案和措施等。

《南極條約》第十二條規定，條約生效之日起滿 30 年后，經任何一個協商會議成員國提出請求，應盡快舉行由所有締約國參加的會議，以便審查條約的實施情況；審查會議經大多數締約國（包括大多數協商會議成員國）同意的對條約的任何變更或修改，經締約各國政府批准后生效。到 1991 年 6 月 23 日，《南極條約》生效已滿 30 年，但是，條約的審查會議迄今尚未召開，《南極條約》的規定繼續有效。

《南極條約》是規定南極地區的法律地位和規範各國在南極的活動的重要法律文件，條約的規定符合《聯合國憲章》的宗旨和原則。實踐證明，《南極條約》在保證和平利用南極，促進在南極進行科學考察的國際合作，保護南極地區的自然環境和生態平衡，以及協調因有關國家對南極提出領土要求而產生的矛盾和衝突等方面發揮了重要的作用。

南極條約協商會議於 1972 年通過了《保護南極海豹公約》，1980 年通過了《保護南極海洋生物資源公約》。這兩個公約分別於 1975 年和 1982 年生效。1991 年，第十一

次南極條約特別協商會議通過《南極條約環境保護議定書》。根據該議定書，南極被指定為自然保護區，南極地區的活動僅用於和平與科學研究的目的。任何在南極地區進行的活動都不得對南極的環境和生態系統造成破壞，在該地區實施任何活動之前，都必須履行環境影響評價程序。《南極條約環境保護議定書》還對保護南極的動植物、防止海洋污染、管理在南極處置廢棄物和建立南極特別保護地等做了明確的規定。

1983年5月9日，中華人民共和國第五屆全國人民代表大會常務委員會第二十七次會議做出加入《南極公約》的決定。同年6月8日，中國代表向《南極條約》的保存國美國政府交存加入書，正式成為《南極條約》的締約國。1985年10月，《南極條約》協商國在布魯塞爾舉行會議，批准接納中國為協商會議成員國。

二、北極地區

北極地區是指北極圈以內的區域，除美國、加拿大、俄羅斯、芬蘭、丹麥、挪威和瑞典的部分領土外，北極地區的主要部分是北冰洋。北冰洋面積約1500余萬平方千米，70%的洋面終年結冰，冬季冰凍面積達90%。根據一般國際法規則，北極地區除有關國家的陸地領土和領海外，其餘部分應為沿海國的專屬經濟區和公海，各國可以按照《聯合國海洋法公約》的規定，在北冰洋享有航行、飛越、捕魚、科學研究、鋪設海底電纜管道及建造人工島嶼和設施等項自由。

到目前為止，國際社會尚不存在專門規定北極地區法律地位的國際條約。1926年4月15日，蘇聯最高蘇維埃主席團通過決議，宣布蘇聯對北冰洋的大片海域擁有領土主權。該項決議規定，以蘇聯沿北冰洋的海岸為底邊，以北極點到蘇聯陸地領土東西兩端所確定的直線為腰的扇形區域，無論陸地或流動冰群，都是蘇聯的領土。蘇聯根據扇形理論單方面對北極地區主張主權的做法，遭到了非北冰洋沿岸國家的反對，美國、挪威等北冰洋沿岸國也表示不同意按扇形理論分割北極地區，因此，蘇聯單方面的國內立法在國際法上不具有改變北極地區法律地位的效力。近年來，中國多次派遣考察隊赴北極進行科學考察活動。

第七章　國際海洋法

第一節　國際海洋法的概念、歷史發展及其編纂

一、海洋的意義和海洋法的概念

海洋是海與洋的總稱，以洋為主，以海為輔。海是洋的邊沿，洋是海的主體，海洋的中心部分為洋，地球上一共有四大洋：太平洋、大西洋、印度洋和北冰洋。其中，太平洋最深最大。與陸地鄰接的水域叫海，地球上一共有二十多個海，如北海、地中海、紅海、阿拉伯海；靠近中國的有南海、東海和黃海。

海洋約占地球表面總面積的71%，是陸地的2.5倍，其面積為3.61億平方千米。海水的體積為13.7億立方千米，平均深度達3800多米，最深處達11,000米以上。

浩瀚的海洋是生命的搖籃，同時也是巨大的寶藏。正如希臘哲學家撒爾歇所說，「一切取之於海洋，無窮無盡，一切歸回到海洋，無蹤無影。」海洋蘊藏著豐富的生物資源和礦物資源，在人類生活中佔有非常重要的地位。海洋中的生物多達20余萬種，其中動物約18萬種，植物2萬餘種。據專家測算，世界海洋魚類年生產量約為6億噸，貝類產量為30億噸。如果把海洋中的鹽提煉出來，可以把半個太平洋填滿還綽綽有餘。深海海底的錳礦球，含有大量的錳、鈷、銅、鎳。富饒的海洋資源，決定了海洋對人類生活和經濟的發展具有十分重要的作用。

海洋還是人類進行交往、發展貿易的一個重要通道。中國歷史上鄭和七次下西洋，最遠到達紅海，足跡遍及亞非三十多個國家；義大利人馬可·波羅遠涉重洋，傳奇般地來到中國。當今國際貿易中，80%是通過海上運輸進行的。

正因為海洋如此重要，它一直是許多海洋大國爭奪的對象，如今海洋權益的保護則是發展中國家反對海洋霸權的課題。隨著社會的進步和科學的發展，人類在海洋上從事科學研究和經濟活動的範圍不斷擴大。各國越來越深刻地體會到，為了更好地利用海洋為人類造福，海洋的行為規則十分重要。到目前為止，這些海洋規則已發展成為國際法相對獨立的一個部門或分支——海洋法。

海洋法是指有關各種海域（如領海、毗連區、專屬經濟區、大陸架、海峽、島嶼、群島國和群島水域、公海、國際海底等）的法律地位和調整各國在各種海域從事航行、資源開發和利用、科學研究以及海洋環境保護的原則、規則和規章制度的總稱。

二、海洋法的歷史發展

海洋法的發展有著悠久的歷史，它的萌芽和產生可以追溯到中世紀甚至更早一些。古羅馬的《優士丁尼法典》第一次以法律的形式規定海洋和空氣一樣是大家共有之物，所有人都可以自由加以利用。后來，隨著羅馬的發展，羅馬法的註釋家們，曾論證過君主的權力擴展到海洋。義大利法學家巴爾多魯，論證沿海國對毗連的水域有管轄權。中世紀后半葉，統治者認識到海洋的重要意義，宣布對海洋擁有權利。英國 10 世紀開始宣布不列顛為海洋之王，北歐的瑞典控製了波羅的海，威尼斯共和國控製了亞得里亞海。在航海貿易比較發達的地中海，曾編纂過航海貿易法律。但海洋法的產生還是資本主義的產物。

16 世紀以後，歐洲進入了資本主義時期，資本主義國家為了開拓海外殖民地而爭奪海洋，海洋制度也隨之發展。1494 年葡萄牙和西班牙以羅馬教皇亞歷山大六世 1493 年的諭旨為根據瓜分大西洋、太平洋和印度洋。葡萄牙管轄的範圍是全部印度洋和摩洛哥以南的大西洋，西班牙管轄的範圍則是整個太平洋和墨西哥灣。與此同時，由於十字軍東徵促進了航海商業的發展，出現了一些以商人習慣，或以海事法院所作判決為基礎而編纂起來的法典，如奧里朗法典、威斯比海上法和海事法集等。為了滿足封建君主佔有海洋的需要，一些學者提出了沿海國可以對鄰近水域享有管轄權的主張。例如，義大利法學家真提利斯主張國家領土應包括毗連的海域，並將這種海域稱為「領水」，這是國際法歷史上首次出現領水概念，但領海制度尚未形成。17 世紀以後，隨著荷蘭崛起成為新興海洋大國以及資本主義生產關係的發展和航海貿易的興盛，為了打破葡萄牙和西班牙對海洋的壟斷，被稱為近代國際法奠基人的格勞秀斯於 1609 年發表了《海洋自由論》，主張海洋不能成為任何人獨占的對象，所有國家都可以自由地加以利用。格勞秀斯的觀點在理論上奠定了「公海自由」原則的基礎，但其主張在當時遭到了海洋既得利益大國的反對，一些學者也從理論上提出了不同的主張，其中最負盛名的是英國的塞爾頓於 1618 年寫成 1635 年出版的《閉海論》一書，他認為海洋並非全部共有，應為國家所使用，英國君主有權佔有英國周圍的海洋。這些著作與格勞秀斯的海洋自由論相抗衡，體現了反對壟斷海洋主張海洋自由，與保護國家安全主張毗連海域主權這兩種理論之間的鬥爭，反應出資本主義追逐自由貿易，擴大國際市場的利益與維護國防安全和沿海國利益之間的衝突。在這種時代背景下，公海自由制度和領海主權制度得以確立和發展。

17 世紀初，義大利法學家真提利斯提出國家的領土包括毗連的海域。后來荷蘭法學家賓刻舒克，提出武器射程到達的地方為國家對海洋的權力範圍。1782 年義大利法學家加賴尼根據當時的大炮射程，提出 3 海里為領海的寬度。1793 年，美國第一個提出 3 海里的領海。以後英、法也規定了 3 海里的寬度。1852 年，英俄條約規定了公海自由的原則。

20 世紀以來，海洋法有了重大的發展。第二次世界大戰以後，海洋法發生了兩次大突破，產生了許多新概念和新制度。1945 年美國先后發表了兩個聲明：一個是聲明美國在鄰接的公海上有捕魚的權利，另一個是同年 8 月 28 日美國總統杜魯門宣布關於

大陸架的聲明。該聲明指出，在公海下但與美國海岸毗連的大陸架應歸美國管轄和控制，從而把240萬平方千米的海底資源占為己有。杜魯門這一聲明產生了相當大的影響，接著各國也發表了大陸架的聲明。這樣一來，海洋法發生了第一次大突破。

20世紀60年代以后，海洋法發生了第二次大突破。一方面由於民族運動的發展，新獨立的國家不斷增加，加之科學技術的發展，人們對海洋的認識也開闊多了。例如，拉美國家提出的200海里專屬經濟區制度以及1961年馬耳他提出的國際海底共同開發主張等，都反應了有關擴大國家海域管轄範圍及利用與保護海洋自然資源的國內立法和權利要求。這些新海域的法律地位和制度經過聯合國三次海洋法會議的編纂，已經發展成為當代海洋法的核心內容。

三、海洋法的編纂

1930年在國際聯盟的組織下，對海洋法的編纂做了第一次嘗試，討論領水、毗連區和歷史性海灣等問題，共有47個國家參加。但由於各國的利益和分歧太大，沒有達成協議，僅通過了《領海法律地位》的草案。

第二次世界大戰以後，在聯合國的組織下先後召開了三次海洋法會議討論對海洋法進行編纂的。第一次會議於1958年2月24日至4月27日在日內瓦召開，有86個國家參加。4月29日通過了四個公約：①領海與毗連區公約；②公海公約；③捕魚和養護公海生物資源公約；④大陸架公約。

上述公約對編纂海洋法做了重要的嘗試。但由於歷史條件的限制，這些公約還沒有反應廣大發展中國家的要求，卻反應了海洋大國的要求。如《大陸架公約》規定200米深度和技術水平容許開發的深度兩個標準。《領海與毗連區公約》籠統規定船舶享有無害通過領海的權利；而且對領海寬度這個海洋法中的大問題沒有達成協議。

第二次海洋法會議於1960年3月17日至4月26日召開，參加國88個，其主要目的是要解決領海的寬度問題。然而由於各國存在重大分歧，會議沒有達成任何協議。

1958年和1960年兩次海洋法會議以後，隨著海洋科學技術的發展和發展中國家的崛起，國際上圍繞著海洋權的鬥爭日益尖銳。海洋法面臨的問題與日俱增。1967年以來聯合國通過了一系列有關海洋法的決議。1967年聯合國大會決定成立國家管轄範圍以外海床、洋底和平利用特設委員會。1968年聯合國大會通過決議，將該委員會改為和平利用國家管轄範圍以外海床洋底委員會，簡稱「海底委員會」。1970年聯大通過決議，決定再召開一次海洋法會議，以制定一項新的全面的海洋法公約。

從1970年開始，海底委員會為第三次海洋法會的召開進行了大量的籌備工作，經過三年的籌備，聯合國第三次海洋法會議於1973年12月3日在紐約的聯合國總部開幕，會議自1974年6月在委內瑞拉首都加拉加斯舉行的第2期會議開始，討論了實質的問題。以後各期會議分別在紐約和日內瓦兩地舉行。會議有150多個國家參加，到1982年歷時9年一共開了11期146次會議，於1982年4月通過了《聯合國海洋法公約》。當時表決的情況是：130票贊成（包括中國），17票棄權（包括蘇聯），4票反對（美國、以色列、土耳其、委內瑞拉）。會議確定於1982年12月在牙買加簽署公約。到1984年12月9日簽字截止為止，已有157個國家或實體簽署了《聯合國海洋法公

約》，尚未在該公約上簽字的國家主要有美國、英國和德國等發達國家。截至 2010 年 11 月 30 日為止，已有 161 個國家或實體批准了公約。《聯合國海洋法公約》共 320 條、9 個附件，其內容包括領海和毗連區、用於國際航行的海峽、群島國和群島水域、專屬經濟區、大陸架、公海、島嶼制度、閉海或半閉海、內陸國出入海洋的權利和過境自由、國際海底區域、海洋環境保護、海洋科學研究、海洋技術的發展和轉讓、爭端的解決和國際海洋法法庭規約等，成為海洋法領域最權威的法典，被譽為「海洋大憲章」。

截至 1993 年 11 月 16 日，有 60 個簽字國向聯合國秘書長遞交批准書。根據《聯合國海洋法公約》第三百零八條的規定，「公約應自第 60 份批准書或加入書交存之日起 12 個月後生效」，公約已於 1994 年 11 月 16 日正式生效。

此前，由於批准國不多，為了爭取更多的國家批准公約，在聯合國前秘書長德奎利亞爾的倡議下於 1990 年開始舉行非正式協商。截至 1994 年共舉行了 15 次會議，對公約第十一部分進行了全面的研討，終於在 1994 年聯合國大會第 48 屆會議上通過了一項《關於執行 1982 年 12 月 10 日聯合國海洋法公約第十一部分的協定》。該協定規定《聯合國海洋法公約》第十一部分須依照該協定執行，該協定和第十一部分的規定應作為單一文書來解釋和運用。

這一公約從總體上看，基本上反應了發展中國家的利益和要求，如 200 海里專屬經濟區和 200∼350 海里大陸架等。但同時也反應了海洋大國的利益，如船舶在用於國際航行海峽採用「過境通行」制度和《關於執行 1982 年 12 月 10 日聯合國海洋法公約第十一部分的協定》中之若干規定等。由此可見，這個公約仍然是妥協的產物；但這一公約是當前國際社會最詳盡和最有權威的海洋行為規則。

第二節　內水、領海、毗鄰連區

一、內水

(一) 概述

內海是指一國領海基線向內一側的全部海域。它包括一國的港口、海灣、河口灣和海峽以及領海基線與海岸之間的其他海域。

內海是國家領土不可分割的一部分，國家對內海如同對任何其他領土一樣，行使完全的、排他的主權。所有外國的船舶非經許可不得在一國的內海航行。一國對外開放的海港，可以允許外國商船進入，但得遵守沿海國為此而規定的法律和規章。外國軍用船舶進入一國內海，必須通過外交途徑辦理一定的手續。對於因不可抗力、自然災害等原因而遇難或尋求避難的外國船舶，沿海國通常允許它們駛入其內海，但應絕對遵守沿海國的法律和規章，不得從事貿易、捕魚以及任何違反沿海國利益的行為。

根據《海洋法公約》第八條第二款的規定，如果沿海國採用直線基線法，使原為領海的靠海岸部分的海域成為內水（內海），那麼外國船舶在這部分海域仍享有無害通

過權。

（二）港口

具有天然條件和人工設備，便於船舶停泊和上下客貨的海域，稱為港口。在海岸線上的港口，則稱為海港。

根據《海洋法公約》的規定，海港的最外部永久海港工程視為「海岸」，沿海國在劃定領海基線時，可以此「海岸」最外部分的一條線作為領海基線。

港口有開放和不開放之分。一國准許外國船舶進入的港口是開放港口。不對外國船舶開放的港口為不開放港口，如軍港或專為本國沿海貿易服務的港口等。

有關港口制度的國際條約，最重要的是 1923 年在日內瓦簽訂的《國際海港制度公約》和《國際海港制度規則》。

有關國際條約和習慣涉及港口制度的規則主要有以下幾方面的內容：

（1）一國開放的港口應對所有國家一視同仁，不得歧視；

（2）外國商船一旦進入一國港口，就應遵守該國的法律；

（3）對於遇難和躲避風暴或其他不可抗力的船舶，港口國應允許其進入、停泊，但該遇難船舶不得在港口內從事違反沿海國法律的行為；

（4）對於外國軍艦入港的條件，各國可以做出特別規定。

港口國對外國商船在其港口內發生的刑事案件、民事案件，原則上享有管轄權，但只對那些擾亂港口安寧、案情重大、受害人是港口國公民或經船旗國請求干預的案件方予管轄。

外國軍艦和政府公務船舶在一國港口內享有司法豁免權，但應嚴格遵守港口國各項法律和規章；否則港口國可以勒令其離境或通過外交途徑解決有關違法事宜。

各國有權對外國船舶進入其港口問題制定規章制度。中國於 1957 年曾頒布《中華人民共和國對外國籍船舶進出港口管理辦法》，1979 年又頒布了《中華人民共和國對外國籍船舶管理規則》，對外國船舶進出港和航行、停泊做了具體規定：

（1）外籍船舶到港前一個星期辦理進港申請手續；

（2）進出港口或在港內航行、停泊，必須由港務監督指派引航員進港；

（3）封存船上的武器彈藥，限制無線電發報器的使用，不得危及港口安全秩序。

（三）海灣

海灣是指海洋伸入陸地較深、入口較小的明顯水曲。該水曲面積應大於以其入口寬度為直徑所作的半圓的面積，否則不視為海灣，而只是海岸的彎曲。

海灣可以分為三種：第一種是沿岸完全屬於一國領土的海灣；第二種是沿岸屬於兩個或兩個以上國家領土的海灣；第三種是歷史性海灣。

1. 沿岸屬於一國領土的海灣

對於沿岸屬於一國領土的海灣，屬於沿海國內水的一部分，沿海國對其行使完全排他的主權。

1982 年《海洋法公約》第十條第四款和第五款就海灣的法律地位做了規定：

（1）如果海灣天然入口兩端的低潮標之間的距離不超過 24 海里，則可在這兩個低

潮標間畫出一條封口線，該線所包圍的水域應視為內水（內海）。

（2）如果海灣天然入口兩端低潮標之間的距離超過 24 海里，則 24 海里的直線基線應劃在海灣內；基線以內的水域才是內水。

1982 年《海洋法公約》第十條第六款規定兩種例外，即上述規定不適用於「歷史性」海灣和採用直線基線法的任何情形。

2. 多國海灣

沿岸屬於兩個或兩個以上國家領土的海灣，公約未做出規定。在實踐中，有些國家採用特別協定的方式來確定這類海灣的法律地位，如薩爾瓦多、洪都拉斯和尼加拉瓜之間的豐塞卡灣。

3. 歷史性海灣

歷史性海灣是指那些沿岸屬於一國，其灣口雖然超過領海寬度的兩倍，但歷史上一向被承認是沿海國內海的海灣。

1958 年《領海與毗連區公約》第七條第六款和 1982 年《海洋法公約》第十條第六款都承認了歷史性海灣的存在。1982 年《海洋法公約》第十條第六款規定，關於海灣的各項規則不適用於所謂「歷史性」海灣。

在國際條約和實踐中用來支持歷史性海灣的重要理論根據是：沿海國已經對該類海灣長期地作為內海實行有效控製，並在沿海國和海灣之間形成了重要的利益關係，而其他有關國家長期以來對沿海國實行該項控製做出了明示或默示的承認。至於「長期以來」是指多長時間，學者們的觀點並不一致，有的主張 50 年，有的主張 100 年。

在各國的實踐中，已有一系列的海灣被宣布為歷史性海灣。比如，加拿大的哈得遜灣，其灣口寬度為 50 海里，而蘇聯的大彼得灣，其灣口寬度為 110 海里。

中國的渤海灣，自古以來在中國主權支配之下，並且早已得到國際上的承認，是中國的內海灣。1958 年中國政府的領海聲明中已明確宣布它是中國直線基線以內的內海。中國渤海灣的灣口雖然有 45 海里，但人口上有一系列島嶼把灣口分隔成 8 個較小的入口，其中最寬的不超過 22.5 海里。因此，無論從何種角度出發，渤海灣理所當然是中國的內海灣。

（四）海峽

海峽是位於兩塊陸地之間、陸地與島嶼之間，或島嶼與島嶼之間，兩端連接海洋的狹窄天然水道。所謂狹窄是相對的，有的海峽可能寬數里以至數十里，有的甚至可以超過數百里，如莫桑比克海峽和丹麥海峽均超過 200 海里，但仍不失為海峽。

海峽的形成有三種情況：一是由兩塊陸地形成；二是由沿岸島嶼與陸地形成；三是在島嶼之間形成。

從海峽的法律地位來考察，海峽有以下三種情況：

（1）海峽在一國領海基線以內，這種海峽叫做內海海峽。內海海峽照例不準外國商船航行。中國的瓊州海峽便是內海海峽。

（2）海峽的寬度不超過沿海國領海寬度的一倍，即兩岸加起來等於或不夠領海的寬度（24 海里）叫做領海海峽。如果海峽分屬兩個國家，而且寬度不超過兩國領海寬

度之和者，則該海峽分屬兩國的領海，通常以海峽的中間線為界。

（3）一個海峽的寬度超過了兩岸領海加起來的寬度，中間水域就是公海或專屬經濟區，其他各國船舶可以自由航行，飛機也可以在其上空自由飛越。中國的臺灣海峽就是如此。

二、領海

（一）領海的概念

領海是鄰接沿海國陸地領土或內水以外受國家主權支配和管轄下的一定寬度的海水帶。1958 年《領海與毗連區公約》第一條規定：「國家主權擴展於其陸地領土及其內水以外鄰接其海岸一帶海域，稱為領海。」1982 年《海洋法公約》保持了 1958 年的提法，但增加了群島國的內容。如果是群島國，國家主權則及於群島水域以外鄰接的一帶海域。以往對領海有不同的稱謂，有的稱為沿岸水或海水帶，有的稱為領水，但現在統稱為領海。

（二）領海的寬度

關於領海的寬度，歷史上曾經有過以下幾種學說：

1. 航程論

航程論即是以船舶航行一定時間的距離作為領海的寬度的一種理論。

2. 視野論

視野論即是根據海岸上所能看到的地平線來決定領海的寬度的一種理論。

3. 大炮射程論

大炮射程論即以大炮射程來規定國家管轄的海域範圍的一種理論。

4. 海上要塞圍牆論

海上要塞圍牆論是指由國家根據自己的安全來決定領海的寬度的一種理論。以上四種學說中，大炮射程論得到不少國家的讚成。由於 18 世紀大炮射程平均不超過 3 海里，一些國家便規定其領海寬度為 3 海里。這樣，大炮射程規則演變為 3 海里規則。眾所周知，一些發達的資本主義國家的海軍是比較發達的，為了使其軍艦獲得航行的更大自由，它們不讚成寬領海。美國是第一個提出領海 3 海里的國家。長期以來，美國不僅不願放棄 3 海里規則，而且不承認別國超過 3 海里的要求。1981 年，美國與利比亞發生了一次短暫的空戰，就是因美國只承認 3 海里領海而引起的。

但是，另一些國家規定了大於 3 海里的領海。例如，蘇聯規定 12 海里的領海寬度。據 1979 年統計：主張 3 海里領海寬度的國家一共有 19 個，10 海里的 2 個，12 海里的 70 多個，20 海里的 1 個（安哥拉），50 海里的 1 個（喀麥隆），100 海里的 1 個（加蓬），200 海里的有 10 多個（阿根廷、巴西、秘魯等國）。由此可見，12 海里領海寬度的主張占壓倒的優勢。《海洋法公約》第三條明文規定領海寬度不超過 12 海里。截至 2010 年 7 月 31 日，世界上有 140 個國家實行 12 海里領海寬度。

（三）領海的基線

領海基線是一國的領海與海岸或內水（內海）之間的界線，即測定領海寬度的起

算線。在 1982 年《海洋法公約》中，這一基線不僅是測算領海寬度的起算線，同時也是測算毗連區、專屬經濟區和大陸架的起算線。國際上採用的領海基線有三種：

1. 正常基線

正常基線就是海水退潮時退到距離海岸最遠的那條線，即沿岸的低潮線。這條線即為領海基線。沿著這條基線的走向，向海洋方向量出一定寬度的海域，這條海水帶就是國家的領海。這一測算領海寬度的方法稱為正常基線法。《聯合國海洋法公約》第五條規定「正常基線是沿海國官方承認的大比例尺海圖上所標明的低潮線」。

2. 直線基線

直線基線就是在海岸上（多半是向外突出的地方）和海岸附近的島嶼上（群島國則在外緣島嶼上）選定一系列基點，在這些基點之間畫出一條條相互連接的直線，構成一條折線。這條折線即為領海基線。沿著這條折線向海洋方向量出一定寬度的海域，這條海水帶就是國家的領海。這一測算領海寬度的方法稱為直線基線法。

採用直線基線法一般是海岸線比較曲折，沿海有許多島嶼的國家。一個國家是否有權利採取直線基線法，國際上曾經發生過爭執。20 世紀 50 年代初，國際法院審理了英挪漁業案。1951 年 12 月 18 日，國際法院做出判決認為，挪威的直線基線法並不違反國際法。1958 年《領海及毗連區公約》也肯定了這種方法。1982 年《海洋法公約》第七條重申了直線基線法的合法性。截至 2008 年 5 月，共有約 90 個國家採用了直線基線法確定領海，如挪威、冰島、印度尼西亞和中國等國。1982 年《海洋法公約》第七條明確了使用直線基線法的相關規則，規定直線基線的劃定不應在任何明顯的程度上偏離海岸的一般方向，而且基線內的海域必須充分接近陸地領土，使其受內水制度的支配。

3. 混合基線

混合基線是兼用正常基線和直線基線兩種方法。海岸線較長、地形複雜的國家，如荷蘭、瑞典、丹麥等國，多採用混合基線法。1982 年《海洋法公約》第十四條規定沿海國為適應不同情況，可交替使用公約規定的任何方法以確定基線。

(四) 領海的外部界限

領海的外部界限是一條其每一點同基線最近點的距離等於領海寬度的線。根據各國實踐，一般採取以下三種方法劃定領海的外部界限。

1. 交圓法

如領海基線是正常基線，可採用交圓法。即以基線上的某些點為中心，以領海寬度為半徑向外劃出一系列相交的半圓。這些連接各半圓頂點之間形成的線，為領海的外部界線。

2. 共同正切線法

即以每一基點為中心，以領海寬度為半徑，向外劃出一系列半圓，然后劃出兩個半圓之間的共同正切線，這些切線連接在一起，形成領海的外部界限。採取直線基線的國家，可採取這種劃法。

3. 平行線法

即領海外部界限與基線完全平行。

（五）相鄰或相向的兩國領海上的分界線

對於相鄰或相向國家間領海界限的劃定，一般認為，兩國間的領海分界線應由雙方根據不同的地理情況並照顧到歷史上和經濟上的各種因素，通過充分協商以協議來解決。1958年《領海與毗連區公約》第十二條和1982年《海洋法公約》第十五條規定，如果兩國海岸彼此相向或相鄰，兩國中任何一國在彼此沒有相反協議的情況下，均無權將其領海延伸至一條其每一點都同測算兩國中每一國領海寬度的基線上最近各點距離相等的中間線以外。但如因歷史性所有權或其他特殊情況而有必要按照與上述規定不同的方法劃定兩國領海的界限，則不適用上述規定。

（六）領海的法律地位

領海是國家領土的組成部分，受國家主權的支配。國家對領海的主權就是領海主權。國家對領海的主權是不需宣告的。根據國際法，沿海國主權還及於領海的上空、海床和底土。沿海國在領海享有屬地最高權，領海內的一切人和事物均受沿海國管轄；沿海國對領海內一切資源的開發和利用享有專屬權；沿海國享有沿海航運的專屬權利，沿海國有權制定與頒布有關領海的法律和規章等。但是根據國際法，沿海國的領海主權又受外國船舶無害通過權的限制，因而與國家領土構成部分的領陸和內水有一些不同的制度。現分別加以說明：

1. 無害通過

無害通過是指外國的非軍用船舶可以在不損害沿海國和平、安全或良好秩序的原則下無須事先通知或徵得許可而通過一國領海。這是國際法規定非沿海國在沿海國領海上的一項權利，稱為「無害通過權」。根據1982年《海洋法公約》的規定，通過是指穿過領海但不進入內水，或從內水駛出或駛入內水的航行。航行必須是繼續不停和迅速進行。停船和下錨以通常航行有此需要，或由於不可抗力或遇難或救助為限。通過必須是無害的，這成了各國允許外國非軍用船舶——商船無害通過自己領海的一項制度。無害，是指不損害沿海國的和平、安全和良好秩序。外國商船通過一國領海時，有下列情況之一者，其通過應視為損害沿海國的和平、安全或良好秩序：

（1）對沿海國的主權、領土完整或政治獨立進行武力威脅或使用武力；
（2）以任何種類的武器進行軍事操練或演習；
（3）搜集情報；
（4）進行反對沿海國的宣傳活動；
（5）在船上起落或接載飛機；
（6）在船上發射、降落或接載軍事裝載；
（7）違反沿海國有關海關、財政、移民或衛生的法律和規章；；
（8）嚴重的污染行為；
（9）任何捕魚活動；
（10）進行研究和測量活動；
（11）干擾沿海國通信系統或其他設施或設備的行為；
（12）與通過沒有直接關係的任何其他活動。

潛水艇在另一國領海通過時，必須在海面航行並須展示其國旗。

沿海國可以制定無害通過的法律和規章，如海上交通安全管理、保護沿海國的環境、養護海上生物資源、保護燈塔、保護領海內的電纜和管道等法律與規章。行使無害通過權的外國船舶應遵守沿海國這些法律和規章，對於違反這些法律和規章者，沿海國可以做出處理。沿海國認為對於航行安全有必要時，可要求所有船舶使用海道和分道通航制。無害通過制度一般限於平時適用，如戰時可以禁止外國商船通過。平時在特定的水域也可以暫時禁止外國商船通過，或規定某一段領海為禁區予以關閉，但此規定對任何外國商船都必須一視同仁。

至於外國軍艦通過其他國家的領海，在國際實踐上是有分歧的。西方國家主張軍艦和商船一樣，有無害通過權。但是社會主義國家和其他發展中國家主張軍艦經過一國領海要事先通知並獲得批准。1958年《領海與毗連區公約》第十四條第二款規定：「……一切無論有海岸或無海岸的國家的船舶，均享有無害通過領海的權利。」上述規定中所指的「船舶」是否包括軍艦，在中國學者中尚有爭議。當時有的國家提出保留，如蘇聯、匈牙利和保加利亞等國，後來，蘇聯、東歐國家在聯合國海洋法會議上一反過去的立場，主張軍艦享有無害通過權。1982年《海洋法公約》基本上沿用了1958年的規定。該公約第十七條規定：「所有國家，不論為沿海國或內陸國，其船舶均有無害通過領海的權利。」

但是各國對此條的解釋一直存在分歧，在是否給予軍艦無害通過權的問題上，各國實踐也不一致。中國1992年公布的《中華人民共和國領海及毗連區法》第六條規定：「外國軍用船舶進入中華人民共和國領海，須經中華人民共和國政府批准。」該條明確規定了外國軍用船舶通過中國領海需經批准。

至於飛機，未得到沿海國的同意是不能飛越一個國家的領海上空的。

2. 國家在領海的管轄權

沿海國原則上對本國領海內一切犯罪行為都有權利實行司法管轄。但在實踐中，對領海內外國商船上的犯罪行為是否行使管轄權，要看其行為是否關係到本國的利益和安全。通常對無害通過的外國商船上的犯罪行為不行使管轄權。但有下列情況之一者例外：

（1）犯罪的后果及於沿海國；
（2）罪行屬於擾亂當地的安全或領海的良好秩序；
（3）外國船舶的船長或船旗國外交代表或領事要求管轄；
（4）非法販運麻醉品等。

對於有違法或犯罪行為的外國船舶，在其駛離內水后通過領海時，沿海國有權採取其法律所授權的任何步驟，進行逮捕或調查，但在考慮是否逮捕或如何逮捕時，應適當顧及船舶的航行利益。

至於民事管轄，沿海國不應為對通過領海的外國船舶上某人行使民事訴訟管轄權而停止該船的航行或改變其航向。除該船在通過沿海國水域航行過程中或為此種航行的目的而承擔的義務或發生的債務訴訟外，沿海國也不得為任何民事訴訟的目的而對船舶從事執行或加以逮捕。

三、毗連區

毗連區是鄰接領海並由沿海國對某些事項行使必要管制的一定寬度的海域。1958年《領海與毗連區公約》第二十四條規定，毗連區從測算領海寬度的基線量起，不得超過12海里。由於大多數國家主張12海里寬度的領海，1982年《海洋法公約》把毗連區的寬度改為「從測算領海寬度的基線量起，不得超過24海里」。

1982年《海洋法公約》第三十三條規定，沿海國在毗連區內行使下列事項所必要的管制：①防止在其領土或領海內違犯其海關、財政、移民或衛生的法律和規章；②懲治在其領土或領海內違犯上述法律和規章的行為。

由於毗連區不構成沿海國領土的組成部分，沿海國僅可就上述特定事項行使管制權。所有國家在毗連區內依然享有航行和飛越自由、鋪設海底電纜和管道的自由，以及與這些自由有關的海洋其他國際合法用途。

四、中華人民共和國的領海和毗連區制度

中國的大陸海岸線有18,000多千米。在舊中國，從清朝到國民黨統治時期，一直未能自由行使領海主權，更談不上建立自己的領海制度。1875年日本到朝鮮沿岸進行測量（當時朝鮮是中國的屬地），日本船只遭到清軍的炮擊。日本駐中國大使提出抗議，而李鴻章代表清政府聲明沿岸10里（約3海里）以內是中國的領海。1899年中國和墨西哥簽訂通商條約，規定彼此都以3力克為水界（每力克合中國10里，按此規定領海寬度為9海里）。這是第一次提到中國領海的條約。1931年4月，經海軍部提議，國民黨政府行政院頒布命令，決定中國的領海寬度為3海里，緝私區為12海里。

1958年9月4日，中國政府頒布了《中華人民共和國關於領海的聲明》。1992年2月25日，中國政府頒布了《中華人民共和國領海及毗連區法》。其基本規定如下：

（1）中國領海為鄰接中國陸地領土和內水的一帶海域。中國的陸地領土包括中國大陸及其沿海島嶼、臺灣及其包括釣魚島在內的附屬各島、澎湖列島、東沙群島、西沙群島、中沙群島、南沙群島以及其他一切屬於中國的島嶼。

（2）中國領海基線採用直線基線法劃定；中國領海的寬度從領海基線量起為12海里。

（3）外國非軍用船舶，享有無害通過中國領海的權利。外國軍用船舶進入中國領海，須經中國政府批准。

（4）外國船舶通過中國領海，必須遵守中國的法律法規，不得損害中國的和平、安全和良好秩序。

（5）為維護航行安全和其他特殊需要，中國政府可以要求通過中國領海的外國船舶使用指定的航道或者依照規定的分道通航制航行。

（6）外國航空器只有根據該國政府與中國政府簽訂的協定、協議，或者經中國政府或者其授權的機關批准或接受，方可進入中國領海上空。

（7）中國毗連區為領海以外鄰接領海的一帶海域；毗連區的寬度為12海里。

(8) 中國有權在毗連區內，為防止和懲處在其陸地領土、內水或者領海內違反有關安全、海關、財政、衛生或者入境出境管理的法律法規的行為行使管制權。

第三節　用於國際航行的海峽、群島水域

一、用於國際航行的海峽

海峽是兩塊陸地之間、陸地與島嶼之間、或島嶼與島嶼之間，兩端連接海洋的天然狹窄水道。全世界有幾千個海峽，其中有一些在國際航行方面具有重要價值。

連接兩端都是公海或專屬經濟區，而又用於國際航行的海峽，即為用於國際航行的海峽。

由於領海寬度的擴大，規定12海里寬度的國家越來越多。這樣一來，就使得窄於24海里、過去用於國際航行的海峽成為沿海國的領海，不能自由通航了。像這種情況的海峽在世界上有116個，其中經常用於國際航行的重要海峽就有30多個。如位於馬來西亞、新加坡和印度尼西亞之間的馬六甲海峽，最窄處為8.4海里，位於西班牙和摩洛哥之間的直布羅陀海峽，最窄處為7.5海里。

在第三次海洋法會議上，對由於領海的擴大而形成的領海海峽和部分領海海峽如何通航的問題，引起了激烈的爭論。以美國、蘇聯為代表的海洋大國主張所有外國飛機、軍艦、商船都可以在這種海峽內或其上空自由通行。美國於1971年提出一個草案，建議這種海峽像公海一樣適用自由航行的原則，但發展中國家如塞浦路斯、馬來西亞和菲律賓等國認為，外國商船在用於國際航行的海峽只能享受無害通過權，軍艦、飛機須事先通知，得到批准后方能通過。

經過激烈的鬥爭，1982年的《海洋法公約》採用了妥協的辦法，即用於國際航行的海峽，實行一種特殊制度，稱為過境通行制度。該制度規定各國船舶和飛機享有過境通行的權利。過境通行是一種新概念，它與領海的無害通過是有區別的。無害通過是適用於領海的規則，主要是指商船，至於飛機沒有事先得到同意是絕對不能飛越一國領海上空的，而過境通行不僅包括商船而且包括軍艦和飛機，潛水艇可以不浮出水面而在水下潛行。過境通行必須連續不斷地、迅速地通過，不對沿海國主權和領土完整進行威脅，遵守海上安全的規章制度和國際慣例等。而沿海國也有義務對不利於航行的情況隨時公布；沿海國不應妨礙過境通行，也不應對過境通行予以禁止。應當指出的是，過境通行制度僅涉及航行，不影響構成這種海峽的水域的法律地位，也不影響海峽沿岸國對這種水域及其上空、海床和底土行使其主權或管轄權。

過境通行制度不適用於以下三種情況：①如果海峽是由海峽沿海國的一個島嶼和該國大陸形成的，而且該島向海一面有航行和水文特徵方面同樣方便的一條公海航道或專屬經濟區內的航道。②如果海峽是在公海或專屬經濟區的一部分和外國領海之間。③如果穿過某一用於國際航行的海峽有一條在航行和水文特徵方面同樣方便地穿過公

海或專屬經濟區的航道。

上述三種情形不適用過境通行的制度，只適用領海通行的規則——無害通過制度。

必須指出，達達尼爾海峽和博斯普魯斯海峽，兩岸均屬土耳其所有，由於歷史原因，這些海峽的法律制度已規定在 1936 年的《蒙特勒公約》中，因而不適用過境通行，而適用該公約。

二、群島與群島國

島嶼是指四面環水並在高潮時高於水面的自然形成的陸地區域。島嶼可以與陸地領土一樣，擁有自己的領海、毗連區、專屬經濟區和大陸架。但不能維持人類居住或其本身經濟生活的岩礁，只能擁有領海和毗連區，而不能擁有專屬經濟區和大陸架。

一般來說，一個島嶼有自己的領海，然而相鄰很近的大小島嶼群，它們的領海如何劃定是一個很複雜的問題。

第一種是沿岸群島，即離沿岸國比較近的群島，用直線基線法就可以了。如群島在基線以內，就是內海群島，受沿海國法律的管轄。

第二種是遠洋群島，離海岸線比較遠。如中國的西沙群島和南沙群島，離中國最近的東沙群島中的一個島就有 168 海里。這些島嶼的法律地位，1982 年的《海洋法公約》規定得不夠明確。但根據國際實踐，島嶼有自己的領海是沒有問題的。

第三種是群島國，如印度尼西亞、菲律賓等國。1958 年第一次海洋法會議期間，群島國代表提出，群島國應作為一個整體來劃定領海。他們的提議當時遭到了海洋大國的反對，因而沒有通過。后來這些國家自己頒布了國內法。如菲律賓規定，各島水域是陸地的附屬物，把全部島嶼看成一個整體，用直線基線法來劃定其領海。

在第三次海洋法會議上經過反覆協商，在 1982 年的《海洋法公約》中對群島國的「群島水域」做了規定。現分述如下：

（一）群島國和群島的定義

群島國是指全部由一個群島或多個群島構成的國家，並可包括其他島嶼；群島是指一群島嶼，彼此密切相關，以致這種島嶼、水域和其他自然地形在本質上構成一個地理、經濟和政治的實體。

（二）群島基線的劃定

群島國可根據直線基線法，在最外緣的各島確定一系列的點來劃定領海，但這種基線應包括主要島嶼。在基線範圍內，水域面積和陸地面積的比例應在 1：1 到 9：1 之間。基線的長度不能超過 100 海里，不過基線總數中至多 3% 可以超過 100 海里，但最長不能超過 125 海里。

（三）群島水域的法律地位和制度

群島國主權及於水域及其上空、海床和底土。所有國家船舶有通過群島水域的無害通過權，但必須按群島國規定的航道通過。外國飛機也可以在指定的航道飛越。當然，群島國可以為了安全的理由，規定一定的水域，禁止外國船舶通過。

第四節　專屬經濟區、大陸架

一、專屬經濟區

(一) 專屬經濟區的概念和法律地位

專屬經濟區，是 1982 年《海洋法公約》創設的一個新海域。根據該公約的規定，專屬經濟區是沿海國在其領海以外鄰接領海的一個區域。它從領海基線算起不超過 200 海里。在這個區域內，沿海國享有以勘探和開發、養護和管理自然資源為目的的主權權利，以及對於人工島嶼、設施和結構的建造和使用，海洋科學研究、海洋環境保護和保全的管轄權。而外國在這個區域內享有船舶航行、飛機飛越、鋪設海底電纜和管道的自由，但要遵守沿海國的法律和有關規章制度。

專屬經濟區不是公海，它不像公海那樣對一切國家開放。也不是領海，它不屬於沿海國領土的組成部分，沿海國只行使一定的管轄權，因而它是自成一類的海域。以往海洋大國一直在掠奪中小國家沿岸的海洋資源，長期以來中小國家沿海資源幾乎被海洋大國掠奪殆盡。因而專屬經濟區制度的形成，可以說是發展中國家為保護自己沿海資源與海洋大國進行鬥爭的結果。

(二) 專屬經濟區形成的歷史

世界上第一個提出不同於領海的國家管轄範圍內特定海域的國家是智利。由於智利捕鯨作業遭到美國的嚴重打擊，智利總統於 1947 年提出 200 海里的領海權，但也同時提到了不影響公海自由航行的規則，不過智利總統沒有用專屬經濟區這一名稱。1952 年 8 月 18 日，智利、厄瓜多爾和秘魯簽署的《聖地亞哥宣言》給這個新海域以「二百海里海洋區域」的稱呼。1970 年拉美國家簽署的《蒙特維的亞宣言》和《利馬宣言》提出了承襲海概念，1972 年 6 月 7 日，哥倫比亞等 16 個國家在多米尼加首都聖多明各召開會議，通過了《聖多明各宣言》，進一步明確了承襲海制度，規定沿海國對 200 海里以內的承襲海的水域、海床和底土享有主權權利。從它們的基本觀點來看，與專屬經濟區概念相似。

1971 年 1 月，肯尼亞代表在亞非法律協商委員會科倫坡會議上首次提出了專屬經濟區的概念。1972 年 6 月 30 日在喀麥隆首都召開的非洲國家海洋法問題區域討論會上，通過了一個關於海洋法問題的總報告，其中提到要設立一個經濟區，沿海國對這一區域實行管轄，但不影響航行的自由。該報告除經濟區的寬度沒有提到以外，其他問題都做了詳細的論述。同年 8 月肯尼亞代表提出了關於專屬經濟區的條約草案，補充了寬度，即不超過 200 海里，同時提到該區域的科學研究和環境保護也屬於沿海國的專屬管轄。這樣一來，專屬經濟區的制度就完善了。

正式提出「專屬經濟區」概念的是非洲國家。有的沿海國頒布法律規定一定水域為其「專屬漁區」。世界上規定這一制度的國家，其寬度不盡相同，由 30～200 海里不

等。截至 2010 年 7 月 31 日，宣布 200 海里的國家有加拿大、冰島、聯邦德國、日本、澳大利亞等 105 個國家，有 6 個國家宣布了 200 海里漁區。

(三) 專屬經濟區的法律制度

1. 沿海國在專屬經濟區內的權利、管轄權和義務

根據《海洋法公約》，沿海國在專屬經濟區內享有以下權利：

(1) 沿海國在專屬經濟區內享有以勘探和開發、養護和管理海床與底土及其上覆水域的自然資源（不論為生物或非生物資源）為目的的主權權利；

(2) 沿海國對專屬經濟區內的人工島嶼、設施和結構的建造及使用、海洋科學研究、海洋環境的保護與保全等方面擁有管轄權。

沿海國有權制定有關專屬經濟區的法律和規章。

沿海國在專屬經濟區內行使上述權利時，應同時履行公約規定的義務，如養護專屬經濟區的海洋生物資源和保護海洋環境等義務。沿海國還應適當地顧及其他國家在專屬經濟區內的權利和義務。

2. 其他國家在專屬經濟區內的權利和義務

(1) 所有國家，不論是沿海國或內陸國，在專屬經濟區內均享有船舶航行、飛機飛越、鋪設海底電纜和管道的自由；

(2) 經沿海國同意，在專屬經濟區內進行科學研究的權利；

(3) 內陸國或地理條件不利的國家，有權在公平的基礎上，參與開發同一分區域或區域的沿海國專屬經濟區內的生物資源的剩餘部分；

(4) 各國在專屬經濟區內行使權利和義務時，應適當地顧及沿海國的權利和義務，並應遵守沿海國按照公約的規定和其他國際法規則所制定的與公約第五部分（專屬經濟區）不相抵觸的法律和規章。

(四) 相鄰或相向國家間專屬經濟區的劃界問題

在海岸相向國家之間海域寬度小於 400 海里的情況下，或在海岸相鄰國家間發生專屬經濟區部分水域重疊的情形時，就會產生專屬經濟區的劃界問題。由於這一問題直接關係到有關國家的主權權利和經濟利益，在第三次海洋法會議上引起了激烈爭論。爭論的焦點集中於劃界原則是適用等距離或中間線原則還是適用公平原則？1982 年《海洋法公約》第七十四條對於專屬經濟區的劃界僅做了一般性的原則規定，要求海岸相向或相鄰國家間專屬經濟區的界限，應在《國際法院規約》第三十八條所指國際法的基礎上以協議劃定，以便得到公平解決。在達成協議以前，有關各國應基於諒解和合作的精神，盡一切努力做出實際性的臨時安排，並在過渡期間內，不危害或阻礙最後協議的達成。此等臨時安排應不妨害最後界限的劃定。有關國家如在合理期間內未能達成任何協議，則可以根據《海洋法公約》第十五部分所規定的爭端解決程序加以解決。

二、大陸架

(一) 大陸架的概念

大陸架也叫大陸棚、大陸臺或大陸礁層。

大陸架原是地質地理學上的概念，是指從大陸沿岸逐漸地向外自然延伸直到大陸坡度平緩的海底區域。它通常是指環繞大陸周圍坡度極小的平緩海底和淺海地帶，平均坡度為 0.07°，平均寬度為 75 千米，總面積為 2710 萬平方千米，占全球面積的 5.3%。大陸架上覆水域的深度一般在 182~200 米。世界各地大陸架的寬度參差不齊，最大可達千余千米，如亞洲東海岸的大陸架面積達 930 萬平方千米，最窄處幾乎缺失，如佛羅里達東南岸根本沒有大陸架。大陸架上蘊藏著豐富的自然資源。其中主要有石油和天然氣，此外，沙礦中含有金、銀、錫、鉛、鋁等金屬。

早在 1916 年，西班牙地理學家德布倫和阿根廷學者蘇亞雷斯分別主張沿海國對大陸架應享有若干權利，但未引起普遍注意。1916 年沙皇俄國認為西伯利亞以北的一些島嶼是俄國大陸的連續，這種主張和后來大陸架的概念很相似。1924 年蘇聯政府重申了這一主張。但大陸架成為國際法的一項制度，是在第二次世界大戰以後。

美國總統杜魯門於 1945 年 9 月 28 日發布了《關於大陸架的底土和海床的自然資源的政策（第 2667 號總統公告）》。該公告宣稱：「處於公海之下，但毗連美國海岸的大陸架的底土和海底的自然資源屬於美國，受美國的管轄和控製。」這是第一個對大陸架提出權利要求的文件，此后許多國家相繼發表公告，對大陸架提出主權要求。於是大陸架作為一項制度被提出來了。

從法律的角度來看，大陸架被認為是沿海國的陸地在海水下面的自然延伸部分，與大陸形成一個連續的完整的整體。中國的東海大陸架就是一個典型而突出的例子，它幾乎延伸到琉球群島。至於大陸架的寬度，有的以海水的深度為準，有的以寬度為準。1958 年《大陸架公約》規定了兩種標準：一是以深度為準，該公約規定大陸架鄰接領海，但在領海範圍以外，一直到 200 米深的海底；二是延伸到可以開發的深度，當然這一標準是有利於海洋大國的。

目前各國的實踐，對大陸架的劃定大致有以下幾種情況：①明確規定依據 1958 年《大陸架公約》規定的劃法，即以上述兩種標準相結合來劃定大陸架。②單純 200 米深度標準，即根據第一種標準來劃定大陸架。③寬度以 200 海里為準。這種劃法與專屬經濟區一致起來了。

由於 1958 年《大陸架公約》所規定的可開採性標準對海洋技術大國有利，以及各國對石油資源的儲備和使用需求日益增大，大陸架問題在第三次聯合國海洋法會議上成為鬥爭十分激烈的一個議題。經過反覆的鬥爭和磋商，1982 年《海洋法公約》對大陸架重新下了定義，其第七十六條第一款規定：「沿海國的大陸架包括其領海以外依其陸地領土的全部自然延伸，擴展到大陸邊外緣的海底區域的海床和底土，如果從測算領海的基線量起到大陸邊的外緣的距離不到 200 海里，則擴展到 200 海里的距離。」這種規定既確認了大陸架是沿海國陸地領土的自然延伸，又兼顧窄大陸架國家的利益，

如不到 200 海里的大陸架，可以擴展到 200 海里。對於寬大陸架的國家，該公約第七十六條也做了規定，即不得超過 350 海里或不得超過連接 2,500 公尺深度各點的等深線的 100 海里，而 200 海里以外的大陸架開發制度另訂（即應繳付費用或實物，按公平標準分配給各締約國）。對於 200 海里以外大陸架界限的確定，由大陸架界限委員會負責。截至 2010 年 12 月 7 日，俄羅斯、巴西、愛爾蘭、英國、挪威、日本、法國、丹麥等 44 個國家單獨或聯合向大陸架界限委員會提交了申請。

（二）大陸架的法律地位

大陸架有著異常豐富的礦物資源和生物資源，石油資源尤其突出。因而一談到大陸架就使人們聯想到石油資源。根據有關部門統計，1969 年海底石油的產值是 40 億美元，而到了 1974 年卻增加到 100 億美元。由此可以看出，大陸架給人類提供的石油是與日俱增的。根據 1982 年的《海洋法公約》，有關大陸架法律地位的要點如下：

（1）沿海國為勘探大陸架和開發其自然資源的目的，對大陸架行使主權權利。

（2）這種權利是專屬的。如果沿海國自己不勘探開發，任何人未得到沿海國明示同意，不得從事這類活動。

（3）沿海國對大陸架的權利，不取決於有效的占領、象徵性的占領或明文公告。

（4）沿海國為了勘探開發大陸架，有建造人工島嶼設施和結構的專屬權利。

（5）沿海國對大陸架的權利，不影響大陸架上覆水域和水域上空的法律地位。

（6）所有國家有權在其他國家大陸架海底鋪設電纜和管道，但其路線的劃定要得到沿海國的同意。

沿海國對於超過 200 海里的大陸架，開採到的石油和實物要按比例分配給《海洋法公約》的成員國，分配時要特別考慮到照顧發展中國家。按該公約規定，礦物開採 5 年以後，從第 6 年開始應繳付產值或產量的 1%，以后每年增加 1%，到第 12 年增加到 7%，12 年以後一直是 7%。

（三）相鄰或相向國家間大陸架的劃界問題

1958 年的《大陸架公約》關於相鄰和相向國家之間的大陸架劃界問題做了如下規定：由有關國家協商解決，即簽訂協定來劃定大陸架界線，如果沒有協定，除非有特殊情況，則採取等距離中間線原則。但由於各國大陸架的情況不一，地質結構不同，僅有這個原則是解決不了問題的。1969 年的北海大陸架案，以聯邦德國為一方，以丹麥、荷蘭為另一方，因北海大陸架的劃界問題發生了爭端，提交國際法院解決。丹、荷兩國認為它們和聯邦德國之間的大陸架應按 1958 年的《大陸架公約》，以等距離中間線原則來劃界。但聯邦德國認為，根據國際法關於條約不對第三國產生效果的原則，1958 年的《大陸架公約》只對締約國有效，聯邦德國是非締約國，因而該條約對其無效。

上述案例，根據地質和地理條件，如果採取等距離中間線的原則，對聯邦德國很不利，因為聯邦德國的海岸線向內彎曲很大。據估計，按等距離中間線原則，聯邦德國只能得到北海大陸架的 5%、丹麥的 10%、荷蘭的 11%、挪威的 27%，比利時和法國各占 0.5%，英國的比例最大，占 46%。國際法院經過審理，於 1969 年做出判決，認

為：1958年的《大陸架公約》規定的等距離中間線原則不是習慣國際法規則，聯邦德國沒有參加該公約，因而對其沒有拘束力。判決還指出在劃定大陸架界線時應根據自然延伸適用公平原則以達到結果公平。

北海大陸架判決以後，經過第三次海洋法會議，公平解決大陸架劃界爭端原則被確認下來了，1982年的《海洋法公約》第八十三條第一款採用了與第七十四條（專屬經濟區劃界）完全相同的措辭。該公約規定：「海岸相向或相鄰國家間大陸架的界限，應在《國際法院規約》第三十八條所指的國際法的基礎上以協議劃定，以便得到公平解決。」當然，在適當的情況下，如果相向兩國海岸線長短相等或基本相等，也不排除以等距離或中間線規則劃界，而相向兩國海岸線的長短比例和島嶼的存在則是調整大陸架劃界公平與否的重要因素。

由於專屬經濟區與大陸架在200海里範圍內是重疊區域，目前在有關國際實踐中，既存在著專屬經濟區與大陸架各自單獨劃界的情形，如1989年民主德國和波蘭之間簽訂的海洋劃界雙邊協定對專屬經濟區所劃定的界限不同於兩國於1968年簽訂的協定中劃定的大陸架界限；也存在著對專屬經濟區與大陸架進行單一劃界的趨勢，如1984年美加緬因灣劃界案、1985年幾內亞與幾內亞比紹海洋劃界仲裁案、1993年格陵蘭—揚馬延海洋劃界案、2001年的卡塔爾訴巴林海洋劃界和領土爭端案等。

（四）中國的大陸架

1998年6月26日，中國立法機關頒布的《中華人民共和國專屬經濟區和大陸架法》規定，「中國的大陸架，為中國領海以外依本國陸地領土的全部自然延伸，擴展到大陸邊外緣的海底區域的海床和底土；如果從測算領海寬度的基線量起至大陸邊外緣的距離不足200海里，則擴展至200海里。」中國大陸架的面積是很大的，渤海、黃海海底全部是大陸架。東海的大陸架占東海海底的2/3，南海占1/2。這些大陸架有著豐富的礦藏，特別是石油資源。1975年，有些外國專家估計，中國大陸架有40億噸石油資源。而日本有關專家則估計，僅渤海就有石油資源100億噸，油氣資源儲量在40億~160億噸之間。但中國與日本、韓國、越南等國的大陸架劃界問題尚待解決。中國政府一向主張，「中國與海岸相鄰或相向國家關於專屬經濟區和大陸架的主張重疊的，在國際法的基礎上按照公平原則以協議劃定界限。」東海大陸架位於中、日、韓三國之間，界線尚未劃定，但1974年，日本出面與韓國政府簽訂協定，擬共同開採東海大陸架，這是侵犯中國主權的行為，中國曾多次發表聲明表示抗議。黃海大陸架主要涉及中國與朝鮮民主主義人民共和國和韓國的劃界問題，這些界線迄今尚未劃定。在南海，主要問題是南海諸島的歸屬和大陸架劃界以及北部灣海上分界。南海諸島自古以來就是中國的領土，中國對其享有無可爭辯的主權。對於同越南在北部灣的領海、專屬經濟區和大陸架劃界問題，2000年11月和12月，中國政府邊界談判代表團與越南政府邊界談判代表團就締結《中國和越南關於兩國在北部灣領海、專屬經濟區和大陸架的劃界協定》先後在河內與北京舉行兩輪談判。2000年12月25日，中國外長與越南外長分別代表本國在北京正式簽署了這一協定。2004年6月30日，這一協定生效。

第五節　公海

一、公海的範圍和定義

按照傳統國際法，「公海」一詞是指不包括領海和內水的全部海域，因而領海以外便是公海。但聯合國第三次海洋法會議改變了公海的概念。1982年的《海洋法公約》第八十六條規定：公海是指不包括國家的專屬經濟區、領海和內水或群島國的群島水域的全部海域。

在聯合國第三次海洋法會議以前，大陸架以外的國際海底區域也屬於公海的範圍。但由於第三次海洋會議建立了一個新的國際海底區域制度，國際海底不再是公海的組成部分，並且實行一種與公海完全不同的制度。國際海底制度的建立，引起了公海概念的變化。公海的範圍明顯地縮小了。

二、公海的法律地位

按照國際法，公海是人類的共同財富，供所有國家平等地、共同地使用，不屬於任何國家的領土組成部分。公海不在任何國家的管轄之下，因而任何國家都不得對公海本身行使管轄權，也不能主張主權權利。1982年的《海洋法公約》第八十七條第一款規定：「公海對所有國家開放，不論其為沿海國或內陸國。」換言之，實行公海自由原則，而公海自由原則是國際法上較古老的海洋法規則。隨著資本主義的發展，這個原則得到了各國的公認。

根據1958年的《公海公約》的規定，公海自由的內容包括：①航行自由；②飛越自由；③鋪設海底電纜和管道的自由；④捕魚自由。以上自由稱為「公海四大自由」。1982年的《海洋法公約》增加了「建造人工島嶼和其他設施的自由」和「科學研究的自由」，合稱為公海六大自由。

三、公海的法律制度

如果國際法只有公海自由和公海不受任何國家管轄的原則，其結果將使公海成為無政府狀態。為了避免無政府狀態，長期以來形成了有關公海的習慣國際法規則，同時國際社會還制定了一些有關公海的公約，從而保證了公海即使不是任何國家的領土，也有一定的法律秩序。現將有關公海法律秩序的幾項原則分述如下：

(一) 公海航行和管轄

公海航行是自由的。任何國家都可以在公海上行駛其懸掛自己國家旗幟的船只。1982年的《海洋法公約》確認內陸國也有在公海航行的權利。船舶在公海上航行，只服從國際法和本國的法律。因此，確定船舶的國籍是很重要的，識別船舶國籍是依據其國籍證書和懸掛的國旗。船舶依據什麼條件取得一國國籍，國際法並沒有具體規定，主要是根據一國的國內法。有的國家法律規定只有本國人的船舶才能取得該國的國籍，

有的國家要求船舶所有權部分屬於本國人就可以取得該國的國籍。但有的國家，不僅要求船主是本國人，而且要求全體船員或大部分船員都應是本國人，才能取得該國的國籍。中國授予船舶國籍的條件是：①船舶的所有權應屬於中華人民共和國或其集體或其個人所有；②船員應為中國公民。

根據國際法，一艘船同時懸掛兩國以上的國旗是不允許的。對隨時改變旗幟的船舶應視為無國籍的船。然而，目前國際航行上最大的問題是方便旗船。所謂方便旗船就是懸掛開放登記國家國旗的船舶。開放登記國家是指那些允許屬於外國人的船舶到它們國家登記並懸掛它們的國旗的國家。例如，1980年給中國運貨的一艘貨船是日本某公司租用的，這艘船在巴拿馬登記，船主是聯邦德國人，但26名船員全部是中國人。在國際上，之所以出現方便旗船，主要是船主出於經濟上的考慮，或者因登記國的稅收低一些，或者因為可以雇傭別國廉價的船員。而就接受登記的國家來說，也可以增加一些收入。實行開放登記的國家有巴拿馬、利比里亞等。據統計，自1976年以來，利比里亞一直擁有世界上最大的船隊，因為世界上許多國家的船舶都在那裡登記。統計數字表明，1979年全世界的方便旗船占30%。像這種方便旗船，船旗國是不可能對其實行真正的管轄的。方便旗船如果出了問題，向船旗國提出追訴往往是沒有結果的。但要消除這種現象比較困難。1982年的《海洋法公約》對此僅做了原則性規定，第九十一條第一款規定：「國家和船舶之間必須有真正的聯繫。」

船舶在公海上航行，要遵守安全航行的制度，如《國際海上避碰規則》《國際船舶載重線公約》《關於統一船舶碰撞若干法律規則的公約》《關於統一海上救助若干法律規則的公約》等。

必須特別指出的是，一國的軍艦和政府公務船舶（如海關船）在公海上享有完全的豁免權，不受任何其他國家的管轄。

(二) 制止海盜行為

為了維護公海上的航行秩序，各國對海上的海盜行為有權進行管轄，這是國際法上較為古老的制度。海盜是違反國際法的行為，因而不能得到船旗國的保護；海盜是全人類的公敵，任何國家對其均可以加以逮捕並進行處罰。這是處理海盜行為的習慣國際法規則。1982年的《海洋法公約》規定，海盜是指私人船舶或私人飛機上的船員、機組人員或乘客，為了私人的目的，在公海上或任何國家管轄範圍以外的地方，對另一船舶或飛機上的人或財物進行非法的暴力或扣留行為或掠奪行為；如果軍艦、政府船舶或政府飛機由於船員或機組人員發生叛變進行上述行為，也叫海盜行為。但一國因內戰而發生的船舶起義，投奔他國，不視為海盜船。海盜行為的客體是針對一艘公船或私船，為著私人的目的進行暴力、扣留或掠奪行為。

按照國際法，所有國家要通力合作，對海盜進行拿捕和懲罰。但只有軍艦、軍用飛機或經授權的船舶才能拿捕海盜。商船則無權對海盜進行拿捕。對拿捕到的海盜可以進行審理處罰，但要遵守海盜行為不改變所有權的原則。也就是說，不剝奪合法所有者（善意第三者）對其財產的權利。拿捕后發現不是海盜，拿捕國對船舶或飛機所有國負賠償損失的責任。

（三）禁止販運奴隸

販賣奴隸特別是販賣黑奴是十七八世紀伴隨著資本主義發展的一個觸目驚心的罪惡之一。到了 19 世紀，為了緩和世界輿論，國際上簽訂過一些禁奴的條約。1885 年柏林非洲會議簽訂了柏林條約，1890 年布魯塞爾禁奴會議簽訂了一個總決議書，均宣布了禁止販賣奴隸並且制定了一些相應的措施。儘管上述條約在一定程度上禁止販賣奴隸，但是並不徹底，而且適用的範圍也是有限的。按照上述條約規定，禁止販賣奴隸僅適用於印度洋、紅海和波斯灣，而且在公海上販賣奴隸的輪船噸位只限於 500 噸以下的船舶。

1926 年 9 月 25 日，在國際聯盟的組織下，在日內瓦制定了一個禁奴公約（全稱為《廢除奴隸及奴隸買賣的國際公約》）。這個公約的規定比較全面，不僅要求各締約國在其國內廢除奴隸制，而且要求各國不得在公海上在懸掛其國旗的船舶上販運奴隸。第二次世界大戰以後，在聯合國的組織下，成立了一個專門委員會進行有關奴隸的調查。1956 年 9 月制定了一個禁止奴隸制的補充公約（全稱為《廢止奴隸制、奴隸販賣及類似奴隸制之制度與習俗補充公約》）。該公約內容很廣泛，詳盡地規定了防止並禁止懸掛自己國家國旗的船舶販賣奴隸。1958 年的《公海公約》第十三條和 1982 年的《海洋法公約》第九十九條都規定，各國要採取有效措施來防止並懲罰在公海上販運奴隸，防止有人非法利用懸掛本國國旗船舶販運奴隸。如果一個國家拿捕販運奴隸的船舶，無論哪一國的船舶，船上的奴隸一律無條件地獲得自由。

（四）禁止販運毒品

吸毒給人類健康帶來很大威脅，引起一系列社會問題。1961 年在紐約制定的《1961 年麻醉品的單一公約》和 1972 年在日內瓦通過的《修改 1961 年麻醉品單一公約的議定書》規定，非法種植、製造、販賣、購買和運輸麻醉品即構成犯罪，各締約國應採取措施，務使這些犯罪行為受到刑罰的制裁。1982 年的《海洋法公約》第一百零八條第一款規定：「所有國家應進行合作，以制止船舶違反國際公約在海上從事非法販運麻醉藥品或精神調理物質。」

（五）禁止從公海上進行非法廣播

非法廣播是指在公海上從事未經許可的廣播，即沒有按照國際公約統一分配的無線電波段而進行的廣播。由於這種廣播影響了正常的無線電波段的使用從而危及到公海航行安全，因此，必須嚴加禁止。1982 年的《海洋法公約》第一百零九條第一款規定：「所有國家應進行合作，以制止從公海從事未經許可的廣播。」有關國家的軍艦，應逮捕從事未經許可而進行廣播的任何人或船舶，並押送回國進行處理。

（六）登臨權

登臨權是指各國的軍艦在公海上對於有合理根據被認為犯有國際罪行或其他違反國際法行為嫌疑的商船，有登臨和檢查的權利。1982 年的《海洋法公約》第一百一十條規定，有下列情況之一者可以進行檢查：①該船從事海盜或販賣奴隸的行為；②從事非法廣播；③無國籍；④拒絕展示國旗；⑤雖然懸掛外國國旗，但實際上與軍艦國

同一國籍。

軍艦遇到上述情況可以進行臨檢，必要時還可以進行進一步的徹底檢查。

根據國際法和有關的國際實踐，在公海上商船遇到軍艦要立即升起國旗表明國籍。如果一國商船沒有升國旗，而軍艦主動升起了國旗，軍艦就可以進行臨檢了。1946年一艘輪船「阿蘇埃」號從法國港口運了幾百名移民向巴勒斯坦開去，遇到了英國軍艦。一開始該船升起了土耳其國旗，后來又升起以色列的國旗，英國軍艦因而進行登臨，把該船押到巴勒斯坦港口予以沒收。事后該船向英國最高法院申訴，被駁回。

必須指出，臨檢權是不能濫用的。檢查錯了要道歉，並對該船舶遭受的任何損失或損害予以賠償。

(七) 緊追權

緊追權是指沿海國對違反其國家法律的外國船舶進行緊追，這種緊追必須在沿海國的內水、領海或毗連區之內開始，如外國船舶在專屬經濟區內或大陸架上違反沿海國有關專屬經濟區和大陸架的規章時，也可以從專屬經濟區或大陸架海域開始緊追。

1982年的《海洋法公約》第一百一十一條第四款規定：「……追逐只有在外國船舶視聽所及的距離內發出視覺或聽覺的停駛信號后，才可開始。」

此外，1982年的《海洋法公約》還規定只有追逐未曾中斷，才可以在領海或毗連區外繼續進行。一旦中斷，緊追權就告結束。而且緊追權只可由軍艦、軍用飛機或其他有清楚標誌的、經政府授權的船舶或飛機來行使。

違法的船舶被追上后，可以押回本國領海並進行處理，被緊追的船舶不能以公海自由為理由而拒絕拿捕。不過，被追逐的船舶一旦進入其本國領海或第三國領海，緊追權則立即終止。

(八) 捕魚制度

在公海上捕魚是自由的，但不等於無政府狀態。鑒於現代捕魚技術不斷更新，使用拖網漁輪大量捕撈，如果不加以限制，公海上的漁業資源將有被網盡殺絕的危險。1958年第一次海洋法會議制定了《捕魚與養護公海生物資源公約》。《海洋法公約》基本上沿用了該公約的各項規定。根據上述公約，各國有養護生物和漁業資源的義務，因而在公海上的捕魚量和可捕撈魚種均要受到一定的限制。

(九) 鋪設海底電纜和管道的制度

1982年的《海洋法公約》第一百一十二條規定：「所有國家均有權在大陸架以外的公海海底上鋪設海底電纜和管道。」但以不影響已經鋪設的電纜和管道為前提。如果因為鋪設電纜和管道而使他國電纜或管道遭受損失，則要負賠償的責任。

(十) 防止海洋污染

在公海防止海洋污染是各國的一項重要義務。這一點將在第十章中詳細加以說明。

第六節　國際海底區域

一、國際海底區域的概念及重要性

　　國際海底區域，簡稱為「區域」，是指國家管轄範圍以外的海床、洋底及其底土。「區域」約占全球海洋面積的 65% 以上。「區域」的上覆水域是公海，其上空是公空。這是國際法上的新概念。過去人類對公海海底無開發能力，因而沒有涉及其法律地位問題。然而，由於科學技術的發展，在公海海底發現了大量礦藏，特別是錳礦球（錳結核礦）。錳礦球是一個個小礦球，一層層地鋪在 3~5 千米的深海海底中。據估計，大約有 2 萬億~3 萬億噸錳礦球蘊藏在海底，僅太平洋的藏量就有 17,000 億噸。這種錳礦球含有 30 多種稀有金屬，含量最高的是錳、銅、鈷、鎳 4 種金屬。有關專家估計，陸地上的銅只能供人類用 40 年。但海底下的銅可供人類用 6,000 年，錳、鎳、鑽陸地上的藏量只能供人類用 100 餘年，而海底藏量則夠人類使用 3 萬~15 萬年。此外，深海海底的石油、天然氣儲量也很豐富，已知其儲量為 2,500 億噸，占全世界石油、天然氣儲量的 1/3 以上，其中相當一部分便蘊藏在國際海底裡。

二、國際海底區域的法律地位及有關制度

　　國際海底區域作為人類共同繼承財產的原則是 20 世紀 50 年代以來海洋法的兩次重大突破之一，是亞洲、非洲和拉丁美洲發展中國家在與海洋大國的鬥爭中，繼專屬經濟區之後，對新海洋法做出的又一重大貢獻。

　　1967 年 8 月 17 日，馬耳他駐聯合國大使阿維德·帕爾多提出，國際海底應被看成人類共同的財產，為全人類的福利服務。然而當時遭到西方國家的反對，它們認為海洋自由應包括開發國際海底的自由。

　　經過反覆磋商，1970 年第 25 屆聯合國大會通過了「關於國際海底區域的原則宣言」（全稱為「各國管轄範圍以外的海床洋底及其底土原則宣言」），基本上同意了帕爾多的建議。第三次海洋法會議以來，經過七八年的反覆談判和妥協，規定了國際海底的一系列制度。這些制度總的來說是有利於發展中國家和人民的。如今《海洋法公約》已經通過並已生效，國際海底區域的法律地位可概述如下：

（1）國際海底區域及其資源是人類的共同繼承財產。
（2）國際海底區域開放給所有國家，不論是沿海國或內陸國，專為和平目的利用。
（3）任何國家都不能對國際海底區域及其資源主張或行使主權或主權權利。
（4）任何國家或自然人或法人都不能把國際海底區域及其資源的任何部分占為己有。對資源開發的一切權利屬於全人類，由國際海底管理局代表全人類進行管理。
（5）國際海底區域的開發要為全人類謀福利。各國都有公平地享受海底資源收益的權利。特別要照顧到發展中國家和未取得獨立的國家人民的利益。
（6）對國際海底區域的規定，不影響其上覆水域及其水域上空的法律地位。

三、國際海底開發制度

國際海底開發制度是第三次海洋法會議上爭論的焦點。在第三次海洋法會議開會期間，兩種開發方案被提出。發展中國家提出單一開發制，即「區域」的一切勘探和開發活動全部由國際海底管理局來控製。這一方案遭到了美國等發達國家的反對，它們主張由締約國及其企業進行開發，國際海底管理局只起登記作用，但為發展中國家所反對。1976 年，美國國務卿基辛格提出了一個平行開發的原則，即一半交給國際海底管理局開發，另一半交給各個國家的企業去開發；但這些企業要向國際海底管理局提供基金和技術。廣大的發展中國家同意了這個方案。該方案規定，各國要開發國際海底，首先要與國際海底管理局訂立合同，提出兩塊具有同等商業價值的可開發國際海底，國際海底管理局在 45 天之內應指定其中一個礦區作為國際海底管理局的保留區，留給企業部自己開發，或同發展中國家聯合開發，另一礦區作為合同區，由申請者與國際海底管理局簽訂合同后自己開發。申請者還要轉讓技術，在經營中取得的利潤還要提成，把利潤提成和國際海底管理局自己開發而取得的利潤分給全體 1982 年的《海洋法公約》的成員國，這一辦法暫定為 15 年。實施 15 年以后召開一次審查會議，審查開發制度的實施情況。對於收費標準也大體上有一個規定：申請費為 50 萬美元，每年要交固定的開採費 100 萬美元，開採出來的礦物還要提成。

管理局下設企業部，分管勘探和開發活動事宜。企業部的資金，從申請費、利潤提成和參加海洋法公約的國家按向聯合國繳費的比例向國際海底管理局提供。對於錳礦球的開採，其產量也做了一些規定，如以年產為標準，60% 海上生產，40% 陸地生產。

四、管理局機構的組成和表決制度

根據 1982 年的《海洋法公約》的規定，管理局下設以下幾個機構：大會、理事會、秘書處和企業部。大會由全體成員國參加，理事會由 36 國代表組成，其中 18 個按地區分配、18 個分給特殊利益集團。所謂特殊利益集團是指 4 個最大的投資國（美、俄等國），4 個主要消費國，4 個主要陸地產礦國，還有 6 個分配給特殊利益的發展中國家（人口眾多的國家、內陸國等）。

經過反覆協商，理事會的表決程序採取了實質性問題的三級表決制。這一制度在國際機構的表決制度中被認為是獨一無二的。其基本內容包括：

（1）關於程序問題的決定，由出席並參加表決的過半數成員做出；

（2）第一類實質問題（實質問題中的一般問題，共 8 項）應以出席並參加表決的成員的 2/3 多數決定；

（3）第二類實質問題（實質問題中較為重要的問題，共 19 項）應以出席並參加表決的成員的 3/4 多數決定；

（4）第三類實質問題（實質問題中最重要的問題，共 3 項，如通過海洋法公約國際海底部分的修正案）以「協商一致」的方式決定。

第八章　空間法

第一節　空氣空間的法律地位

一、領空的法律地位

(一) 領空的法律地位的確立

地球上方的空間分為空氣空間和外層空間兩部分。空氣空間是環繞地球的大氣層空間。這部分空間隨地球而運動，航空器可依空氣動力在空氣空間飛行。空氣空間由兩部分組成：各國領陸和領水的上空；各國領陸和領水以外，即專屬經濟區、豎公海和南極等地的上空。前者屬於各國的領空，國家對其領空享有完全的、排他的主權。

在航空時代的初期，各國對其領土上空的空氣空間享有何種權利，空氣空間的法律地位如何並非十分明確。當時各國政府和學者們對空氣空間的法律地位主要有兩種不同的主張：①空中自由論；②空中主權論。空中自由論可細分為兩派：一派是絕對自由論，主張空氣空間無論在平時還是在戰時，均像公海一樣對各國開放，由各國自由航行和利用；另一派是有條件的自由論，認為原則上空氣空間是開放的和自由的，但為了國家的安全和利益，對領土上空一定高度的空間，國家享有自保權和必要時對領土上空進行干預的權利。空中主權論可細分為三種學說：第一種是國家完全主權論，主張國家領土上空的空間屬於國家主權，是國家領土的組成部分，受國家的支配和管轄；第二種是有限的國家主權論，主張原則上承認國家對其領土上空的主權，但外國航空器享有無害飛越國家領土上空的權利；第三種是一定高度的主權論，主張空間應像海洋那樣自下而上分為領空、毗連區、公空，國家對一定高度的空間享有主權。

這些理論上的爭論，在第一次世界大戰的實踐中基本得到解決。戰爭一開始，幾乎所有的國家都紛紛關閉其領空，禁止外國飛機的飛入或飛越。第一次世界大戰後，基於安全的理由，加上國家為建立和保護其商業航線等經濟方面的原因，各國普遍承認了國家對其領土上的空氣空間具有主權。1919 年在巴黎簽訂的《航空管理公約》的第一條明文規定：「每一個國家對其領土（陸地、水域）上的空間具有完全的排他的主權」，從而在法律上確認了各國在實踐中確立的領空主權地位。

(二) 領空主權

國家對其領土上空享有完全的排他的主權意味著國家領土的上空構成國家領土的一部分，受國家主權的支配和管轄。國家的領空主權主要表現在以下幾個方面：

1. 國家有權規定准許外國航空器飛入其領空的條件

外國航空器未經許可擅自飛入一國領空，是對該國領空主權的侵犯。對非法入境的外國軍用飛機，該國有權對其採取措施，甚至有權將它擊落。

對待非法入境的外國民航客機必須慎重。國家不僅享有領空主權，對保護民航安全亦負有義務。1983年9月1日，蘇聯擊落一架偏離航線而入境的韓國民航客機，機上269人無一幸存，引起世界轟動。為此，1984年5月10日在國際民航組織舉行的會議上，各國代表一致通過對《芝加哥公約》的一項修正案，其增加的第三分條第一款規定：「每一國家必須避免對飛行中的民用航空器使用武器，如攔截，必須不危及航空器內人員的生命和航空器的安全。」第二款規定：「每一國家在行使其主權時，對未經允許而飛越其領土的民用航空器，或者有合理根據認為該航空器被用於與本公約宗旨不相符的目的，有權要求該航空器在指定的機場降落；該國也可以給該航空器任何其他指令，以終止此類侵犯。」為此，各國「可採取符合國際法的有關規則」，特別是前款規定的「任何適當手段」。根據上述規定，對於非法入境的民用航空器，國家可以行使主權，採取符合國際法有關規定的任何適當手段，但不得危及航空器內人員的生命和航空器的安全，更不能使用武器。

2. 各國有權制定有關外國航空器在境內飛行的規章制度

各國可指定外國航空器降停的海關機場；規定航空器內發報機的使用；未經許可，外國航空器不得載運軍火或武器；禁止或管制在其領土上空飛行的航空器內使用照相機。一般認為，在外國領空內進行照相偵察是違法的。

3. 各國保留國內載運權

各國有權拒絕外國的航空器為了取酬或出租在本國境內進行國內的旅客、郵件和貨物的運輸。

4. 各國有權設立空中禁區

為了安全和軍事的需要，國家有權設立空中禁區，一律限制或禁止其他國家的航空器在其空中禁區飛行。

二、非領空的法律地位

如前所述，各國領陸和領水以外，即專屬經濟區、公海和南極洲等地的上空是非領空。其法律地位取決於有關專屬經濟區、公海和南極洲的法律地位。原則上，各國在這些非領空的空間享有飛行的自由。

南極洲和公海不屬於任何國家的領土主權，它們的上空也是這樣。就航空器的飛行而言，航空器在南極洲和公海上空有權自由飛越，除海盜飛機外，不受其本國以外的任何國家的管轄、控制和攔截。除了在這些區域上空的飛行自由外，根據1963年的《禁止在大氣層、外層空間和水下進行核武器試驗條約》的規定，在公海上空的大氣層還禁止進行核武器試驗。根據《南極條約》的規定，在南極洲上空禁止任何核爆炸和處置放射性塵埃。因此，在南極洲和公海上空也並非是完全自由的。

專屬經濟區上空不屬於沿海國的領土主權，也不屬於國際空域。1982年的《國海洋法公約》第八十六條明確規定，公海「不包括專屬經濟區、領海或內水或群島國的

群島水域內的全部水域」。專屬經濟區不是公海的一部分，其上空也不是公空。儘管該公約第五十八條第一款規定，各國在專屬經濟區內享有飛越自由，這種飛越的自由與公海上空的飛越自由不是完全相同的。按照該條約第五十八條第三款的規定，各國在行使這項飛越自由時，應當顧及沿海國的權利和義務，並遵守沿海國按照公約的規定和其他國際法規則所制定的與專屬經濟區部分不相抵觸的法律和規章。因此，沿海國在專屬經濟區制定的法律規章和一切權利、管轄權和義務，也應當及於其上覆空域。

第二節　國際民用航空制度

一、國際航空法的概念

20世紀初，隨著飛機的發明和航空科學技術的發展，形成了一套新的法律制度——國際航空法。國際航空法是有關空氣空間的法律地位和國際民用航空活動的法律。國際航空法具有以下特點：

（一）國際航空法的調整對象是國際航空活動所產生的權利義務關係

例如，航空器國籍國與飛經國、降落地國的權利義務關係，經營人所屬國與飛經國、降落地國的權利義務關係，等等。

（二）國際航空法只適用於民用航空器的活動

1944年的《芝加哥公約》明確規定：「本公約僅適用於民用航空器，不適用於國家航空器。」但是，在正常情況下，民用航空器和國家航空器在同一空域活動時，均應遵守統一的空中交通規則和統一的空中交通管制措施。另外，雖然航空器完全可以用於軍事目的或用於戰爭，但是國際航空法只是和平時期的法律，為戰爭目的所用的航空器應適用關於武裝衝突法的規則，如在1899年和1907年的海牙宣言和公約中都有有關空戰的法律規則。

（三）國際航空法具有國際性

航空器的高速飛行使其成為日常使用的國際客運、貨運最快捷的交通運輸工具。為便利國際航空運輸，國際社會有必要採取統一的規章制度。同時，為了打擊空中犯罪，國際社會有必要進行國際合作。航空活動的這些特點決定了國際航空法的國際性質，其法律淵源主要是國際公約與國際條約和協定。一國之內的航空活動主要適用國內法，即一國的航空法，但這些國內航空法應與國際航空法取得高度一致。

（四）國際航空法包括公法和私法領域的問題

在公法領域中首要解決的是主權、領土、國籍、管轄權等問題。私法領域主要涉及航空損害賠償問題，這也需要適用統一的法律規則。

二、國際航空法的發展

國際航空法是隨著人類活動發展到空氣空間而發展起來的。1784年，法國蒙特高

爾費兄弟第一次使可用於運載的熱氣球升空。1785年，法國巴黎市政當局頒布了一個治安法令，規定未經特許氣球不得放飛。1849年，奧地利人把定時炸彈掛裝在熱氣球上對義大利威尼斯進行空襲，1899年召開的第一次海牙和平會議宣布禁止從氣球上投擲投射物。1903年，美國萊特兄弟發明了重於氣球的飛行器——飛機，開創了人類真正利用空間的時代，國際社會開始了國際航空立法的嘗試。1910年，歐洲19個國家的代表在巴黎召開國際會議，討論空中航行問題，起草了一個「國際航空法典」，但由於在航空自由和領空主權問題上有分歧，最后沒有達成協議。第一次世界大戰中，航空器在性能和數量上飛速發展，並開始大量用於軍事，如偵察、空降和轟炸等。戰爭促使人們開始對國際航空法律制度形成統一認識。1916年在智利首都聖地亞哥舉行的泛美航空會議上，對國家的領空主權和航空器的國籍等問題制定了一套原則，為第一次世界大戰后航空立法打下了基礎。1919年年初，國際航空運輸定期航班、國際客運航班和收費郵件航班都已開闢。為了適應國際航空事業發展的需要，在第一次世界大戰基本結束時，舉行了專門討論航空立法的巴黎會議，並簽訂了第一部航空法典《航空管理公約》。該公約規定了各國對其領土上的空氣空間具有完全的和排他的主權，並引入一些海洋法中的規則，如領空的無害通過權、航空器的適航證及國籍等。此後又陸續制定了一系列國際航空公約，逐漸形成了系統的國際航空法。有關國際航空的國際公約大致分為以下三類：

（一）有關國際航空的基本規則的公約

1919年巴黎《航空管理公約》締結后，美國與若干未參加上述公約的美洲國簽訂了哈瓦那《泛美商業航空公約》，其基本規則與《航空管理公約》的規定大致相同。1944年，52個國家在芝加哥召開國際民用航空會議，簽訂了《國際民用航空公約》（簡稱《芝加哥公約》）。該公約對於空中航行、國際民用航空組織和國際航空運輸等做了重要和具體的規定。該公約附有18個技術性附件。《芝加哥公約》生效后，取代了1919年巴黎《航空管理公約》和1928年哈瓦那《泛美商業航空公約》，這兩個公約是現行有關國際航空的最重要的基本文件。中國於1974年2月15日承認該公約。

（二）有關國際航空的民事責任的公約

1929年締結的《統一國際航空運輸某些規則的公約》（簡稱《華沙公約》），就國際航空運輸憑證和承運人的責任制度等問題做了統一規定。隨著航空技術和航空運輸事業的不斷發展，此後又制定了一系列修改補充《華沙公約》的國際文件，形成了龐雜的華沙體制。這些文件包括1955年的《海牙議定書》、1961年的《瓜達拉哈拉公約》、1966年的《蒙特利爾協議》和1971年的《危地馬拉議定書》。中國於1975年8月20日加入《海牙議定書》，並於1979年12月10日以中國民航總局國際局的名義參加了《蒙特利爾協議》。

（三）有關制止危害民航安全的非法行為的公約

從20世紀60年代開始，懲治航空領域中的重大犯罪，以保障航空安全的航空刑法取得了重大突破和進展。1963年在東京簽訂了《關於在航空器上犯罪和其他某些行為

的公約》（簡稱《東京公約》），確立了航空器登記國對航空器上的犯罪行為的管轄權。1970 年在海牙簽訂的《關於制止非法劫持航空器的公約》（簡稱《海牙公約》），制定了制裁非法劫持航空器行為的法律規則。1971 年在蒙特利爾簽訂的《關於制止危害民用航空安全的非法行為的公約》（簡稱《蒙特利爾公約》），以及 1988 年簽訂的《補充制止危害民用航空安全的非法行為的公約的關於制止對用於國際民用航空的機場非法使用暴力行為的議定書》，對破壞航空器和破壞機場設備等，從而危及民航安全的行為，以及對用於國際民用航空的機場上的人實施暴力和破壞該機場的設備等危及機場安全的行為制定了制止和懲罰措施。2010 年，在北京簽訂了《制止與國際民用航空有關的非法行為的公約》（簡稱《北京公約》），將使用民用航空器作為武器，使用生化武器和核武器及類似危險物質攻擊民用航空器，使用此類物質從民用航空器攻擊其他目標，非法利用民用航空器運輸這些武器和物質，以及網絡攻擊航空導航設施等界定為國際犯罪。同年還制定了《制止非法劫持航空器公約的補充議定書》（簡稱《北京議定書》），修訂了 1970 年的《海牙公約》，擴大了《海牙公約》的適用範圍。

三、國際航空運輸制度

國際民用航空運輸業包括旅客、貨物和郵件的國際航空運輸活動，主要按 1944 年的《芝加哥公約》的規定進行。該公約對空中航行的一般原則、在一國領土上空飛行、航空器的國籍和便利空中航行的措施等問題做了具體的規定。

（一）航空器的分類

航空器依《芝加哥公約》附件二「空中規則」中所下的定義，是指能夠從地面對空氣的反作用而不是空氣對地面的反作用在大氣中獲得支持的任何器械。因此飛機、滑翔機和氣球等可被視為航空器，氣墊船、人造衛星等不是航空器。航空器按其使用的性質分為國家航空器和民用航空器兩類。國家航空器是指「用於軍事、海關和警察部門的航空器」。此外，運送國家元首和政府高級官員的專機，負有特殊使命，如救援、科學活動等，並帶有適當國家標誌的航空器也被視為國家航空器。其他航空器均為民用航空器。航空領域中的國際公約對國家航空器均不適用。

（二）航空器的國籍

航空器應具有國籍，航空器在何國登記即取得何國的國籍。登記的條件由各國國內法加以規定。航空器只能在一國登記。航空器的登記可以從一國轉移到另一國。從事國際航行的航空器應帶有適當的國籍標誌和登記標誌。航空器的國籍具有重要的作用，具有一國國籍的航空器受該國的保護，航空器的國籍國承擔該航空器的有關責任。根據《芝加哥公約》，航空器的登記國對航空器上發生的事件或事故擁有管轄權，根據《東京公約》《海牙公約》和《蒙特利爾公約》，航空器的登記國對航空器上發生的犯罪有刑事管轄權。

（三）國際航空飛行的分類

國際航空飛行分為定期國際航班飛行和不定期國際航班飛行。定期國際航班須具

備三個特徵：①飛經一個以上國家的領空；②為收取報酬使用航空器運輸旅客、郵件或貨物，每次飛行都為公眾開放使用；③為在同樣兩點或多點間提供空中交通服務，按公布的時刻表飛行，或從事正規的或頻繁的飛行，從而構成公認的制度性系列飛行。不具有這三個特徵的不是定期國際航班，而是不定期飛行，如包機飛行。

（四）飛行權利

《芝加哥公約》規定，從事不定期飛行的航空器，在遵守《芝加哥公約》規定的條件下，不需要事先獲得批准，享有下述權利：①飛入或飛經他國的領土而不降停；②飛入或飛往他國領土做非商業性降停，即非為裝載旅客、貨物和郵件的降停。各國有權命令從事不定期國際航班飛行的航空器降落。在下述三種情況下，各國有權命令從事國際不定期飛行的航空器遵照指定航路或獲得批准後才能飛行：為了飛行安全，或要飛往不得進入的地區，或要飛往缺乏適當航行設備的地區。

《芝加哥公約》規定，定期國際航班必須經過有關國家的特准或許可，並且遵照特准或許可的條件才能進行，否則不能飛入該國境內或在該國領土上空飛行。定期國際航班的特准和許可是通過下列協定給予的：與《芝加哥公約》同時締結的《國際航班過境協定》和《國際航空運輸協定》，以及有關國家間的雙邊航空協定。《國際航班過境協定》規定，締約國間相互給予定期國際航班兩項飛行權利（也稱兩種自由）：①飛越其領土而不降落的權利；②非商業性降停的權利。《國際航空運輸協定》規定，締約國間相互給予五項飛行權利（也稱五種自由）：①飛越其領土而不降停的權利；②非商業性降停的權利；③卸下來自該航空器所屬國領土的旅客、郵件和貨物的權利；④裝上前往該航空器所屬國領土的旅客、郵件和貨物的權利；⑤裝上前往任何其他締約國領土的旅客、郵件和貨物的權利和卸下來自任何該締約國領土的旅客、郵件和貨物的權利。由於在這兩項協定上簽字的國家不多，多數國家間仍依雙邊協定給予定期國際航班飛行的許可。

四、各國從事國際民用航空活動的義務

為保證國際民用航空活動的順利進行和民航事業安全而有秩序地發展，各國應當承擔下列義務：

（一）不濫用民用航空

民用航空的目的是促進各國和人民之間的友好往來與合作，發展國際民用航空和在機會均等的基礎上健全而經濟地經營國際航空運輸業務。如果利用民用航空威脅世界和平，從事間諜活動，製造國家之間的摩擦即屬於濫用民用航空。

（二）遵守無差別對待原則

各國對民用航空施加的條件和限制應對本國的和外國的以及外國間的航空器、航空企業一視同仁，實行無差別對待。例如，關於空中禁區和空中航行的規章，應不分國籍，適用於所有國家的航空器。關於機場和航行設施的使用、對載貨的限制等，應適用同樣的條件和採取同樣的標準。

(三) 促進採用國際統一標準和措施

國際航空活動要求盡可能統一國際空中規則，減少各國國內法之間的差異。《芝加哥公約》有關於國際標準及建議措施的 18 個附件，附件中所含規則對各締約國有準法律約束力。各國在制定空中規章、標準和程序時，應力求與這些國際標準和建議措施一致。

(四) 促進國際航行安全，便利空中航行

各國應採取一切措施簡化手續，在執行關於移民、檢疫、海關和放行等法律時，防止對航空器、空勤人員、旅客和貨物造成不必要的延誤。對飛入、飛出或飛越一國的航空器，在遵守該國海關規章的條件下，應準予免納關稅，對飛離一國領土時仍置留在航空器上的航行必備品應免納關稅、檢驗費或類似的其他稅款和費用。各國對在該國領土內遇險的航空器應採取援救措施。各國應對外國航空器在其領土內失事的事件進行調查。各國不得以航空器的結構、機件和操作等違反該國專利權的規定而扣押該航空器。各國應採取措施防止疾病由空中航行傳播。不能因給予航空器通過權而徵收任何費用。必須注意國家航空器及無人駕駛航空器的使用不能危及民用航空器。

五、中華人民共和國有關民用航空的法律

中華人民共和國成立以後，中國的航空事業發展得很快，中國的航班已能抵達世界上大多數的國家和重要城市。繼 1974 年中國承認《芝加哥公約》後，中國相繼制定了《外國民用航空器飛行管理規則》《通用航空管理的暫行規定》《民用航空器管理暫行規定》《民用航空器適航管理條例》《國內航空運輸旅客身體賠償暫行規定》《民用航空運輸不定期飛行管理暫行規定》和《搜尋援救民用航空器規定》。為了滿足中國民用航空發展的需要，1995 年頒布了《中華人民共和國民用航空法》，對民用航空器的國籍、權利、試航管理、航空人員、民用機場、空中航行、航空運輸企業、公共航空運輸、通用航空、搜尋援救和事故調查、對地面第三人損害的賠償責任，以及對外國民用航空器的特別規定、涉外關係的法律適用、法律責任等做了全面的規定。1996 年還公布了《民用航空器安全保衛條例》。

其中，《中華人民共和國民用航空法》對國際民用航空做了如下規定：

(一) 領空主權

中國對其領陸和領水之上的空域具有完全的、排他的主權。外國民用航空器根據其國籍登記國與中國政府簽訂的協定、協議的規定，或者經中國國務院民航主管部門批准或者接受，方可飛入、飛出中國領空和在中國境內飛行、降落。對擅自飛入、飛出中國領空的外國民用航空器，中國有關機關有權採取必要措施，令其在指定的機場降落。對合法地飛入、飛出中國領空的外國民用航空器，如果有合理的根據認為需要對其進行檢查的，有關機關有權令其在指定的機場降落。

(二) 外國民用航空器在中國境內的航空運輸

外國民用航空器在中國領土上空飛行的，必須遵守中國的法律規定，例如：其經

營人應當提供已經投保地面第三人責任險或者已經取得了相應的責任擔保的證明書；外國民用航空器的經營人經其本國政府指定，並取得中國國務院民航主管部門頒發的經營許可證，方可經營中國與該外國政府簽訂的協定、協議規定的國際航班運輸；外國民用航空器的經營人經其本國政府批准，並獲得中國國務院民航部門批准，方可經營中國境內一地和境外一地之間的不定期航空運輸；外國民用航空器經營人，應當依照中國的法律規定，制訂相應的安全保衛方案，報中國民航主管部門備案；外國民用航空器的經營人不得經營中國境內兩點之間的航空運輸；外國民用航空器應按中國民航主管部門批准的班期時刻和飛行計劃飛行，變更班期時刻表和飛行計劃的，其經營人應報中國民航主管部門批准，因故變更或取消飛行的，其經營人亦應報中國民航主管部門；外國航空器應當在中國民航主管部門指定的設關機場起飛或者降落。

(三) 查驗和處罰

中國民航主管部門和其他主管機關，有權在外國民用航空器降落或者出境時查驗它的飛行必備文件。外國民用航空器及其所載人員、行李、貨物，應當接受中華人民共和國有關主管機關依法實施的入境、出境、海關、檢疫等檢查。對違反中國民用航空法規定的行為，應依法給予處罰。

第三節　國際民用航空安全的法律保護

航空事業的發展，一方面便利了各國人民之間的交往、旅遊和貿易；另一方面，各國國內和國際的尖銳矛盾與鬥爭也反應到航空領域中來，民用航空成為犯罪行為的新目標、新場所。20 世紀 60 年代以後，空中劫持事件不斷發生，嚴重危及國際民用航空事業和人民生命財產的安全。20 世紀 70 年代連續發生了破壞飛機，致使飛機在飛行途中爆炸的事件。20 世紀 80 年代危害機場安全的事件增多，造成重大傷亡。航空領域中的犯罪危害性大、涉及的國家多，不易處理。為此，國際社會締結了《東京公約》《海牙公約》《蒙特利爾公約》及《補充蒙特利爾公約的議定書》和《北京公約》，為懲治危害國際民航安全的行為進行廣泛的國際合作。這些公約的主要內容如下：

一、懲治的行為

(一)《東京公約》

《東京公約》適用於在飛行中的航空器上發生的兩種行為：①違反刑法的犯罪；②不論是否犯罪，可能或確已危及航空器及其所載人員或財產，或者危及航空器上良好秩序與紀律的行為。「在飛行中」是指航空器從為起飛目的而發動時起到降落後滑跑完畢時止。

(二)《海牙公約》

《海牙公約》是專門針對非法劫持航空器的犯罪而制定的。該公約起初規定，凡在

飛行中的航空器內的任何人用暴力或用暴力威脅，或用任何其他恐嚇方式，非法劫持或控制航空器，或這類行為的任何未遂行為，或是從事這類行為或者任何未遂行為的共犯即是犯有罪行。這裡的「在飛行中」一詞是指航空器從裝載完畢，機艙外部各門均已關閉時起，直至打開任一艙門以便卸載時為止。航空器在迫降時，在主管當局接管該航空器及其所載人員和財產的責任前，應被認為仍在飛行中。《北京議定書》第二條將非法劫持航空器的犯罪定義修改為：「任何人如果以武力或以武力相威脅、或以脅迫、或以任何其他恐嚇方式、或以任何技術手段，非法地或故意地劫持或控制使用中的航空器，即構成犯罪。」該議定書增加了以脅迫和以任何技術手段從事非法劫持航空器的犯罪，並將犯罪的時間從「在飛行中」延伸到「使用中」，擴大了非法劫持航空器的犯罪手段和時間範圍。

(三)《蒙特利爾公約》

《蒙特利爾公約》將非法和故意實施下述五種行為定為危害民用航空安全的罪行：①對飛行中的航空器內的人採取暴力行為而足以危及該航空器安全；②破壞使用中的航空器或使其受損壞，以致不能飛行或足以危及其飛行的安全；③用任何方法在使用中的航空器內放置或指使別人放置裝置、物質，可能破壞該航空器或使其受損壞以致不能飛行或足以危及其飛行的安全；④破壞或損壞航行設備或妨礙其工作，足以危及其飛行的安全；⑤傳送虛假的情報，從而危及飛行中航空器的安全。「使用中」的起訖時間為：從地面人員或機組為某一特定飛行而對航空器進行飛行前的準備時起，直到降落后 24 小時止。

(四)《補充蒙特利爾公約的議定書》

《補充蒙特利爾公約的議定書》主要是為了制止非法對用於國際民用航空的機場實施暴力的行為而制定的。該議定書規定，任何人使用任何裝置、物質或武器，非法地和故意地實施下列行為，以致危及或足以危及該機場安全的，即為犯罪：①對用於國際民用航空的機場內的人實施暴力行為，造成或足以造成重傷或死亡；②破壞或嚴重損壞用於國際民用航空的機場的設備或停在該機場上未在使用中的航空器，或中斷機場服務。

(五)《北京公約》

《北京公約》所制止的是與民用航空有關的非法行為，列入公約中的非法行為包括了《蒙特利爾公約》和《補充蒙特利爾公約的議定書》中的所有非法行為。此外，還增加了四種犯罪行為：①利用使用中的航空器旨在造成死亡、嚴重身體傷害，或對財產和環境的嚴重破壞。②從使用中的航空器內釋放或排放任何生物武器、化學武器和核武器或爆炸性與放射性、或類似物質造成或可能造成死亡、嚴重身體傷害或對財產或環境的嚴重破壞。③對一使用中或在一使用中的航空器內使用上述武器或物質或類似物質造成或可能造成死亡、嚴重身體傷害或對財產或環境的嚴重破壞。④在航空器上運輸、導致在航空器上運輸或便利在航空器上運輸：任何爆炸性或放射性材料，意圖從事恐怖活動；任何生物武器、化學武器和核武器；任何原材料、特種裂變材料、

或未加工、使用或生產這些材料而專門設計或配置的設備或材料；未經合法授權的任何設計、製造貨運在上述武器有重大輔助作用的設備、材料或軟件或相關技術，且其意圖是用於此類目的。

從上述公約的規定可以看出，《東京公約》對懲治的犯罪或行為只做了概括性的規定，並非專門針對某種犯罪，並且是否犯罪依各國的刑法而定，無統一標準。《海牙公約》有明確的針對性，其目的在於制止和懲罰在使用中的航空器內的非法劫持航空器的犯罪，不包括對國際民航的其他犯罪。《蒙特利爾公約》主要將《海牙公約》中未包括的危害國際民航安全的罪行作為制止和懲罰的對象，既包括對航空器內的人實施暴力的行為，也包括對航空器實施的破壞行為；既包括在空中實施的罪行，也包括在地面實施的罪行。《補充蒙特利爾公約的議定書》則專門保護用於國際民用航空的機場的安全，制止和懲治對此種機場上的人、設備和未在使用中的航空器非法使用武器和裝置。這種罪行大多發生在地面。《北京公約》不僅包括了《蒙特利爾公約》及其議定書制止和懲治的危害民用航空與國際機場安全的犯罪，還針對利用民航飛機進行的恐怖犯罪和非法運輸生物、化學與核武器及其相關材料，以適應當代反恐鬥爭的需要。

值得一提的是，《北京公約》和《北京議定書》都規定企圖犯罪、組織和指揮他人犯罪、共同犯罪、幫助犯罪與同謀犯罪也都構成相應的犯罪，對法律實體進行管理和控製的人以此身分所犯的公約所列罪行，得以追究該法律實體的責任。

二、管轄權

對於航空領域中的犯罪行為各國都極為關注，聯合國大會曾多次呼籲各國採取一切適當措施，在其管轄範圍內阻止、防範或查禁這類行為，追訴和懲處犯有這類行為的人。解決管轄權的問題是懲罰罪犯的前提。

在《東京公約》締結以前，對航空器內犯罪的管轄權問題，國際上沒有統一的規定，由各國按其國內法的規定進行管轄。一些國家在國內法上沒有規定對發生在本國領土以外航空器上的犯罪行為有管轄權，致使一些罪犯逃脫了懲罰。例如，在美國訴科多瓦案和英王訴馬丁案中，法院或因找不到對在公海上空飛行的本國航空器內的犯罪有管轄權的依據，或因認為本國刑法不適用於在本國領土外飛行的航空器上的犯罪而撤訴。《東京公約》主要解決了航空器登記國對航空器內犯罪行為的管轄權問題，確立航空器的登記國對航空器內的人在該航空器內所犯的罪行或行為有權行使管轄，無論該航空器是飛行在公海上空，還是在不屬於任何國家領土的其他地區上空，非航空器的登記國除《東京公約》規定的特殊情況外，一般不得為對機上犯罪行使管轄權而干預飛行中的航空器。但不排除各國根據本國法行使任何刑事管轄權。

對非法劫持航空器的罪行，《海牙公約》規定下述國家有管轄權：

（1）航空器的登記國：罪行是在該國登記的航空器內發生的。

（2）航空器的降落地國：在其內發生罪行的航空器在該國降落時，被指稱的罪犯仍在該航空器內。

（3）承租人的主要營業地國或永久居所所在國：罪行是在租來時不帶機組的航空器內發生的，承租人的主要營業地國，或承租人沒有主要營業地時，其永久居所地國

有管轄權。

（4）發現罪犯的國家：當被指稱的罪犯在一國領土內，而該國未將此人引渡給上述任一國時，該國應採取必要的措施，對罪行實施管轄權。

（5）其他國家：不排除其他國家根據本國法行使任何刑事管轄權。

《海牙公約》對管轄權的上述規定有以下特點：①與劫機罪行有密切法律聯繫的國家對罪行有管轄權。②任何抓獲罪犯的國家都可實施管轄權，這些國家可能與罪行毫無法律聯繫，因而這種管轄權帶有普遍管轄權的性質，被稱為準普遍管轄權。③《海牙公約》未規定哪類國家有優先管轄權，遇有管轄權的衝突，只能由有關國家協商解決。《蒙特利爾公約》及《補充蒙特利爾公約的議定書》對管轄權做了與《海牙公約》基本相同的規定。不同的是，由於危害國際民航安全的罪行和危害用於國際民用航空的機場安全的罪行越來越多地發生在地面，因而《蒙特利爾公約》增加了罪行發生地國的管轄權。此外，不引渡則起訴的規定只適用於犯罪定義中前三種行為的罪犯。

《北京公約》關於管轄權的規定與《海牙公約》的規定基本相同，所不同的是航空器的登記國不僅對在航空器內發生的公約所列犯罪有管轄權，而且針對該國登記的航空器的犯罪也具有管轄權。

《北京議定書》和《北京公約》對管轄權的上述規定使與有關罪行有密切法律聯繫的國家對罪行都有管轄權。但是這些公約都未規定哪類國家有優先管轄權，遇有管轄權的衝突，只能由有關國家協商解決。

三、或引渡或起訴

《海牙公約》《蒙特利爾公約》和《北京公約》都規定，非法劫持航空器、危害國際民用航空安全、危害用於國際民用航空機場安全以及與國際民用航空有關的罪行是可引渡的罪行，這是國際法上的一大突破。上述罪行多數出於政治目的，根據傳統國際法，政治犯不予引渡。《海牙公約》《蒙特利爾公約》都把上述罪行規定為可引渡的罪行，並規定以引渡條約為引渡條件的締約國可根據這幾項公約引渡罪犯，為締約國間引渡罪犯提供了方便。《北京公約》除了這些規定外，還明確規定，為引渡或司法互助的目的，該公約所列的罪行都不得被視為政治罪或與政治罪有關的或政治動機引起的犯罪。因此，被請求引渡國不得以犯罪涉及政治罪或與政治罪有關的或因政治動機引起的為由而拒絕引渡。但是，請求國請求引渡是為了因某人的種族、宗教、國籍、族裔、政見和性別而對該人起訴或懲罰，則允許被請求國拒絕引渡。

此外，上述三個公約都引入了「或引渡或起訴」的原則。嫌疑犯所在的國家如不將其引渡給有管轄權的國家，則不論罪行是否在其境內發生，一律應將案件提交其主管當局，以便起訴。該主管當局應按照本國法律，以對待任何嚴重性質的普通罪行案件的同樣方式予以判決。這裡的普通罪行是相對政治罪而言的，它意味著對劫機等犯罪不得以政治罪論處，應以嚴厲的刑罰予以懲治。同時《北京公約》還規定了對犯罪嫌疑人應享有的人權的保障。

四、防止塑性炸藥對國際民航運輸的破壞

（一）1991 年《蒙特利爾公約》的制定

1988 年 12 月 21 日，泛美航空公司 103 號航班客機在蘇格蘭的洛克比上空發生爆炸，造成機上乘員全部遇難和地面上若干人傷亡的慘重后果。嗣后經調查，確定客機爆炸是由安放在一架便攜式收錄機中的塑性炸藥引起的。該塑性炸藥體積小、爆炸力極強，因其物質密度低，不易被各國機場的安全檢測系統檢測出來。

在聯合國大會的關注和敦促下，國際民航組織為了建立註標塑性炸藥以便探測的國際制度，於 1991 年 3 月 1 日通過了《關於註標塑性炸藥以便探測的公約》（簡稱 1991 年《蒙特利爾公約》）。該公約自 1998 年 6 月 21 日起生效。

（二）締約國的義務

1991 年《蒙特利爾公約》的目的是為了防止有人利用塑性炸藥實施恐怖行為。該公約要求締約國在製造、運輸、控製和銷毀不註標的塑性炸藥方面承擔四項義務：

1. 不製造的義務

各國應採取必要和有效的措施，禁止和阻止在其領土內製造非註標的塑性炸藥。各國若須生產塑性炸藥，就有義務給塑性炸藥加上標記。該公約允許各締約國為了進行經過正當授權的研究、發展或試驗新的炸藥，或為了進行經過正當授權的訓練檢測爆炸物、發展和試驗檢測爆炸物的設備等目的，少量製造和擁有塑性炸藥。

2. 不運入、運出的義務

各締約國應採取必要和有效的措施，禁止和阻止非註標的塑性炸藥運入或運出其領土。這一規定的作用是防止非註標的塑性炸藥在國際上流動，而不易得到控製。

3. 嚴格控製的義務

對於在公約對締約國生效前已在該國領土內生產或輸入該國的非註標的塑性炸藥，各締約國應採取必要的措施，實行嚴格和有效的控製，以防止這些炸藥的轉移或用於與本公約不符的目的。對於那些為科研等目的少量使用和生產的塑性炸藥，各締約國也應採取必要措施對其擁有和轉移實行嚴格有效的控製。

4. 銷毀或註標的義務

締約國應採取必要措施，保證將已在其領土內生產或輸入該國的塑性炸藥進行銷毀或註標，即在炸藥中加入一種探測元素，使其易於探測，或不用於與公約不相符的目的。這些炸藥若非為締約國當局履行警察和軍事職能而持有，即一般工業用的此類炸藥，應在三年內進行徹底銷毀或用於與公約不相違背的目的，或註標或使其徹底變為非攻擊性質。

五、中華人民共和國關於國際民用航空安全的規定和實踐

中國非常重視維護民用航空的安全，並一貫反對以恐怖主義手段從事政治鬥爭。中國政府讚同聯合國安全理事會關於要求各國對採取冒險恐怖行動的人採取有效的法律措施，最大限度地確保國際民航的安全和可靠的提案。1978 年 11 月 14 日中國加入

了《東京公約》，1980 年 9 月 10 日同時加入了《海牙公約》和《蒙特利爾公約》，並於 1988 年 2 月 24 日《補充蒙特利爾公約的議定書》開放簽署的當天，在該議定書上簽了字。

1981 年，公安部發布通告，嚴禁攜帶武器、凶器和爆炸物、危險品登機，並於同年 4 月 1 日起，在中國境內各民用機場，對乘坐國際班機的中外旅客及其攜帶的行李、物品，實行安全技術檢查。1985 年 12 月 14 日，國務院發布《關於保障民用航空安全的通告》，規定拒絕安全技術檢查者，不準登機。使用暴力或其他手段劫持飛機，使用爆炸或其他手段破壞飛機、民用航空設施的罪犯，由司法機關依法嚴懲。1987 年 6 月 23 日全國人大常委會做出決定，對於中國參加的國際條約所規定的罪行，中國在所承擔條約義務的範圍內，行使刑事管轄權。1992 年 12 月 28 日全國人大常委會做出關於懲治劫持航空器犯罪分子的決定：以暴力、脅迫或者其他方法劫持航空器的，處 10 年以上有期徒刑或者無期徒刑；致人重傷、死亡或者使航空器遭受嚴重破壞或者情節特別嚴重的，處死刑；情節較輕的，處 5 年以上 10 年以下有期徒刑。1997 年《中華人民共和國刑法》第一百一十六條、第一百一十七條、第一百二十一條至第一百二十三條規定：對飛行中的航空器上的人員使用暴力，危及飛行安全，尚未造成嚴重后果的，處 5 年以下有期徒刑或者拘役；造成嚴重后果的，處 5 年以上有期徒刑。對劫持航空器者，處 10 年以上有期徒刑或者無期徒刑；致人重傷、死亡或者使航空器遭受嚴重破壞的，處死刑。對破壞航空器，尚未造成嚴重后果的，處 3 年以上 10 年以下有期徒刑。對發生在中國的劫機罪犯，中國司法部門予以了嚴厲的懲處。

第四節　外層空間的法律地位

一、外層空間的不得佔有

外層空間是指空氣空間以外的全部空間。外層空間不隨地球運動。由於外層空間空氣稀薄，只適於依地球離心力飛行的宇宙飛行器飛行。外層空間的法律地位問題主要涉及國家的領空主權是否能達到外空。過去曾有些法學家引用羅馬法上的格言「誰有土地，就有土地的無限上空」，主張國家領空主權適用於外層空間。20 世紀 50 年代初，為對付美國 U-2 高空偵察機的入侵，當時的蘇聯曾主張過國家領土主權至領土上方無限的高度。

然而，1957 年蘇聯發射第一顆人造衛星後，各國在實踐中都以行動表示了外層空間不屬於國家主權管轄範圍的態度。到 1966 年年底的近 10 年時間，各國共發射了 400 多顆衛星。這些國家在發射衛星前從未徵求任何國家的同意，在發射衛星後也沒有遭到任何國家的抗議。1961 年和 1963 年聯合國大會兩次一致通過決議，宣告外層空間不能被各國據為己有，各國均可在平等的基礎上，根據國際法自由探索和利用，並將此項原則定為各國從事探索和利用外層空間的活動時所應遵守的法律原則，從而被認為形成了有關外層空間法律地位的國際習慣法規則。

1967年的《外層空間條約》和1979年的《月球協定》對外層空間（包括月球和其他天體）的法律地位做了更明確的規定，即外層空間不得被各國據為己有。禁止國家、政府、私人和私人企業以任何形式，包括通過主權要求、使用或占領方法，以及其他任何措施佔有外層空間，包括月球和其他天體及其自然資源。

二、外層空間的探索和利用自由

《外層空間條約》規定所有國家可在平等的基礎上，根據國際法自由探索和利用外層空間（包括月球和其他天體），自由進入天體的一切區域。各國在外層空間（包括月球和其他天體）有進行科學考察的自由。探索和利用外層空間應為所有國家謀福利，並應為全人類的開發範圍。

從以上兩項規定可以看出：①國家不得對外層空間主張主權，外層空間不屬於任何國家的主權範圍，不是國家領土的組成部分；②由於禁止任何國家和私人以任何方式佔有外層空間，外層空間也不是無主物，因為無主物是可以通過先占而取得的；③由於所有國家有探索和利用外空的自由，外空的探索和利用應為所有國家謀福利，所以，外層空間並不屬於公有物或非交易物，外層空間的法律地位自成一類，屬於全人類的開發範圍。

三、地球靜止軌道的法律地位問題

地球靜止軌道是指位於赤道平面上空距離地面35,871千米的一條與赤道平行的圓形軌道。放置在該軌道上的人造衛星繞地球一周所需時間恰好與地球自轉一周的時間相同，都是24小時，而且兩者旋轉方向相同，所以從地面上看，該軌道上的衛星好像靜止不動，因而這條軌道被稱為地球靜止軌道。

20世紀70年代，各國基於各自的利益，對地球靜止軌道的法律地位提出了各自的主張。赤道國家主張對地球靜止軌道在赤道國家上空的區段享有主權。1976年12月3日，8個赤道國家發表了《波哥大宣言》，宣布地球靜止軌道是一項「自然資源」，是有關「赤道國家在其上行使其國家主權的領土的組成部分」。

包括美國和蘇聯等空間大國在內的一些國家堅決反對赤道國家的主張，提出地球靜止軌道是有限的自然資源，但它肯定屬於外層空間，不受各國支配，某些國家的地理位置無論對整個軌道或是其個別區段，均不創造任何所有權。

還有一些國家持折中的觀點，一方面不否認地球靜止軌道屬於外層空間的構成部分；另一方面主張在公平合理的基礎上做出適當安排，以照顧赤道國家和其他發展中國家的利益。

中國政府對地球靜止軌道的法律地位的主張是，地球靜止軌道屬於外層空間的組成部分，但由於它是有限的自然資源，應制定特別法律制度以確保平等地使用這一軌道。有關地球靜止軌道的法律制度，應建立在公平、經濟、有效的原則基礎上，同時應照顧到所有國家的利益。

由於赤道國家對地球靜止軌道的主權要求沒有得到多數國家的支持，從1984年起，多數赤道國家調整了其立場，放棄對地球靜止軌道的主權要求，提出赤道國家享

有某些優先權利，其他國家若使用地球靜止軌道，需事先得到有關赤道國家的許可。但是赤道國家這一妥協並未能為大多數國家所接受，1993 年，赤道國家對其立場又做了一次調整，承認地球靜止軌道為外層空間的一部分，主張制定使用地球靜止軌道的優先次序，以達到公平的目的。赤道國家這一主張擴大了享有利益國家的範圍，即不僅包括赤道國家，也包括其他發展中國家，但仍未得到普遍接受。

根據 1992 年《國際電信聯盟憲章》第四十四條第二款的規定：「各會員國在使用無線電通訊頻率時，應當考慮到無線電頻率及地球靜止軌道均為有限之自然資源，必須作合理、有效及經濟的使用，以符合無線電規則之規定，以保障各國或各組國家可公平使用此兩項資源。」無線電頻率和地球靜止衛星軌道都是有限的自然資源。現在通過國際電信聯盟將無線電頻率分配給通信衛星使用，以避免通信衛星相互干擾，從而解決了靜止軌道的部分問題。

現在國際社會普遍承認，地球靜止軌道屬於外層空間的組成部分，應適用《外層空間條約》；地球靜止軌道是有限的自然資源，應採取公平使用原則。但目前關於地球靜止軌道的分配使用問題，世界各國仍有不同看法。

四、空氣空間與外層空間的分界問題

(一) 外層空間劃界的各種主張

航空法和外空法是兩個不同的法律部門，要確定它們各自適用的範圍，就產生了空氣空間與外層空間的分界問題。要不要劃界以及如何劃界，各國的意見分歧很大，至今仍未解決。

在劃界理論方面有兩種主張：功能論和空間論。功能論者不主張劃分兩者的界限，認為空氣空間和外層空間是連續的空間，只要按照空間活動和飛行器的性質就能區別適用什麼法律。值得注意的是，美國等一些國家正在或計劃研製既能在空氣空間飛行又能夠在外層空間飛行的航空航天機，功能論顯然不能解決這種飛行器的法律適用問題。空間論者主張以空間的某一高度劃界，認為這樣便於確定兩種不同法律制度所適用的範圍，也有利於各國對其領空有效地行使主權。

在劃界的高度上，也有很多不同的意見，主要的主張有：

(1) 航空器上升最高限度說。以飛機可以達到的最高高度為依據，提出距地面 30～40 千米的高度為空氣空間的上部界限。

(2) 空氣構成說。以空氣中不同大氣層的特點為根據，提出 50 千米、90 千米、200～300 千米、500～1000 千米，甚至幾千千米的高度為空氣空間的最高界限。

(3) 有效控制高度說。以地面國家能行使有效控制的高度為空氣空間和外層空間的界限。

(4) 卡曼管轄線。物理學家馮・卡曼提出以離心力開始取代空氣成為飛行動力的地方作為空氣空間的最高界限。這條界限稱為卡曼管轄線，在距地面 83 千米的高度。

(5) 衛星軌道最低近地點說。主張以人造地球衛星軌道離地面最低高度為標準，外層空間的最低界限在距地面 90～110 千米的高度。比較多的國家傾向於這一標準。蘇

聯也曾建議採用這一高度劃界，條件是空間物體在他國領空有過境權，但這個條件很難為多數國家接受。

這些劃界標準有的因科學技術的不斷改進，將會不斷地發生變化；有的因大氣層條件的差異，處於不穩定狀態，因而始終都未得到普遍的接受。

(二) 中國政府的主張

關於外空的定義和定界問題，出席外空委員會會議的中國代表團的主張是，確定一個為各國共同接受的外層空間定義，以區別空氣空間和外層空間的法律地位，將有助於保護各國的領空主權和促進外層空間法的發展。但是選擇一條適當的分界線不僅涉及複雜的科學技術問題，而且是一個重要的政治和法律問題。對這個問題，應從各國特別是發展中國家的主權和安全利益出發，根據目前技術的發展狀況，並考慮到地球上空的物理特性，以及開展外空活動的合理需要，通過反覆和耐心的協商，予以解決。

目前，對這個問題的爭論遠未結束，要就這一問題達成協議，還有很長的路要走。儘管目前外層空間的定義和定界問題尚未解決，但有一點事實已被各國普遍接受，即衛星運行在外層空間。

第五節　外層空間活動的法律制度

一、外層空間法的概念與發展

(一) 外層空間法的概念

自從1957年10月4日第一顆人造衛星成功地射入太空，半個世紀以來，宇航技術突飛猛進，人類探索利用宇宙空間的活動全面開展。目前，人造衛星已用來觀測氣象、遙感地球資源、進行廣播通信、導航，為人類的社會、經濟和文化的發展帶來無窮的利益。外空技術的發展產生了一系列新的法律問題。這些問題，通過國際實踐形成習慣國際法規則以及國家間締結的條約、公約逐步得以解決。

外層空間法簡稱空間法或外空法，是有關外層空間的法律地位以及各國探測和利用外層空間活動的法律。它是現代國際法的一個新的分支。

外層空間法調整的對象主要是國家及國際空間組織在探索和利用外層空間活動中所發生的關係。非政府組織和私人實體從事的外空活動都必須受國家的授權與監督，成為國家的外空活動。

外層空間法是自20世紀60年代初形成和逐步發展起來的一門年輕的法律。由於當時只有蘇美是最有實力的空間活動國家，空間法的很多內容反應了他們的實踐和需要。但也不能否認，這個時期是民族獨立國家興起時期，這些國家積極參與外空法的立法活動，因此，外空法的一些原則和規則，體現了發展中國家的利益和主張。如「人類共同利益」「人類共同財產」「和平利用」「考慮發展中國家的利益」等，有利於建立

合理的空間秩序。由於外層科學技術的迅速發展，隨著私營企業對外空活動的投入，不斷產生新的法律問題，如衛星的在軌買賣等使原有外空物體的登記、管轄和責任制度不能適應新的情況，外層空間的環境保護問題及外空碎片的清理問題日益得到國際社會的關注，因此外空法還需不斷完善。

(二) 外層空間法的發展

外層空間法是隨著外空技術和各國探索與利用外空的活動的發展而發展起來的。1959 年，聯合國成立了和平利用外層空間委員會，專門負責審查、研究和促進外空領域中的國際合作，以及負責研究探索和利用外層空間所引起的法律問題，從事逐步制定和編纂國際空間法的工作，取得很大成效。在聯合國主持下制定的有關外層空間的國際文件有：

(1) 1967 年 1 月 27 日通過的《關於各國探索和利用外層空間包括月球和其他天體的活動的原則條約》（簡稱《外空條約》）。該條約是在 1963 年聯合國大會一致通過的《各國探索和利用外層空間活動法律原則宣言》的基礎上制定的。它規定了外空活動所應遵守的原則，是有關外空活動的基本法，被稱為「外空憲章」。其他有關外空活動的國際公約和文件均以《外空條約》的精神為指導，對該條約所含的原則做了更具體、更完善的規定。

(2) 1968 年 4 月 22 日通過的《關於營救宇航員、送回宇航員和歸還發射到外層空間的實體的協定》（簡稱《營救協定》），主要規定了營救宇航員的制度。

(3) 1972 年 3 月 29 日通過的《空間物體造成損害的國際責任公約》（簡稱《國際責任公約》），詳細規定了空間物體造成損害的責任的原則、規則和求償程序。

(4) 1975 年 1 月 14 日通過的《關於登記射入外層空間物體的公約》（簡稱《登記公約》），規定了外空物體的登記制度。

(5) 1979 年 12 月 18 日通過的《關於各國在月球和其他天體上活動的協定》（簡稱《月球協定》），對月球及其他天體的法律地位以及月球資源的性質做了具體規定。

在以上五個國際公約中，參加《外層空間條約》的國家最多，截至 2007 年 1 月 1 日，已達 99 個國家，包括所有從事空間活動的國家。《月球協定》的締約國最少，只有 12 個國家，並且空間大國都沒有參加。

此外，聯合國大會通過的五項決議還制定了五套有關外空活動的法律原則：

(1) 1963 年 12 月 13 日通過的《各國探索和利用外層空間活動的原則宣言》。

(2) 1982 年 12 月 10 日通過的《關於各國利用人造地球衛星進行國際直接電視廣播所應遵守的原則》。

(3) 1986 年 12 月 3 日通過的《關於從外層空間遙感地球的原則》。

(4) 1992 年 11 月 12 日通過的《關於在外層空間使用核動力源的原則》。

(5) 1996 年 12 月 13 日通過的《關於開展探索和利用外層空間的國際合作，促進所有國家的福利和利益，並特別要考慮到發展中國家的需要的宣言》。

這五項聯合國大會決議，根據《聯合國憲章》的規定，屬建議性的，沒有法律的拘束力，但這並不妨礙各國在實踐中接受這些原則，從而形成國際習慣法規則。

(三) 外空活動的法律原則

1963年12月13日，聯合國大會一致通過的《各國探索和利用外層空間活動的法律原則宣言》共提出9條原則。1966年簽訂的《外空條約》發展和補充了上述宣言的內容，以國際條約形式將從事外空活動的各項基本法律原則確定下來，從事外空活動應遵守的法律原則如下：

（1）共同利益原則。《外空條約》第一條第一款規定：「探索和利用外層空間，包括月球和其他天體，應為所有國家謀福利和利益，而不論其經濟或科學發展程度如何，並應為全人類的開發範圍。」《月球協定》不僅重申月球的探索和利用應是全體人類的開發範圍，還強調應「充分注意這一代與后代人類的利益以及提高生活水平與促進經濟和社會進步和發展的需要」。

（2）自由探索和利用原則。所有國家都可在平等的基礎上，不受任何歧視。根據國際法自由探索和利用外層空間，有對外層空間包括月球和天體進行科學考察的自由，有進入天體的一切區域的自由。

（3）不得據為己有原則。外層空間包括月球和天體不得為國家、政府、私人或私人企業以各種形式佔有。月球及其自然資源是全人類的共同繼承財產，不得被各國佔有。此外，《國際電信公約》第三十三條規定，地球靜止軌道是有限的自然資源，它又是外層空間的一部分，亦不得被據為己有。

（4）為和平目的原則。根據《外空條約》的規定，在外層空間限制部署大規模毀滅性武器。月球和其他天體限於為和平目的使用，全面禁止軍事化。

（5）援救宇航員原則。宇航員應被視為人類派往外層空間的使節，宇航員發生意外事故或遇難時，各國應向他們提供一切可能的援助；發現有可能危害宇航員的情況時，應立即通知各締約國和聯合國秘書長。

（6）國家責任和賠償責任原則。各國應對其在外層空間的活動承擔國際責任，無論這種活動是由政府或非政府部門進行的。發射空間物體的國家，對該物體及其組成部分在地球、空間對另一國或其自然人、法人造成的損害，應負國際上的賠償責任。

（7）對空間物體的管轄權和所有權原則。空間物體的登記國對留置於外層空間或天體的該物體及其所載人員，保持管轄及控製權。射入空間的物體及其組成部分，無論出現在何處，其所有權應始終歸空間物體的登記國。

（8）空間物體的登記原則。為確定空間物體的所有權和管轄控製權等，要求發射空間物體的國家進行登記，並應將活動的性質、進行狀況、地點及結果通知給聯合國秘書長、公眾和科學界。

（9）保護空間環境原則。各國從事外空活動時，應避免外層空間，包括月球和天體遭受污染。當前大量在外空運行的空間物體碎片，對空間環境的危害性最大，已引起各國的極大關注。從事空間活動還應避免對地球環境的各種污染，如化學污染和放射性污染。《外空條約》第九條規定：各締約國從事研究和探索外層空間（包括月球和其他天體）時，應避免使其遭受有害的污染，以及地球以外的物質，使地球環境發生不利的變化。如有必要，各締約國應為此目的採取適當的措施。

（10）國際合作原則。合作原則貫穿在整個《外空條約》中。該條約第一條第三款規定，各國有對月球和其他天體進行科學考察的自由，「各國應促進並鼓勵這種考察的國際合作」；第九條規定，各國探索和利用外層空間「應以合作和互助原則為準則」；第十條規定，為提倡國際合作，各締約國應在平等的基礎上，考慮其他締約國的要求，給予這些國家觀察射入空間的實體飛行的機會；第十一條規定，為提倡國際合作，從事外空活動的國家應將其活動的性質等通知聯合國秘書長、公眾和國際科學界。1996年的聯合國大會決議特別強調開展探索和利用外層空間的國際合作，促進所有國家的福利和利益，並特別要考慮到發展中國家的需要。

二、登記外空物體的制度

空間物體的登記制度很重要，它有助於辨認射入外層空間的物體屬於哪個國家或國際組織，確定有關國家的權利、義務和責任，從而有助於實施國際空間法的原則和規則。

發射到外空的空間物體必須在一個發射國登記。發射國是指發射或促使發射空間物體的國家，或從其領土或設施上發射空間物體的國家。根據發射國的定義，一個發射到外層空間的物體可能有不止一個發射國，然而發射到外空的空間物體只能在一個發射國登記。若一個空間物體有兩個以上發射國，應由各該國共同決定由其中哪一國登記該空間物體。

空間物體應在兩個登記冊上登記。登記國設置和保持的一份登記冊，由有關登記國決定其保持登記冊的內容項目和條件。

聯合國建立一個總登記冊，由聯合國秘書長保存，每一登記國根據《登記公約》有義務及時地向聯合國秘書長提供其登記入冊的每一空間物體的下列情報：①發射國或發射國的國名；②空間物體的適當標誌或其登記號碼；③發射的日期和地區或地點；④基本軌道參數，包括交點週期、傾斜角、遠地點和近地點；⑤空間物體的一般功能。並應在切實可行的最大範圍內盡快將原在地球軌道上但現已不復存在的空間物體的情況，通知聯合國秘書長，以便能夠及時和全面掌握各國衛星在地球軌道上的運行情況。由於參加《登記公約》的國家還不夠多，2008年1月10日聯合國大會通過了《關於加強國家和國際政府間組織登記空間物體的做法的建議》的決議，未參加《登記公約》的國家也可以根據1961年聯合國大會的1721號決議向聯合國秘書長進行登記。聯合國秘書長保存的總登記冊應充分公開，聽任查閱。

如前所述，隨著外空活動商業化的開展，發生衛星在軌買賣的情況，這就需要解決非原始發射國的衛星所有國如何解決衛星登記的問題，使衛星的所有國能夠切實行使管轄控製權和承擔外空活動產生的責任。

三、營救制度

自從1961年4月12日蘇聯宇航員加加林首次進入太空，至1992年4月12日的31年，共有23個國家的269名宇航員到達過太空。中國也實現了載人航天飛行。載人宇宙航行對宇宙空間進行探索，對人類具有重要的意義。因而宇航員被認為是人類派往

外空的使節。射入外空的空間物體和宇航員有時會發生意外事故，緊急降落地面，或未能降落到預定地點，需要國際社會大力合作，進行營救和提供協助。《營救協定》規定了各國對營救宇航員和歸還空間物體的三項義務：

(一) 通知

各國獲悉或發現宇航員在其管轄的區域、公海或不屬任何國家管轄的任何地方，發生意外、處於災難狀態、進行緊急或非預定降落時，應立即通知：①發射當局——對發射負責的國家或國際組織；②聯合國秘書長。如果不能確認發射當局，應該用一切通信手段公開通報這個情況，聯合國秘書長應立即傳播這個消息。

各國若獲悉或發現空間物體或其組成部分返回地球，並落在上述區域，亦應通知發射當局和聯合國秘書長。

(二) 營救、尋找

宇航員降落在一國領土內，該國應立即採取一切可能的措施營救，並給他們一切必要的幫助。發射當局如果能幫助有效尋找和營救，應該與該國合作進行尋找和營救工作。尋找和營救工作應在宇航員降落地國的領導和監督下，與發射當局密切磋商進行。

宇航員降落在公海或不屬於任何國家管轄範圍的區域，獲悉或發現國在必要時和在力所能及的範圍內，均應協助尋找和營救宇航員，保證他們迅速得救，並把他們採取的措施和取得的結果通知發射當局和聯合國秘書長。

對於空間物體，各國只有在發射當局的要求和協助下，才有義務採取可行的措施，尋獲和保護空間物體或其組成部分。發射當局沒有要求，也可以不尋獲。

(三) 歸還

無論在何地發現了發生意外的宇航員，都應立即把他們安全地交還給發射當局的代表。發射當局是指負責發射有關外空物體的國家或國際組織。

在發射當局管轄區域以外發現的空間物體，都應在發射當局的要求下，歸還給發射當局。發射當局應提出證明資料，證明該空間物體是該發射當局的。如果尋獲的空間物體無人認領，或無人要求歸還，發現國可以自行處理。

應要求尋獲和歸還空間物體或其組成部分所花的費用由發射當局支付。

四、責任制度

(一) 責任主體

按照傳統國際法，國家只對歸因於國家的行為負國際責任。私人的行為一般不屬於國家行為，國家不對私人的不法行為負國際責任。在外空法中則不同，國家對其在外層空間從事的活動，無論是政府從事的，還是非政府從事的，如私人企業、團體從事的外空活動，都要承擔國際責任。國家要保證本國從事的外空活動符合國際法和外空法。因而非政府團體從事外空活動，應該經有關國家批准，並在該國的連續監督之下進行。國家不僅對其政府或私人從事的違反國際法或外空法的活動，如利用衛星對

他國進行戰爭宣傳、政治煽動，損害他國的主權和利益，要承擔國際責任，而且對其政府或私人所從事的活動，在不違反國際法的任何規定情況下，對他國造成的損害也應承擔國際責任。這裡主要介紹外空物體造成損害的責任問題。

空間物體造成損害的責任承擔者是發射國。當兩國或數國共同參與一項發射活動時，一個空間物體有幾個發射國，這些發射國對該外空物體造成的損害負共同和個別的責任。這是一種連帶責任，受害國可以向發射國任一國提出賠償要求和取得賠償。該國在賠償損害后，有權向共同參加發射的其他國家要求補償。通常共同發射空間物體的數國事先訂有分攤責任的協議，其空間物體造成的損害責任在這些國家之間按協議規定分攤。外空法規定共同發射國負連帶責任，便於受損害國及時向任一造成損害的發射國提出賠償要求，並使所有發射國在發射空間物體時承擔同樣的風險，以便每個共同發射國都做出努力防止其發射的空間物體對他國造成損害。

當一個空間物體對另一個空間物體造成損害，並由此對第三國造成損害，如一個空間物體撞毀另一國的空間物體，該空間物體的碎片又擊中第三國的飛機或其他財產，造成損害，這兩個空間物體的發射國應承擔共同和個別的責任，其賠償責任應按該兩國過失的程度分攤。

(二) 賠償的範圍

發射國對空間物體造成的損失負賠償責任。損失是指生命的喪失、身體受傷或健康的其他損害，國家、自然人、法人、國際組織的財產的損失和損害。對於健康的其他損失沒有明確的界定，可以做比較廣泛的解釋，只要造成的損害確與有關的空間物體有因果關係。受人身損害並有權根據《責任公約》求償的人只限於非發射國的國民和法人，不包括發射國的國民、參加發射或回收或被邀請留在發射或回收區內的外國人。

(三) 損害賠償責任的原則

1. 絕對責任原則

絕對責任原則是指不論發射國是否有過失，只要對他國造成了損失，發射國就要承擔責任。這個原則適用於下述情況：①空間物體對地球表面或飛行中的飛機造成損害，包括一個發射國的空間物體對另一發射國的空間物體，或其所載人員或財產造成損害，並由此而對第三國的地球表面或飛行中的飛機造成的損害，發射國均負絕對賠償責任。外空責任制度之所以主要採取絕對責任原則是因為外空活動具有高度的危險性，從而要求從事外空活動者給予特別的注意，防止造成生命財產的損害。②受害者一般缺乏外空活動的專業知識，無法證明加害者的過錯，因而要求受害者負舉證責任是不公平的。③一般公民或財產沒有防範空間物體造成損失的保險，空間物體造成損害不能得到保險補償，而空間物體的發射者完全可以通過保險減少風險。

在外空責任制度中還做了對絕對責任的免除和不能免除的規定。發射國若能證明全部或部分是因為求償國或其代表的自然人或法人的重大疏忽或因他採取行動或不行動蓄意造成損害時，該發射國對損害的絕對責任，應依證明的程度，予以免除。

發射國如因進行不符合國際法的活動而造成的損害，其責任絕對不能免除。

2. 過失責任原則

過失責任原則是指空間物體造成的損害是因為發射國的過失或其負責人的過失而造成時，如果只有造成損害的客觀事實，而無行為者的主觀過失，則不負賠償責任。過失責任適用於下述情況：空間物體在地球表面以外的地方，對另一發射國的空間物體，或其所載人員或財產造成損害，包括一發射國的空間物體對另一發射國的空間物體造成損害，並由此對第三國的空間物體，或其所載人員或財產造成損害。簡言之，過失責任原則適用於在地球表面以外空間物體相互間造成的損害。由於加害者和受害者均為空間物體，其活動的風險性是一樣的，所處的地位是平等的，任何一方不能要求得到特別的保護，因而在一方受到損害時，必須證明加害者確有過失，才能取得賠償。

(四) 求償的途徑

求償的途徑分為三種：①使用國內程序。受害國或受害人直接向發射國法院、行政法庭或機關提出賠償要求。受害國或受害人只能向一發射國提出賠償要求，而不能就同一損害向多個國家提出賠償要求。②通過外交途徑，由有關國家談判協商求得賠償。有權提出求償的國家依次為受害人的國籍國、損害發生地國和受害人的永久居住國。若求償國與發射國無外交關係，可請求另一國代其向發射國提出賠償要求，也可以通過聯合國秘書長提出。③成立求償委員會。從求償國向發射國提交求償文件之日起，期滿一年，未能通過談判協商解決的，只要一方要求，可以由三人組成的求償委員會解決，但求償委員會的裁決只有建議的權利，沒有法律拘束力。

近年來有一些國家或公司購買已經射入軌道的衛星，它們對衛星有所有權，但不是發射國。按照有關的空間法條約，它們既不能進行衛星登記，又不承擔衛星造成損害的賠償責任，這樣就發生了權利義務的不平衡。2005年1月25日聯合國大會通過了《適用「發射國」概念》59/115號決議，建議各國考慮根據《責任公約》就聯合發射或合作方案訂立協定，以及自願提交資料，說明在軌道上轉讓空間物體所有權的現行做法，鼓勵有關國家之間就轉讓了所有權的衛星的登記、管轄和責任問題簽訂協議，做出安排。

五、外空的軍事利用

外層空間活動從其孕育之始就帶著濃厚的軍事色彩。美國和蘇聯在研製人造衛星的同時，都制訂了各自的軍事空間計劃。1954年美國空軍已獲準研製偵察衛星。1960年美國的「日冕」偵察衛星成功地將它拍攝的膠卷送回地面。蘇聯的軍事空間活動比美國的範圍更廣、更頻繁，主要用於偵察、預警、通信和指揮。據統計，20世紀80年代以前，美蘇發射的衛星中有2/3是軍用的。在這種情況下，儘管大多數國家，包括一些發達國家和廣大發展中國家強烈呼籲在《外空條約》中對外層空間實行全面非軍事化，但《外空條約》對外層空間的非軍事化仍只做了少許的限制：各國不在環繞地球軌道上放置任何攜帶核武器或任何其他類型大規模毀滅性武器的物體；不以任何其他方式在外層空間布置此種武器。

相比之下，《外空條約》和《月球協定》規定了月球和其他天體實行較全面和嚴格的非軍事化：①月球和其他天體必須專用於和平目的；②禁止在天體建立軍事基地、軍事裝置及防禦工事；③禁止在天體試驗任何類型的武器以及進行軍事演習；④不在環繞月球或飛向、飛繞月球的軌道上以及在月球上或月球內放置載有核武器和大規模毀滅性武器的物體；⑤禁止在月球上使用武力或以武力相威脅，從事任何敵對行為或以敵對行為相威脅。禁止利用月球對地球、月球、宇宙飛行器及其人員採取此類行為或從事此類威脅。但是，《外空條約》和《月球協定》又規定：不禁止使用軍事人員進行科學研究或把軍事人員用於任何其他的和平目的，不禁止使用為和平探索月球和其他天體所必需的任何器材設備。

在外空中不禁止進行非核武器的試驗，不禁止進行軍事演習，顯然是當時美蘇兩國在制定《外空條約》時故意留下的缺口。它們就利用這個缺口大搞外空軍事活動，企圖把地面上的軍備競賽擴大到外層空間中去。美國已進行了數次地基激光武器試驗，並正在準備試驗天基激光武器，以便從地面和天空攔截衛星。1993年克林頓政府宣布中止「星球大戰」計劃，而代之以「彈道導彈防禦計劃」。2001年年底，美國退出《反彈道導彈條約》，擺脫了發展天基反導系統的法律限制。俄羅斯是目前唯一擁有實戰性反衛星武器的國家。它們的行動受到國際社會的強烈反對，一些國家曾建議必須採取有效措施全面禁止在外空進行任何武器的試驗、設置和部署。2008年中國和俄羅斯共同向裁軍會議提交了《防止在外空放置武器、對外空物體使用或威脅使用武力條約》草案；同年，歐盟發布了《外空活動行為準則》，國際社會正在試圖通過各種方式防止把外層空間變成武裝衝突的另一個場所。

第六節　中國與外層空間法

中國於1970年4月成功發射了第一顆人造衛星，邁出了中國在外層空間科學技術領域中的第一步。自此以後，中國的外空技術研究和探索利用活動迅速開展，中國已自主研製發射了遙感衛星、廣播通信衛星、氣象衛星、導航衛星等各種用途的人造衛星。中國研製的運載火箭和建設的發射場已成功發射了多顆國內外的衛星。2003年「神舟」五號載人航天飛行取得圓滿成功，使中國躋身世界載人航天大國的行列。

隨著中國航天事業的飛速發展，中國也積極參加了國際空間法的研究和立法活動。中國於1980年6月開始派觀察員代表團出席聯合國外層空間委員會會議，1980年年底，聯合國大會決議通過中國正式參加外層空間委員會。從1981年起中國作為正式成員國派代表團出席了外層空間委員會和它所屬的科技和法律兩個小組委員會。中國還派代表團出席了聯合國的第二次和第三次外層空間大會。中國加入了除《月球協定》外的其他四項有關外空的國際公約。1983年12月，中國加入了《外空條約》；1988年12月，中國加入了《營救協定》《責任公約》和《登記公約》。

但是中國有關外空活動的國內立法還非常欠缺，國防科工委僅於2001年2月8日發布了《空間物體登記管理辦法》，2002年11月12日發布了《民用航天發射項目許可

證管理暫行辦法》。

《空間物體登記管理辦法》規定：「空間物體是指進入外層空間的人造地球衛星、載人航天器、空間探測器、空間站、運載工具及其配件，以及其他人造物體。短暫穿越外層空間的高空探測火箭和彈道導彈，不屬於空間物體。」該管理辦法「適用於在中國境內發射的所有空間物體，以及中國作為共同發射國在境外發射的空間物體」。「所有從事發射或促成發射空間物體的政府部門、法人、其他組織和自然人」均應履行登記義務。該管理辦法第七條規定：「空間物體應由空間物體的所有者進行國內登記，有多個所有者的空間物體由該物體的主要所有者代表全體所有者進行登記。」這一規定比《登記公約》中規定的外空物體應由發射國進行登記更明確、更合理。該管理辦法第八條規定：「在中國境內發射的空間物體的所有者為其他國家政府、法人、其他組織或自然人時，應由承擔國際商業發射服務的公司進行國內登記。」這樣，若中國的發射公司為外國的空間物體進行發射，中國的發射公司應在中國就該外空物體進行登記。但是，如果中國的公司僅為外國的衛星提供發射服務，在衛星進入軌道后並不對外國所有的衛星實施管轄和控製，這個登記似無必要。

《民用航天發射項目許可證管理暫行辦法》規定了民用航天發射實行許可制度。根據這個辦法，民用航天發射的總承包人或航天器產權的最終所有人在具備一定的條件下可申請許可證。這一辦法符合《外空條約》第六條的規定，即國家應對其外空活動進行批准和監督，使其符合國際法。

這兩個辦法是中國對外空活動進行立法的開端，填補了法律的空白，但還遠遠不能滿足中國在外空活動方面的需要。此外，為了保證履行中國從事外空活動的義務，中國有必要加緊和完善國內的外空立法。

第九章　國際環境法

第一節　國際環境法的主要內容

一、大氣和氣候保護

工業化以來，空氣污染已經成為各國國內最關心的環境保護項目之一。但在各國內國的空氣不受污染時，各國逐漸發現，空氣污染不只局限於地區、內國或區域，而且會影響到想像不到的範圍。主要的影響有越境大氣污染、臭氧層耗損及全球氣候變化。

(一)　越境大氣污染

大氣污染是指大氣因某種物質的介入，而導致其化學、物理、生物或者放射性等方面特性的改變，從而影響大氣的有效利用，危害人體健康或財產安全，以及破壞自然生態系統、造成大氣質量惡化的現象。其中，因燃燒化石燃料等產生的二氧化硫和氮氧化物所產生的大氣污染還會導致出現酸沉降而導致損害的發生，造成越境大氣污染。越境大氣污染是國際環境問題中的一種比較普遍的現象。

如前所述，1920年在美國和加拿大之間就發生了著名的特雷爾冶煉廠事件，為此國際仲裁法院還在判決中確立了越境污染損害賠償的國際習慣法原則。第二次世界大戰以后伴隨著經濟的迅速發展，世界各國的工業化和城市化進程也越來越快，越境大氣污染所造成的酸雨和湖泊酸化問題也越來越嚴重。這突出表現在北美洲和歐洲地區。1979年聯合國歐洲經濟委員會制定了《長程越境大氣污染日內瓦公約》（以下簡稱《公約》），目的在於保護人類及其環境不受來自大氣的污染，限制並盡可能逐漸減少和防止大氣污染以及長程越境大氣污染。

《公約》是世界上第一個關於空氣污染，特別是遠程跨國界空氣污染的專門區域性公約。《公約》將歐洲上方的大氣作為一個整體實行控製，締約方主要是歐洲國家、美國和加拿大。《公約》規定了一些防止遠程大氣污染的基本原則，制定了有關審查、磋商等方面的內部實施機制，主要包括大氣質量管理制度、情報交換制度以及協商和合作制度等。《公約》雖沒有許多實質性規範，但它為該領域的條約規則的發展奠定了基礎。

《長程越境大氣污染日內瓦公約》簽署后，歐共體各國又分別在條約下簽署了1984年《關於負擔觀測體制資金的議定書》、1985年《關於削減硫氧化物排放30%的議定

書》、1988 年《關於削減氮氧化物排放的議定書》以及 1991 年《關於削減揮發性有機化合物排放的議定書》。到 1994 年還簽署了《關於進一步削減硫化物的議定書》。為了不使大氣污染對易受影響生態系統造成危害，該議定書首次使用了「臨界負荷」這樣的概念。

(二) 臭氧層耗損及其控製

人類生產、生活活動使用的消耗臭氧層物質如氟氯烴、哈龍等，可以導致大氣中的臭氧層變薄，從而使臭氧層吸收太陽所輻射紫外線的功能減低，造成地球上的生物過量接受紫外線輻射而使人類發生疾病或者致使農作物減產。20 世紀 80 年代中葉，科學家發現南極上空已經出現了臭氧層空洞，它表明在大氣的臭氧層中的臭氧已經非常稀薄。

臭氧層耗損問題在 20 世紀 70 年代就開始引起世界各國的關注。早在 1977 年，聯合國環境規劃署就成立了一個臭氧層問題協調委員會。1985 年，在維也納通過了《保護臭氧層維也納公約》。中國於 1989 年加入該公約。

《保護臭氧層維也納公約》是第一個全球性的大氣保護公約，目的在於：保護人類健康和環境，使其免受人類改變或可能改變臭氧層的活動所造成或可能造成的有害影響；採取一致措施，控制已發現對臭氧層有不良作用的人類活動；合作進行科學研究和系統觀測；交流有關法規、科學和技術領域的信息。該公約具有明顯的框架性質，對締約方保護臭氧層的一般義務做了原則性規定，而對實體義務規定得十分籠統和概括。具體義務的承擔則規定通過附件、議定書來確定與約定。由於這種方式能夠得到多數國家的接受，因此《保護臭氧層維也納公約》及其體制是現代國際環境立法的一個典範。

該公約系統地規定了保護臭氧層的目的和締約方的一般義務，要求締約方採取措施保護人類健康和環境不受那些改變或可以改變臭氧層的人類活動的不利影響；詳細地規定了締約方為實現一般義務而承擔的合作義務；對締約方間涉及公約的解釋或適用的爭端問題在程序和訴諸方式上做出了具體規定。該公約的重點是關於程序性問題的規定，它涉及對臭氧層耗損問題的觀測與研究、情報交換、信息傳遞、機構設立、公約的修正、議定書的制定和修正以及公約附件的制定與修正等。

繼該公約之後，通過對各國氟氯烴類物質生產、使用、貿易進行統計，1987 年通過了《關於消耗臭氧層物質的蒙特利爾議定書》（以下簡稱《議定書》）。《議定書》確定的核心準則之一是各國限制生產和消費各種不同類型的消耗臭氧層物質。《議定書》還制訂了一個階段性削減計劃，以 1986 年各締約方的實際使用量為基礎，逐步降低受控物質的使用量，到 20 世紀末以前締約方應當逐步削減或凍結使用。《議定書》的另一準則是由締約方在管制的基礎上承諾對控製措施進行評估。作為一種鼓勵各國加入的刺激手段，《議定書》還規定限制與非締約方進行受控物質及有關產品的貿易。規定了發達國家應當在 20 世紀末減少氟氯烴使用量的 50%，發展中國家則在人均氟氯烴消耗量不超過 0.3 千克時可以有 10 年的寬限期。此外，《議定書》對於與非締約方的貿易限制、控制數量的計算、數據匯報及信息交流等也做出了規定。

《議定書》在1990年的《倫敦修正案》中除了將控製物質由8種擴大到20種外，還確立了保護臭氧層的國際資金機制和發達國家締約方有義務以「公平和最優惠的條件」向發展中國家締約方迅速轉讓替代物質和有關技術的規定。另外，還設立了臭氧層保護基金，目的是幫助發展中國家進行技術改造，以及就國際合作而進行的必要的資金與技術轉讓的獎勵措施。之後，《議定書》又經過1992年的《哥本哈根修正案》、1997年的《蒙特利爾修正案》和1999年的《北京修正案》修正，從而形成了較為完善的保護臭氧層國際法律體制。

從國際環境法的發展歷程來看，臭氧層的國際保護是國際環境法發展的里程碑。自1985年《保護臭氧層維也納公約》建立國際臭氧層保護的基本框架後，隨著國際社會對臭氧層損耗的嚴重性的認識不斷加深，1987年的《議定書》及后續修正案對於締約方義務設定及前提、履約機制及決策程序等都有創新。

(三) 全球氣候變化及其控製

國際社會對於全球氣候變化問題的關注是從20世紀80年代開始的。在此之前，科學家們經過長期的觀測分析，發現大氣中的水蒸氣、二氧化碳、甲烷、一氧化碳和臭氧等氣體對地球的氣候具有吸收熱量並使之再反射回地球的作用。由於這種作用類似於溫室玻璃，因此，科學家把因上述氣體造成大氣層地球表面變熱稱為「溫室效應」現象，把上述氣體稱為「溫室氣體」。

經研究，科學家們還發現自從工業革命以來，由於大量排放二氧化碳使大氣中的溫室氣體不斷增加，從而導致了溫室效應的增強。地球表面氣溫的升高不僅會導致冰山融化、海平面上升並威脅島國人民的生存，而且還會使氣候發生改變，影響農作物的生長。但是，也有科學家認為，上述氣體對地球氣候的影響並不是使表面溫度升高而是下降，其作用類似於陽傘，因而，他們將可能出現的地表溫度下降稱為「陽傘效應」現象。

這兩種截然不同的學說及其爭論一直延續到20世紀70年代。到了20世紀80年代中期，許多國家的和國際的科學小組發表了報告，這些報告的結論都指出今後的時期全球平均氣溫將會上升。鑒於氣溫的升高或者降低都將對人類生存的地球環境造成影響，為此聯合國環境規劃署和世界氣象組織於1988年成立了政府間氣候變化專家委員會，專門負責對有關氣候變化問題及其影響的評價和對策研究工作。1989年聯合國大會通過了一項保護全球氣候的決議，並決定準備「氣候變化框架公約」的談判起草工作。

1992年6月在巴西舉行的聯合國環境與發展大會上，包括中國在內的153個國家簽署了《氣候變化框架公約》。該公約的目的在於：在一個使生態系統能夠自然地適應氣候變化的時間框架內，把空氣中的溫室氣體濃度穩定在防止氣候系統受到危險的人為干預的水平上；確保糧食生產不受威脅；使經濟發展以可持續的方式進行。該公約要求締約方為今世和后代的利益，在公平的基礎上，根據共同但有區別的責任承擔保護氣候系統的責任，對於發展中國家的特殊需要和特殊情況應給予充分的考慮，締約方應採取謹慎措施、預見、防止和減少致使氣候變化的原因，緩和不利影響。

《氣候變化框架公約》的主要內容包括：①締約方應制定並定期公布和修訂向締約方大會提交的有關人為「源」與「匯」的排放和吸收的溫室氣體的清單，以及實施公約的措施。②該公約對發達國家締約方與發展中國家締約方在控制溫室氣體上的「共同但有區別的責任」，即將發達國家、發展中國家與前東歐國家的削減義務明確區分開，發達國家締約方必須向發展中國家締約方提供「新的和額外的資金」等照顧發展中國家利益的條款。此外，該公約規定締約方有義務對工業排放的二氧化碳、甲烷等溫室氣體予以限制，並且建立國際資金機制對發展中國家予以資金和技術轉讓。雖然該公約對締約方規定了義務，但對於溫室氣體排放的削減量和削減的時間表都沒有具體規定。

為了更有效和具體地實施溫室氣體排放量的削減，公約締約方於1997年12月在京都召開的締約方大會中通過了《京都議定書》。該議定書的附件A明確列出了溫室氣體名錄、產生溫室氣體的能源部門和類別；該議定書的附件B則列出了承諾排放量限制或削減的39個工業化締約方的名錄；以1990年的排放水平為基準，該議定書為公約附件一的締約方確定了具體的、有差別的減排指標，如歐盟減排8%、美國減排7%、日本和加拿大各減排6%、俄羅斯等向市場經濟過渡的國家可以維持在1990年的水平。

此外，《京都議定書》規定了公約附件一國家2008—2012年間的溫室氣體減排指標，但其中某些國家因為溫室氣體減排已經達到一定的數量，再持續減排可能要採用更先進的技術，成本也就比較高昂。因此，《京都議定書》還規定了聯合履約機制、清潔發展機制及排放貿易機制等靈活機制，讓公約附件一的締約方可以靈活運用以較低廉的成本完成減排指標。聯合履約機制及排放貿易機制只有在公約附件一國家間實行。清潔發展機制也是如此，只是公約附件一國家（發達國家）在非公約附件一國家（發展中國家）發展減排項目。排放貿易機制則是指難以完成減排任務的公約附件一國家可以向其他超額完成任務的公約附件一國家購買減排額度。這樣，有效減排可以獲得獎勵，超額排放則需付出代價。

為了討論《京都議定書》規定的第一階段溫室氣體排放減排指標如何在2012年之前達成，以及確定2012年之後如何應對氣候變化的解決方案，公約及議定書的締約方於2005年11月28日召開締約方會議。會議中通過了實施《京都議定書》的《馬拉喀什協議》，啓動了2012年之後發達國家溫室氣體減排談判、通過了加強《氣候變化框架公約》的長期合作對話的規定、設定了《京都議定書》的遵約機制、並在適應氣候變化和簡化清潔發展機制等方法和程序上取得了一定的進展。

2007年12月，第13次締約方大會在印度尼西亞巴厘島舉行，會議著重圍繞「后京都」問題進行討論，即《京都議定書》第一承諾期在2012年到期後如何進一步降低溫室氣體的排放。由於美國與歐盟、發達國家與發展中國家立場上的重大差異，會議最終艱難地通過了名為「巴厘島路線圖」的決議，其進一步確認瞭解決氣候變化的緊迫性，在為應對氣候變化新安排進行談判以及確立在今後的談判中為發展中國家提供財政和技術支持等方面取得了一定的進展，但文件本身並沒有量化減排目標。

2009年12月，第15次締約方大會在哥本哈根舉行，商討《京都議定書》一期承諾到期後的后續方案。大會最終以《氣候變化框架公約》及《京都議定書》締約方大

會決定的形式發布了不具有法律約束力的《哥本哈根協議》，在二氧化碳減排的具體指標上各方分歧仍然存在，但在維護「共同但有區別責任」原則、全球長期目標、資金和技術支持、透明度等問題上達成了共識。

2010年11~12月，第16次締約方大會在墨西哥坎昆舉行，會議通過了兩項應對氣候變化的決議，繼續堅持了「共同但有區別責任」原則，並決定設立綠色氣候基金，幫助發展中國家適應氣候變化。但對於一個有法律效力的減排目標的確立、快速啓動資金的具體問題和森林問題等並沒有予以解決。

二、海洋保護

由於人類直接或間接地把物質或能量引入海洋環境，其中包括河口灣，以致造成或可能造成損害生物資源或海洋生物、危害人類健康、妨礙包括捕魚和海洋的其他正當用途在內的各種海洋活動、損壞海水使用質量和減損環境優美等有害影響。從海洋污染的原因看，世界上大部分海洋污染都是伴隨沿海開發活動而產生的海洋生態系統破壞、富營養化、垃圾，以及由有害物質和石油污染所造成的。

海洋在很早以前就是國際法研究的主要對象之一，因此，關於防止海洋環境污染的條約也較其他環境保護條約更為完備。由於人類對海洋長期的不當使用，從而造成對海洋環境的不良影響。19世紀以後，科學技術的發展幫助人類從多個角度接近和認識海洋，從而導致對海洋利用總量的擴大，由此而促發的海洋污染和海洋生態破壞問題不斷增加。因此，國際上制定了一系列全球性的和區域性的海洋環境保護規則，數量眾多，範圍廣泛，內容也很複雜。而在全球性的海洋保護規則方面，則包括全球性框架公約和針對特定類型的海洋污染問題公約。

(一) 聯合國海洋法公約

1982年通過的《聯合國海洋法公約》是海洋環境保護條約體系的核心，目的在於：建立一種綜合性法律秩序，以便利國際交流、促進和平利用海洋、合理利用其資源、保護生物資源以及研究和保護海洋環境；針對所有海洋污染源，建立有關全球和地區的合作、技術援助、監測和環境評價，通過和實施國際規則和標準以及國家立法等方面的基本環境保護原則和規定。值得一提的是，該公約從實質上變更了傳統的「海洋自由原則」，提出了「海洋屬於全人類」的思想和「人類共同財產」的概念。

該公約在第12部分「海洋環境的保護與保全」中確立了國際海洋環境保護的基本原則和制度。明確規定各國有保護和保全海洋環境的義務，要求各國在適當情況下個別或聯合採取符合該公約的必要措施，以防止、減少和控製海洋環境污染，並且規定各國負有不將損害或危險轉移或將一種污染轉變為另一種污染的義務。這些規定體現了《聯合國海洋法公約》在海洋環境保護方面新確立的國家必須履行國際海洋環境保護義務的原則、各國享有開發其自然資源的主權權利但不得損害國外海洋環境原則以及海洋環境保護的國際合作原則。此外，該公約還對全球性和區域性合作，技術援助、監督和環境評價，防止、減少和控製海洋環境污染的國際規則和國內立法等問題也做出了具體的規定。

關於海洋污染的控製，該公約覆蓋了所有海洋污染源，通過確立各國立法管轄的方式，對來自陸源污染、船舶污染、海上作業和海底活動污染以及海洋傾廢污染等做出了規定。並且規定在不妨礙重要商業活動的情況下，對船舶污染給予特別的注意。該公約還在船籍國（船籍登記的國家）、海岸國（船只經過其沿海水域的國家）、港口國（船只停靠其港口，包括近海集散站的國家）之問劃分了執行的職責，在海洋傾倒規則方面也是如此。該公約要求各國制定法律和規章並且應當考慮國際上議定的規則、標準和建議的辦法及程序，以防止、減少和控製不同來源的海洋環境污染。

在監督履行機制方面，《聯合國海洋法公約》規定聯合國大會每年都要評估《聯合國海洋法公約》的履行情況，審議與海洋事務和海洋法有關的其他進展，從而為促使遵守《聯合國海洋法公約》和追究違約行為提供了機會。在爭端的解決方面，可以選擇國際海洋法法庭、國際法院、仲裁或特別仲裁等可以做出具有約束力決定的強制性程序。

中國政府於 1982 年 12 月簽署了《聯合國海洋法公約》。

(二) 針對特定類型海洋污染問題的專門性公約

除《聯合國海洋法公約》外，國際社會還制定、實施了大量防治海洋環境污染的條約與協定，它們與《聯合國海洋法公約》共同構成了控製海洋環境污染的國際規則、標準與程序體系。

以下分別對國際控製海洋環境污染的主要公約與協定做簡要的介紹。

1. 控製陸源污染

陸源污染占海洋污染的絕大多數，而且基本上發生在國家管轄領土範圍以內。關於控製陸源污染的國際法律文件，除了《聯合國海洋法公約》有關控製陸源污染的規定外，其他都是區域性的協議，尚無全球性的國際條約。

《聯合國海洋法公約》第二百零七條規定：「各國應制定法律和規章，以防止、減少和控製陸地來源，包括河流、河口灣、管道和排水口結構對海洋環境的污染。」

1974 年 6 月，聯合國政府間海事協商組織曾簽訂了一個區域性的《防止陸源海洋污染公約》（由 1992 年生效的《保護東北大西洋海洋環境公約》所取代），目的在於通過單獨和聯合採取防止海洋污染的措施、並協調締約方在這方面的政策來採取一切可能步驟防止海洋污染。該公約對經由水道、海岸（包括水下管道等）、受締約方管轄的人工建築等途徑造成海洋污染的陸源污染物實行控製，規定各國應當建立永久性的監測系統，並決定設立締約方委員會監督公約的履行。在規則和標準方面，該公約要求締約方採取措施消除或減少列於附件一中的物質所造成的污染，建立永久性監測系統，互相交流情報和信息，當發生附件一中的物質所造成的污染事故時應當協商談判達成合作協議。並且，還要求締約方在公約的實施中使用現有最佳技術、使用最佳環境方法減少或消除污染的輸入。

作為首批旨在防止陸源污染的國際協議之一，該公約對全球環境保護具有巨大的潛在影響，它所通過的方案已作為其他區域性協議的模式。

其他關於控製陸源污染的國際法律文件主要包括聯合國環境規劃署主持簽訂的區

域海洋環境保護公約的有關規定和議定書，以及 1985 年聯合國環境規劃署制定的《保護海洋環境免受陸源污染的蒙特利爾規則》。此外，於 1995 年通過的《保護海洋環境免受陸源活動影響的全球行動計劃》，雖然沒有嚴格的法律拘束力，但是對區域組織和各國在制定有關陸源污染規則時有指導作用。

2. 控製來自船舶的污染及其賠償責任

（1）一般性船舶污染。

由於船舶作業過程中可能會排放石油、有害物質、污水、垃圾而造成海洋污染，在防止船舶造成的海洋污染方面，1973 年制定的《國際防止船舶污染公約》取代了 1954 年的《國際防止海上油污公約》。該公約的目的是消除作業過程中可能排放油類和其他有害物質以及減少因船舶意外事故而造成海洋污染。該公約的對象不限於油類，而對一般船舶排放、輸送或者處分有害物質的行為也實行了控製。作為條約控製的有害物質，在附件一至附件五中規定了油或者油性混合物、油以外散裝有害液體、容器中裝置的有害物質、污水以及廢棄物和垃圾。特別在附件五中，還規定了禁止投棄的塑料類製品。中國於 1983 年簽署了該公約。

1978 年，國際社會又制定了《關於 1973 年國際防止船舶污染公約的 1978 年議定書》。該議定書的主要目的是針對 1973 年的《國際防止船舶污染公約》若干附件的實施而締結的。它與《國際防止船舶污染公約》共同構成了一個國際防止船舶污染公約的整體，國際上通常將它們稱為「73/78 年防污公約」，凡是加入 1978 年議定書的國家，自然就應當遵守《國際防止船舶污染公約》而不必另外履行簽字或批准手續。

國際海事組織於 2004 年 4 月 1 日通過了經修正的《經 1978 年議定書修訂的（1973 年國際防止船舶造成污染公約）》附則 IV——《防止船舶生活污水污染規則》。該附則已於 2005 年 8 月 1 日正式生效。經國務院批准，中國於 2006 年 11 月 2 日向國際海事組織秘書長交存了加入經修正的《經 1978 年議定書修訂的（1973 年國際防止船舶造成污染公約）》附則 IV 的文件，該附則於 2007 年 2 月 2 日正式對中國生效。

（2）海洋油污事故。

為了干預公海油類污染突發事故，以 1967 年在英國海域發生的利比里亞油輪「托利峽谷號」因觸礁而導致大面積海洋石油污染事件為契機，國際社會強化和擴充了關於防止海洋污染的條約，於 1969 年制定了《國際干預公海油污事故公約》。該公約的目的是：保護各國人民的利益免受重大海上事故導致海洋和海岸線遭到油類污染危險的嚴重后果；認可為保護這種利益在公海採取特別的措施是必要的，只要這些措施不妨礙公海自由的原則。該公約的主要特點是擴大了國家管轄權的範圍。當締約方有理由認為海上事故將會造成較大有害后果時，即可在公海上採取必要的措施，以防止、減少或消除由於油類對海洋的污染或污染威脅而對其海岸或有關利益產生的嚴重而緊迫的危險。該公約要求在採取措施前必須與其他受影響的國家進行磋商，並將情況告知所有可能會因實施措施而受到影響的個人或企業，盡最大努力避免危及人類生命，對採取的超出合理需要範圍的措施進行賠償。中國於 1990 年加入該公約。

此外，國際社會於 1973 年制定了《干預公海非油類物質污染議定書》，使《國際干預公海油污事故公約》的適用範圍擴大到非油類物質，如有毒物質、液化氣和放射

性物質。中國於 1990 年加入該公約。

在油污損害事故的民事責任方面，國際社會於 1969 年制定的《國際油污損害民事責任公約》，對油輪所有者規定了油污損害賠償的無過失責任，同時設定了責任限度額。並且確立被害地國的法院對賠償請求享有管轄權，以及確認了法院地國以外的締約方對判決的執行力。中國於 1980 年加入該公約。

1971 年《建立國際賠償油污損害基金的公約》為不能充分實行損害賠償的受害者設立了后備基金，規定在該公約所確立的責任限度額內對損害予以補償。該基金的出資人為原油或者重油的輸入（進口）者，出資額則按照基金的比例負擔。到 1991 年，由於在義大利海域發生的「天國號」爆炸火災事故所涉及的損害範圍巨大，因而，提高賠償的限度額就成為一個緊迫的問題。在 1992 年對該公約進行修正的議定書中，賠償的限度額由最初的 1.35 億元特別取款權提高到二億元。

此間，國際社會還締結了一些適用於非締約方的民間協定，如 1971 年的《油輪船東石油污染責任協定》和《油輪油污責任補充協議》等。

3. 控製國家管轄的海底活動造成的污染

《聯合國海洋法公約》第二百零八條和第二百一十四條對各締約方在控製海底活動造成的污染方面應採取的措施做了規定。該公約規定，沿海國應制定法律和規章，以防止、減少和控制來自受其管轄的海底活動或與此種活動有關的對海洋環境的污染以及來自有關管轄下的人工島嶼、設施和結構對海洋環境的污染。並且規定這種法律、規章和措施的效力應不低於國際規則、標準和建議的辦法及程序。

在對海底油田開發行為污染海洋的控製方面，歐洲於 1976 年簽訂了《關於歐洲地區海底開發致油污損害責任公約》。此外，一般則沒有規定對策措施。

在有關深海海底資源的開發方面，《聯合國海洋法公約》還規定，締約方可以發動包括實行環境影響評價及停止施工在內的緊急命令。

4. 控製向海洋傾倒廢棄物造成的污染

從 20 世紀 60 年代后期開始，從飛機、船舶或者海洋構築物往海洋傾倒廢棄物行為在國際上引起了注意。1972 年，為了控製向海洋傾倒有害性物質，國際社會以大西洋為對象制定了《防止船舶和飛機傾倒廢物污染海洋奧斯陸公約》以及以所有海域為對象的《傾倒廢棄物倫敦公約》。

其中，《傾倒廢棄物倫敦公約》（簡稱《倫敦公約》）的目的，在於防止在海上任意處置易對人類健康造成危害、危害生物資源和海洋生物，破壞舒適環境以及干擾其他海洋合法利用者的廢棄物。《倫敦公約》的基本原則是禁止向海洋傾倒某些特定的廢棄物，在傾倒另外一些廢棄物前需要取得特別的許可，其余的廢棄物則需取得一般許可。中國於 1985 年加入該公約。

《倫敦公約》通過附件列舉受管制物質的形式對向海洋傾倒的廢棄物質分門別類地實行控製。附件 1 規定了禁止向海洋傾倒的廢棄物質；附件 2 規定了可以傾倒的廢棄物質，但事先必須獲得特別的許可；附件 3 規定了事先必須獲得許可傾倒的廢棄物質。

另外，《聯合國海洋法公約》第二百一十條規定，各國應制定法律和規章，以防止、減少和控制傾倒對海洋環境的污染。這種法律、規章和措施應確保非經各國主管

當局准許，不進行傾倒。

三、自然保護

關於自然保護的條約，國際上最早可溯源於歐洲 19 世紀中葉以後以保護候鳥為主的野生動植物保護條約。但是，初期的條約主要是基於人類中心的狹隘價值觀念與短期的評價時間制定的。自然保護的對象只局限於保護水產業或林業等特定經濟資源的開發利用。20 世紀 60 年代以後，隨著人類對於自然環境生態整體性的認識，國際法律保護對象從原來特定的自然資源保護擴大到整個自然環境保護，如從個別物種擴大到整個生態系統、從珍稀瀕危物種擴大到生物多樣性。以下將從生物資源以及自然地域保護兩方面分別加以介紹。

(一) 生物資源

1. 生物多樣性保護

生物多樣性是一個包括物種、基因和生態系統的概括性術語。生態學家認為，物種的豐富程度取決於生物的多樣性。生物多樣性越豐富，生態系統就越穩定。因此，生物多樣性對地球生態系統平衡具有重大的意義。

關於生物多樣性保護的國際立法，實際上從 20 世紀初就已經開始了。但是早期的國際生物保護立法並沒有樹立生態系統的觀念，並且沒有認識到物種保護與人類進步的關係，而是單純為了利用生物資源賺取經濟利益。隨著科學的發展，人們對生物資源的認識有了長足的提高，特別是 20 世紀初生態學創建以來，對生物多樣性價值的認識更上升到倫理學、經濟學的高度，支持生物多樣性保護的國際公約或協定也不斷制定。

但是，所有這些認識以及生物多樣性理念的形成主要局限於發達國家。而對佔有地球生物資源多數的大部分發展中國家來說，則很少有這麼高的認識，即使認識到也會因為強調發展而忽視對生物多樣性的保護和管理。因此，由發達國家主張並制定的支持生物多樣性保護公約並不能達成立法的初衷。在這種背景下，聯合國環境規劃署在 1987 年決定制定一部《生物多樣性公約》，該公約於 1992 年 5 月被提交到同年 6 月召開的聯合國里約環境與發展大會簽署。

《生物多樣性公約》為人類樹立了廣泛、長期生存發展的觀念，從而脫離了人類利益中心主義的狹隘的價值觀。其目的在於確保護生物多樣性及持久使用其組成部分，促進公平合理地分享由利用遺傳資源，包括適當獲取遺傳資源、適當轉讓有關技術 (需顧及對這些資源和技術的一切權利) 以及適當提供資金而產生的惠益。

該公約主要規定了締約方應將本國境內的野生生物列入物種目錄，制訂保護瀕危物種的保護計劃，建立財務機制以幫助發展中國家實施管理和保護計劃，利用一國生物資源必須與該國分享研究成果、技術和所得利益，以公平和優惠的條件向發展中國家轉讓技術或提供便利，要求締約方酌情採取立法、行政或政策性措施使各國特別是發展中國家有效地參加提供遺傳資源用於生物技術研究活動並從中受益。

隨著現代生物技術的快速發展，也引發了關於基因工程潛在風險的廣泛爭論。國

際社會對生物安全問題十分重視。為了預防和控製轉基因生物可能產生的不利影響，於 2000 年 1 月在加拿大蒙特利爾召開的《生物多樣性公約》締約方大會特別會議上通過了《卡塔赫納生物安全議定書》。該議定書是依據《里約宣言》確立的謹慎原則，採取必要保護措施，以規範生物多樣性及其組成可能造成負面影響的改性活生物體的運輸、處置及使用行為，以尋求保護生物多樣性免受由現代生物技術改變的活生物體帶來的潛在危險。

該議定書主要規定了事先知情同意程序以確保各國在批准改性活生物體入境之前能夠獲得做出有關決定所必需的信息，並建立生物安全資料交換，以便就有關生物技術改變的活生物體和協助各國實施議定書交換信息。此外，該議定書還規定了嗣後制定在國際貿易中如何認定改性活生物體更為詳細規則的程序。

中國於 2005 年 6 月 8 日批准加入《卡塔赫納生物安全議定書》，2005 年 9 月 6 日起對中國生效。

作為《卡塔赫納生物安全議定書》締約方會議的締約方大會第五次會議 2010 年 10 月 15 日在日本名古屋通過了一項稱為《卡塔赫納生物安全議定書關於賠償責任和補救的名古屋—吉隆坡補充議定書》的國際協定。該補充議定書通過了一項行政性辦法，以解決一旦源於越境轉移的改性活生物體非常可能給生物多樣性的保護和可持續利用造成損害時採取的應對措施。

如何公正和公平地分享利用遺傳資源所產生的惠益，是《生物多樣性公約》的第三項目標，也是各締約方一直以來爭論的焦點。經六年談判後，《生物多樣性公約》締約方大會的第十屆會議於 2010 年 10 月 29 日在日本名古屋通過了《關於獲取遺傳資源和公正和公平分享其利用所產生惠益的名古屋議定書》，為其締約方規定了應就獲取遺傳資源、惠益分享和履約採取措施的核心義務。

該議定書要求國家規定公正和非任意的規則與程序來獲取遺傳資源，制定明確的事先知情同意程序和共同商定的條件，並且在準予獲取時頒發許可證或等同的證件。另外，締約方應根據共同商定的條件同提供遺傳資源的締約方公正和公平地分享利用遺傳資源所產生的惠益以及嗣後的應用和商業化做出規定。支持遵守提供遺傳資源的締約方的國內法律或管制規定的具體義務，以及共同商定的條件中所反應的合同義務，是該議定書的一項重要創新。在執行方面，該議定書規定了一系列工具和機制，協助締約方建立國家聯絡點和主管當局，建立信息獲取和惠益分享信息交換所，建立財務機制、技術轉讓等制度以支持國家履約能力的建設。

2. 野生動植物貿易

控製野生動植物貿易的國際條約是 1973 年制定的《瀕危野生動植物物種國際貿易公約》。該公約的目的是通過國際合作確保野生動物和植物物種的國際貿易不至於威脅相關物種的生存；通過在科學主管機構的控製下由管理當局簽發進出口許可制度來保護某些瀕危物種，使之不至於遭到過度的開發與利用。該公約所謂的國際貿易除陸生瀕危野生動植物的貿易外，還包括將在公海上捕獲的動植物帶入陸地的貿易。

作為控製對象的動植物，主要在該公約的附件 1、2、3 中予以了規定。其中，附件 1 所列為「所有受到或可能受到貿易的影響而有滅絕危險的物種」，對這類物種原則

上禁止進行商品貿易；附件 2 所列為「目前雖未瀕臨滅絕，但如對其貿易不嚴加管理，以防止不利其生存的利用，就可能變成有滅絕危險的物種」以及「為了使附件 2 所列某些物種標本的貿易能得到有效的控制，而必須加以控製的其他物種」；附件 3 所列則為「任何成員國認為屬其管轄範圍內的，應當進行管理以防止或者限制開發和利用，而需其他成員國合作控製貿易的物種」。對於附件 2、3 規定的野生動植物的貿易，該公約規定在符合進出口規定且得到許可的條件下可以進行。

中國於 1981 年加入該公約。

3. 遷徙性動物物種

1979 年制定的《野生動物遷徙物種養護公約》是以保護遷徙性野生動物（即具有週期性、規則性的跨越國界的動物）為目的。該公約的目的是通過制定並實施合作協議，禁止捕捉瀕危物種，保護其生境（生存環境）及控製其他不良的影響因素，以保護那些越過各國管轄邊界或在邊界外進行遷徙的野生動物物種。作為條約的對象物種，在該公約附件 1 列出了瀕臨滅絕的物種，並規定實行強制性保護；在附件 2 列出了目前保護狀況不佳、需要簽訂國際協議來加強保護和管理，或者加強國際合作以改善其保護狀況的物種，對於這類物種的保護主要是在遷徙全過程中進行的，因此該公約的實施可能涉及許多國家。

在關於保護候鳥的條約方面，主要是對有關候鳥通過列表的形式宣布予以保護，同時規定對鳥類及其鳥卵的捕獲實行管制、對鳥類的貿易與佔有的限制、設立保護區、環境保全、對外來種的管理以及共同調查等形式來進行的。在國際上，候鳥保護的國際條約主要是採取多邊或雙邊協定的形式，如在美國、日本、俄羅斯、澳大利亞和中國等國之間都簽訂有許多雙邊的條約或協定。例如，中國和日本兩國於 1981 年簽署了《保護候鳥及其棲息環境協議》。

4. 其他

在有關水產資源的條約方面，主要是以可持續利用為目的，對漁區、漁期、漁法予以管理。其中，最大可持續獲漁量方式已經在《聯合國海洋法公約》第六十一條以及 1946 年《國際捕鯨管制公約》附件 10 予以規定。中國於 1980 年加入了《國際捕鯨管制公約》。

而在 1980 年《南極海洋生物資源保護公約》以及 1992 年《北太平洋溯河性魚種公約》等條約中則對混獲和生態要素予以了重視，在《南太平洋禁止流網漁業公約》中還規定禁止使用流網的捕魚法。

(二) 自然地域

1. 森林

森林尤其是熱帶雨林，在生態系統上扮演著非常重要的角色：物種和生物多樣性保存的主要栖息地、穩定大氣氣候的巨型二氧化碳吸收槽、森林又提供了人類各式各樣的產品，如工業用木材、能源和燃料等，也提供人們休閒遊憩的場所。因此，1983 年制定的《國際熱帶木材協定》是有關以長期、可持續利用熱帶木材貿易為目的的國際商品協定。其目的在於：為熱帶木材生產國和消費國之間的合作和協商提供一個有

效的框架；促進國際熱帶木材貿易的擴大和多樣化以及熱帶木材市場結構的改善；促進和支持研究和開發工作；加強市場情報的交流；鼓勵制定旨在持續利用和保護熱帶森林及其遺傳資源、維護有關地區的生態平衡的國家政策。

該協定具體的規定還包括：為改善熱帶木材市場進行國際合作，獎勵森林管理與木材利用有關的發展研究，特別是發展中國家林業養護與相關產業的研究，以及制定國家基本政策等。此外，該協定還分別確立了有關自然林與人工林以及生物多樣性的指導方針。

該協定不僅是商品協定，而且對雖有熱帶雨林但沒有進行木材貿易的國家而言，根據其資源保有量在國際熱帶木材機構也確認享有投票權。中國於 1986 年加入該協定。

1994 年 1 月 26 日，該協定的締約方在日內瓦訂立了《1994 年國際熱帶木材協定》，作為《1983 年國際熱帶木材協定》的后續協定，重申了該協定的基本內容，並增加一些新的條款。1992 年聯合國里約環境與發展大會通過了《關於森林問題的原則聲明》，是發展中國家尤其是有熱帶雨林資源的國家和發達國家激烈爭論後妥協的產物。該聲明提出了 15 項原則，主要是強調國家開發資源的主權、森林的可持續開發利用以及發達國家向發展中國家提供財務資源和技術轉移等國家合作。但是聲明中對於如何保護和利用森林，發達國家同發展中國家仍未達成共識。

2. 濕地保護

國際上關於濕地保護的條約是 1971 年的《關於特別是作為水禽棲息地的國際重要濕地公約》。制定該公約的目的在於制止目前和未來對濕地的逐漸侵占和損害，確認濕地的基本生態作用及其經濟、文化、科學和娛樂價值；鼓勵「明智地利用」世界的濕地資源；協調國際合作。

該公約所定義的濕地，是包括淡水、海水以及所有與水相關的場所且不管是否為人工或者暫時性的水域。按照締約方的指定將這些國際上重要的水域予以登記造冊進行保護。

該公約規定，應當按照生態學、植物學、湖沼以及水文科學的國際意義確定選入名冊的濕地，尤其是應當先行將作為水禽棲息地的國際重要濕地予以確定。締約方應當制訂計劃保護列入名冊的濕地並促使其合理利用，特別是執行環境影響評價、控製利用過剩、製訂和實施有公民參與的環境管理計劃，指定登記、設立自然保護區等措施。當濕地發生變化或者變更保護計劃時，還應當向國際執行當局通報。

中國於 1992 年加入該公約。

3. 自然遺產保護

在自然遺產方面主要制定有 1972 年《世界文化與自然遺產保護公約》。該公約的目的在於：為集體保護具有突出的普遍價值的文化遺產（具有文化價值的紀念物、建築物、地址等）與自然遺產（自然或者靠生物作用的形成物、稀有生物物種的棲息地等）建立一個根據現代科學方法制定的研究性的有效的制度；為具有突出的普遍價值的文物古跡、碑雕和碑畫、建築群、考古地址、自然面貌和動物與植物的生態提供緊急和長期的保護。

該公約對文化遺產、自然遺產規定了明確的定義，要求締約方在充分尊重文化遺產和自然遺產所在國主權的同時，承認這些遺產同時也是世界遺產的一部分，並且世界各國都有責任對它們予以保護。

該公約認為，有關國家應當認定、保護、保存、整理和運用本國內的各類遺產，對此還應當制定綜合性的基本政策、設立行政機關、獎勵調查研究以及採取必要的法律、財政措施。為了養護、恢復發展中國家的文化和自然遺產，該公約確立了提供資金和技術等國際合作與援助的體制。

中國於 1985 年加入該公約。

4. 南極保護

南極保護等問題主要由 1961 年《南極條約》予以調整，該公約的目的在於確保永久和平利用南極資源。由於科學研究發現南極地域冰層下擁有大量可供開採的礦產資源，因此，南極的自然環境保護便成為一個國際問題。

1988 年在《南極條約》下通過了《南極礦產資源活動管理公約》，規定設立南極礦產資源委員會，對南極地域實行環境影響評價，以及對在南極從事礦產資源開發實行嚴格的條件限制等措施。到 1991 年 10 月又簽署了《關於南極條約的環境保護議定書》，規定至少在 50 年內禁止在南極進行一切有關礦產資源的開發活動。

中國於 1991 年加入該公約。

除此之外，有關南極的環境保護條約還有 1964 年《南極動植物保護議定書》、1972 年《南極海豹養護公約》以及 1980 年《南極海洋生物資源保護公約》等。

5. 防止荒漠化

荒漠化主要是由於過度開採燃材料、過度放牧以及自然現象所共同造成的。鑒於人為原因所導致的荒漠化現象不斷加劇，國際社會從 20 世紀 70 年代就開始討論防治荒漠化問題。在 1992 年聯合國里約環境與發展大會上，荒漠化也是會議所討論的主要議題，特別是非洲國家則更是強烈要求制定條約。為此，國際社會於 1994 年在巴黎通過簽署了《防治荒漠化公約》。

該公約的目的在於：在發生嚴重干旱和（或）荒漠化的國家，特別是在非洲，防治荒漠化和減輕干旱的影響，以期協助受影響地區實現可持續發展。

該公約除將人類活動作為控製對象以外，還將自然原因導致的干旱也作為控制對象。這主要是出於早期警報以及糧食儲備方面的考慮。由於荒漠化被認為是與貧困和宏觀經濟活動有關聯的問題，因此，該公約要求，受到荒漠化和干旱影響的締約方應當制訂行動計劃，確保資源的適當分配，對社會經濟因素予以充分的理解，同時還應當重視地方的人民、特別是女性和年輕人的作用。另外，該公約還要求，發達國家應當對受到荒漠化和干旱影響的締約方予以科學、技術、教育、訓練以及資金等的援助和合作。

1994 年中國簽署了該公約，並於 2001 年 8 月 31 日制定了《防沙治沙法》。

四、廢棄物及危險物資管理

在較早的時期，國際社會就在有關鐵路運輸公約、道路交通公約以及歐洲危險物

質道路運輸協定中對危險物質的運輸做出了規定。到了20世紀80年代，由於發達國家將本國的工業廢棄物等有害廢物出口到沒有處理和管理能力的發展中國家，從而導致進口國發生了許多污染和損害。有鑒於此，1989年制定了《控製危險廢物越境轉移與處置的巴塞爾公約》，就危險廢物（有害廢棄物）的越境轉移做了一系列規定。

中國於1989年簽署了該公約。

該公約的目的在於：控製和減少公約規定的危險廢物和其他廢物越境轉移；把產生的危險廢物減少到最低程度，保證對它們實施有利於環境的管理，包括盡可能接近危險廢物產生源進行處置和回收；幫助發展中國家對其產生的危險廢物和其他廢物進行有利於環境的管理。該公約的主要特點在於禁止或者控製危險廢物的轉移行為，並且還規定禁止締約方與非締約方之間進行危險廢物貿易。該公約強調了危險廢物產生國（出口國）對廢棄物的責任與義務。並且還要求各締約方應當謀求對環境進行健全、有效的管理。

該公約的核心部分是事先知情同意制度（PIC制度）。PIC制度是國際危險物質出口管理的主要法律制度，主要內容包括危險物質的出口者必須就擬議中的出口事宜向進口國進行通報，在得到進口國的書面同意后才能出口。該公約詳細規定了監視從出口者直到最終接受者的事前通告和事後報告程序以及情報管理程序。這種通告和報告制度要求，必須使情報得到確實傳達以及對廢棄物進行集中的管理和監視，所有國家（包括發展中國家）有必要制定防止危險廢物因貿易而去向不明的具體措施。

該公約的另一個重要措施是對再出口和非法運輸的規定。該公約規定，在特定情況下，出口國有義務確保將危險廢物退運回國。為了對可能發生的污染損害進行救濟，該公約要求輸出者採取保險和保證的措施予以保障。在違反該公約時，規定了採取退貨或者替代措施的義務。在國內法方面，要求將違反條約的行為作為不法交易犯罪對待，並採取法律或行政上的措施對行為人予以制裁。此外，該公約還對締約方規定了有關違反通報制度。

1999年12月10日，該公約締約方簽訂了《危險廢物越境轉移及其處置所造成損害的責任和賠償問題的議定書》，規定了關於包括合法與非法國際運輸危險廢物的過程中，因事故或其他方面的原因所造成的危險廢物的泄漏，而造成的環境損害與賠償責任。這是第一個全球性的關於危險廢物造成環境損害與賠償責任的國際條約。

(二) 化學品

由於化學品的廣泛使用和所具有的危險性和污染性，因此也需要制定國際規範，以保障環境和人類健康。在這方面，重要的國際公約包括《關於在國際貿易中對某些危險化學品和農藥採用事先知情同意程序的鹿特丹公約》以及《關於持久性有機污染物的斯德哥爾摩公約》。

1.《關於在國際貿易中對某些危險化學品和農藥採用事先知情同意程序的鹿特丹公約》

目前，國際市場上的化學品貿易品種大約有七萬種，每年新增大約1.5萬種。許多發達國家已經禁止使用的化學品仍然在發展中國家銷售和使用。1998年9月，聯合

國糧農組織全體大會決定，以自願的方式使用「事先知情同意程序」，實現對危險化學品和化學農藥國際貿易的控製。1998年9月國際間簽訂了《關於在國際貿易中對某些危險化學品和農藥採用事先知情同意程序的鹿特丹公約》（簡稱《鹿特丹公約》），以強制性規定取代先前自願性的規定，並於2004年2月24日正式生效。2004年12月29日中國全國人大常委會通過了關於批准《鹿特丹公約》的決定。

《鹿特丹公約》明確規定，進行危險化學品和化學農藥國際貿易各方必須進行信息交換。出口方需要通報進口方及其他成員其國內禁止或嚴格限制使用化學品的規定。發展中國家或轉型國家需要通告其在處理嚴重危險化學品時面臨的問題。計劃出口在其領土上被禁止或嚴格限制使用的化學品的一方，在裝運前需要通知進口方。出口方如出於特殊需要而出口危險化學品，應保證將最新的有關出口化學品安全的數據發送給進口方。各方均應按照《鹿特丹公約》的規定，對「事先知情同意程序」中涵蓋的化學品和在其領土上被禁止或嚴格限制使用的化學品加註明確的標籤信息。《鹿特丹公約》各方還同意，開展技術援助和其他合作，促進相關國家加強執行該公約的能力和基礎設施建設。

2.《關於持久性有機污染物的斯德哥爾摩公約》

持久性有機污染物是在環境中難以降解、能夠在生物體內蓄積並沿食物鏈放大、且能對人體健康及環境構成各種負面影響的有機污染物。有證據顯示，這些物質可以通過長距離遷移到達一些從未使用或生產過它們的地區，對環境構成嚴重威脅。在人類活動造成的所有污染物中，持久性有機污染物的危害最大，它們具有「致癌、致畸、致突變」效應，嚴重影響人體的生殖系統、免疫系統和神經系統。基於對以上危害的認識，2001年5月23日，各國共同簽署了《關於持久性有機污染物的斯德哥爾摩公約》。2004年6月25日中國全國人大常委會通過了關於批准《關於持久性有機污染物的斯德哥爾摩公約》的決定。根據該公約，各締約方將採取一致行動，首先消除12種對人類健康和自然環境最具危害的持久性有機污染物；其次被列入控製的持久性有機污染物清單是開放性的，將來會隨時根據規定的篩選程序和標準進行擴充。

(三) 核活動及其損害的控製

核活動分為軍用方面和民用方面。調整核軍用方面的條約主要有1968年通過的《不擴散核武器條約》、1971年通過的《禁止在海床洋底及其底土安置核武器和其他大規模毀滅性武器條約》、1996年通過的《全面禁止核試驗條約》和2005年通過的《制止核恐怖主義行為國際公約》。

在核的民用領域，國際法的宗旨是促進核的和平利用，在保障公民的生命健康、財產和生態環境的基礎上，進行核活動，增進人類的福祉。

1. 原子能損害責任

為了能夠在事故發生后對損害予以全面的救濟，目前各國法律都規定對核損害賠償實行嚴格責任、絕對責任或結果責任等無過失責任制度。關於原子能損害責任的國際立法，主要有1960年的《核能領域中第三方責任巴黎公約》（簡稱《巴黎公約》）、1963年的《補充巴黎公約的布魯塞爾公約》（簡稱《布魯塞爾公約》）以及1963年的

《關於核損害民事責任的維也納公約》。《巴黎公約》后來又為其追加議定書（1964 年）及其修正議定書（1982 年）予以修正。

《巴黎公約》是由經濟合作與發展組織起草完成草案的，締約方主要只有歐洲國家。《維也納公約》是由國際原子能機構起草完成草案的，其締約方則主要是發展中國家，目的在於制定最低限度的標準，為由於和平使用核能而導致的損害提供資金保障。

上述兩個公約在內容方面有很多類似之處。例如，將在運輸過程中發生的事故也包含在內，並且不論國籍、住所或者居所如何都可以適用。且事故時的賠償責任全部集中於原子能作業者，即對其實行無過失責任，除非法庭可以判決是受害一方的過失所為，或者核事故是直接由武裝衝突、內戰、叛亂或預料之外的嚴重自然災害造成。另外，在責任的賠償金額、時間方面雖然都受到了限制，但是必須準備依靠強制保險來支付。在后來的《布魯塞爾公約》中，還對與國家有關的作業方面規定增加了賠償數額。

然而，當非締約方受到損害時不適用上述兩個條約。對此，當發送者與接受者，以及事故發生地與被害發生地各自為上述兩個條約的締約方時，就應當考慮上述兩個條約是否適用，或者法院在管轄上的困難等問題。於是 1988 年由國際原子能機構和經濟合作與發展組織在維也納舉行會議並通過了《關於適用（維也納公約）和（巴黎公約）的聯合議定書》，並於同日開放供簽署。自此，上述兩個條約與其他有關的條約在主體方面擴大了締約方的適用範圍。

此外，在上述兩個公約之后，1997 年通過了《核損害補充賠償公約》，但迄今未生效。

2. 核事故

在蘇聯切爾諾貝利核電站核事故發生后，國際原子能機構（IAEA）於 1986 年緊急通過了《關於及早通報核事故公約》與《核事故或輻射緊急情況相互援助公約》。

《關於及早通報核事故公約》的目的是盡早提供可能產生跨國界國際影響的核事故有關情報，以便使環境、健康和經濟的后果減少到最低限度。該公約要求，在發生可能導致越境影響的核事故時，必須通報有關事故發生的時間、場所、放出的放射性物質的種類以及對事故狀況的判斷等情報以及其他的基本情報。

《核事故或輻射緊急情況相互援助公約》的目的是：建立一個國際體制，旨在發生核事故或輻射緊急情況時便利締約方之間直接地、通過或從國際原子能機構以及從其他國際組織迅速提供援助；最大限度地減輕后果，保護生命、財產和環境免受放射性釋放的影響。該公約對發生核事故或者放射性緊急事態規定了有關將影響限制在最小限度內，以及防止放射性損害、保護人體生命以及環境的緊急援助活動等。中國於 1987 年加入了上述兩個條約。

3. 核安全

國際原子能機構於 1980 年制定了《核材料實物保護公約》，並於 2005 年通過了《核材料實物保護公約》的修訂案。其目的在於實質性保護國內使用、貯存和運輸的核材料，防止非法取得和使用核材料所可能引起的危險。中國於 1988 年加入了該公約。

切爾諾貝利核電站事故引起了人們對核設施的安全性的高度關注。為此，1994 年

國際原子能機構制定並通過了《核安全公約》，目的在於加強國際核技術交流與合作，在世界範圍內實現和維持高水平的核安全，在核設施內建立防止潛在輻射危害的有效防禦措施，防止帶有放射性後果的事故發生以及減輕事故的危害後果。

《核安全公約》只以民用核電站作為控製對象，軍事設施與其他處理設施等不適用該公約。鑒於各國的技術水平不一，因此，該公約沒有規定統一的基準與罰則，只是要求各國在充實教育和訓練、制訂緊急對應計劃方面進行國際合作。並且要求對那些安全性不能提高的核電站予以關閉。

中國於1996年加入了該公約。

2011年3月，因海嘯造成日本福島核電站發生了7級核事故並導致較大範圍的核泄漏。這一事故的發生重新引發了國際社會對核電站選址、應對小概率事件與事件疊加的安全考慮、核事故應急機制的有效性、合理的監管體制和企業安全文化、信息公開以及區域性核安全協調溝通機制等核安全問題的關注和討論。

五、貿易與環境

前面在分析國際環境問題的成因時，已就貿易對環境的影響做出了論述。由於經濟發展會對環境造成影響，因此，各國在制定保護環境政策時，也會出現由於保護措施的實施而限制國際貿易自由化的問題。

自由貿易和自由競爭是現代國際經濟交往的基本原則，因此，國際社會為減輕關稅以及其他實質性貿易障礙、在國際通商方面廢除差別待遇而早在1947年就制定了《關稅與貿易總協定》。《關稅與貿易總協定》制定多年以後，締約方有感於成立世界貿易組織的必要，歷經多回合談判後，於《關稅與貿易總協定》的烏拉圭回合談判，簽訂了《成立世界貿易組織協議》，世界貿易組織乃於1995年1月1日正式成立。

《關稅與貿易總協定》中貿易自由化的主要基本原則為非歧視原則，也即各國不得給予其他國家類似產品低於其本國國內生產的類似產品以及應給予所有其他成員國的類似產品同等的待遇。而所謂「類似產品」，只能以產品最終呈現情形判斷，而不能以產品製造過程作為判斷的基礎。因此，假設若有一項產品，在甲國的製造過程中採取嚴格的環保管制，而在乙國的製造過程則以極為有害環境的過程製造，則甲國製造的產品成本（即污染控製成本）很可能明顯高於乙國的類似產品，但在《關稅與貿易總協定》的非歧視原則規定下，進口國不能對來自乙國的產品給予低於來自甲國產品的待遇。

一般認為，世界貿易組織的如下規定可以協調貿易與環境的衝突。

（1）《關稅與貿易總協定》第二十條的一般例外條款列出了可以免除《關稅與貿易總協定》義務的特殊情形，與環境保護有關的例外主要規定在第二十條的（b）款和（g）款。第二十條規定：「凡下列措施在條件相同的各國間不會構成武斷的或不正當的歧視，或者構成變相的國際貿易的限制，則不得將本協議說成是妨礙任何締約方採取或實行下列措施⋯⋯（b）為維護人類及動植物生命或健康所必需者⋯⋯（g）關係到養護可用竭的天然資源的措施，但以此措施須與限制國內生產與消費一道實施者為限。」但是，該條款屬於總協定的例外條款，對它的適用有著嚴格的前提條件。

（2）該組織的《技術貿易壁壘協定》要求締約方的技術標準僅可以使用國際標準，

作為其例外，以「保護人體健康或者安全，保護動植物的生命、健康或者生育」。但由於目前環境保護的控制基準與方法在各國有著很大的差異，所以一律採用國際標準是困難的。

　　(3) 該組織的《補貼協定》為了防止國際貿易的扭曲而規定限制使用補貼，但是該協定同時又確認了為促進產業結構的轉換而在環境政策措施中使用的補貼。

　　然而，在國際環境保護的領域中，貿易限制往往是最有效的執行措施，因此，出現了各國為了環境保護而限制國際貿易的問題。例如，一國可以以他國生產的產品不符合該國環境法規與環境標準的規定為由而抵制他國商品進入該國。然而，這樣可能造成實質性的非關稅貿易壁壘，即「綠色壁壘」，而有可能違反《關稅與貿易總協定》的規定。例如，1991年美國就曾經因為墨西哥捕獲的金槍魚在捕獲過程中連帶捕獲了受其《海洋哺乳動物保護法》保護的海豚，而限制墨西哥的金槍魚進口，墨西哥認為美國的進口限制已經構成了歧視而違反《關稅與貿易總協定》相關規定，而向當時的《關稅與貿易總協定》爭端解決機制提訴，《關稅與貿易總協定》的爭端審議專家小組認定美國實行的進口限制措施不符合《關稅與貿易總協定》第二十條（b）款或（g）款一般例外的規定，因此，認定美國違反了《關稅與貿易總協定》的相關規定。已經有許多案例是因為世界貿易組織成員國依照其本國的環境保護措施而採取的貿易限制措施而被提交到世界貿易組織的爭端解決機制，但除了少數案例外，大部分採取環境貿易限制措施的成員國都被判定違反《關稅與貿易總協定》的規定。

　　此外，許多國際多邊環境保護協議都規定了與貿易限制相關的措施，以有效保障多邊環境協議的執行效果，一是針對締約方之間的進出口貿易限制，二是針對非締約方的貿易限制，如《關於消耗臭氧層物質的蒙特利爾議定書》《控製危險廢物越境轉移與處置的巴塞爾公約》都有這兩種措施的規定。這樣就引發了各國如果依據國際環境公約實施的貿易限制措施是否會與《關稅與貿易總協定》及世界貿易組織的相關規定相衝突的問題。為此，世界貿易組織也成立了貿易與環境委員會來研究二者之間的關係。根據貿易與環境委員會的報告，目前含有貿易條款的多邊環境協議約有二十個，而目前國際上還沒有任何案例是因為成員國之間因為依據國際環境公約採取貿易限制措施而提交到世界貿易組織的爭端解決程序。

　　由於全球環境保護和自由貿易的衝突問題，世界貿易組織從2001年11月起進行至今（2008年7月）的多哈談判也將「貿易與環境」納入談判內容，包括以下內容：既存的貿易規則與多邊環境協議中貿易義務之間的關係；在環境條約秘書處和世界貿易組織相關委員會之間定期交換信息的程序，以及給予觀察員地位的標準；降低或適當消除對環境貨物和環境服務的關稅與非關稅壁壘。世界貿易組織總干事帕斯卡·拉米在2008年5月28日對歐洲議會發表關於世界貿易組織如何對抗氣候變化的演講表示，與其採取單邊措施，世界貿易組織寧願等候「真正的全球共識」以處理氣候變化議題。可以說相當程度地反應了世界貿易組織在面對貿易與環境議題的態度。

　　如何在採取與環境有關的貿易限制措施的同時又不會構成變相的國際貿易的限制，如何在現有的世界貿易組織體系架構內重建以可持續發展為基礎的貿易體系，建立貿易自由與環境保護雙贏的機制的確是目前世界貿易組織及國際環境法兩者的一大挑戰。

第二節　中國與國際環境法律實踐

一、當前全球國際環境法律實踐中存在的問題

儘管環境問題的全球化已經得到世界各國的公認，國際社會也已制訂了聯合行動計劃和各項法律措施，但是由於世界各國在政治、經濟等方面的既得利益以及各國對本國長遠利益的考慮，使得各國在具體履行國際環境條約所確立的全球環境保護義務上還存在著許多意見分歧。

例如，在各國履行《氣候變化框架公約》實現減排溫室氣體的義務方面，比較重要的國家和地區如美國、歐盟、日本、俄羅斯以及廣大發展中國家均存在著不同的認識。

美國由於能源結構中石化燃料所占的比例相當高，所以美國的溫室氣體排放量一直很高並位居世界首位。如果要減排溫室氣體，就必須調整美國的能源結構。2001年「9·11」事件以后直至對伊拉克發動戰爭，恢復經濟增長和打擊恐怖主義成為美國政府最為關注的問題。這也在一定程度上導致全球氣候變化無法成為美國的焦點，美國政府甚至還提出了《京都議定書》的替代方案。自從2009年新任總統奧巴馬上任以來，美國國內在能源結構戰略調整、綠色經濟發展等各方面都發生了重大變化。但在國際社會上，美國遲遲不肯承擔與其大國地位、歷史和現實排放水平相稱的減排義務，拖延和逃避向發展中國家提供應對氣候變化所必需的技術和資金援助，而且還不斷要求發展中國家擔負起更多的減排責任。

在歐盟成員國中，由於歐盟在產業結構、能源結構和環保技術方面具有優勢，並且占歐盟排放總量最大的兩個國家英國和德國由於近幾年來國內煤炭業的衰退或者經濟處於低迷發展狀況的因素，使得歐盟的減排任務比較容易實現，因此，歐盟在溫室氣體減排問題上態度一直十分積極，甚至主動提出溫室氣體在1990年的基礎上減排15%的目標。在2010年墨西哥坎昆氣候大會上，歐盟也表態稱發展中國家應當承擔新的責任。只要其他主要排放國家願意承擔相應責任，歐盟隨時準備採取力度更大的減排措施。

日本雖不是溫室氣體排放大國，但由於日本是一個由諸多小島組成的國家，氣候變化對它的影響非常大。因此，日本政府非常關注氣候變化問題，在國際談判中也表現得比較主動積極。日本在減排溫室氣體的立場曾一度與美國保持一致，但在美國退出《京都議定書》后日本漸漸加強了與歐盟的聯繫，力圖繼續推進國際社會在氣候變化問題上的努力，以保證本國的安全和發展。在坎昆氣候大會上，日本與其他幾個發達國家認為《京都議定書》只覆蓋了占27%的全球排放量的國家，而世界最大溫室氣體排放國美國和中國都沒有在《京都議定書》下承諾減排目標。在此情況下，繼續兌現《京都議定書》第二承諾期有失公平。因此，日本做出表態稱其「永遠」不會就

《京都議定書》第二階段減排目標做出任何承諾，這種堅決而又不留余地的態度為今後的全球氣候談判投下了陰影。

俄羅斯本是世界上溫室氣體排放較多的國家之一，但由於20世紀90年代初國家的巨變導致發展經濟成為其主要目標。受國內經濟衰退的影響，到20世紀90年代中俄羅斯的溫室氣體排放量大為減少。所以，《京都議定書》給俄羅斯確定的減排目標非常低。為提高在國際社會中的地位，俄羅斯借此「機遇」在其減排立場上靠近歐盟，並明確表示在溫室氣體減排問題上採取主動行動。

在發展中國家方面，由於大多數發展中國家並沒有減排溫室氣體的義務，所以，他們在溫室氣體減排方面的立場基本一致。他們認為，按照「共同但有區別的責任」原則，發達國家要承擔全球氣候變化的主要責任，不僅應減少本國的溫室氣體排放量，還應幫助發展中國家減少溫室氣體的排放。此外，發展中國家還堅持認為，為對付環境問題的全球化而開展國際合作是必要的，但這種合作首先應建立在尊重別國主權和公平的原則上，發達國家不能借此干涉發展中國家的內政。因此，發展中國家目前在溫室氣體減排方面採取的政策和法律主要是完成《氣候變化框架公約》為它們確定的編製本國溫室氣體人為排放「源與匯」的國家清單，採取減緩氣候變化的措施，並向締約方會議提供信息。

上述分歧的背後還具有深刻的政治、經濟利益的背景。從眾多全球環境條約談判所反應的問題表明，如下因素是造成全球環境合作存在障礙的重要原因。

(一) 國家經濟利益的差別與矛盾

在世界範圍內，發展中國家與發達國家目前處於工業化的不同階段，因此，國民收入和生活水平的差距較大，這就導致他們之間在經濟利益與國民偏好等方面有著明顯的差異，在對待發展與環境關係問題上的看法也大相徑庭。發達國家已經完成工業化並且擁有很高的收入水平，因此，有充足的財力來規劃本國環境保護事宜。

但是在對待全球環境問題方面，發達國家仍然有所偏重。例如，它們比較看重發展經濟過程中環境污染和資源破壞對全球環境問題的貢獻，而對諸如水土流失、沙漠化和水旱災害等發展中國家面臨的緊迫環境問題關注的熱情相對較低。發展中國家則面臨著貧困和經濟的雙重挑戰。他們多主張高速發展經濟，並強調經濟發展是發展中國家有效治理環境、參與國際合作的基礎和保障。

發達國家與發展中國家由於經濟發展程度上的差異而導致環境保護觀念上的不一致，將在相當長的時期內廣泛存在。

(二) 發展中國家短期利益和長期利益之間的矛盾

儘管各國都認為環境保護將有利於國家社會、經濟的可持續發展，但多數發展中國家迫於貧困和人口增長等社會問題的壓力，不得不在一定程度上以犧牲環境為代價獲得短期的經濟發展與生活水平的提高。雖然經濟發展和環境保護相協調是政府政策的理想選擇，但傳統的發展模式、投資方式和公民消費方式仍然促使發展中國家走上了發達國家的「先污染、后治理」的老路。

現實狀況是，發展中國家既對國際社會嚴格的環境法律措施造成本國經濟不能快速增長和貧困不能消除而無法忍受，又認為既然發達國家不能成為全球環保的典範，發展中國家也就沒有義務來承擔這一責任。因此，在許多場合，發展中國家的態度是如果發達國家不能給予足夠的經濟和技術援助幫助發展中國家解決貧困問題，那麼全球環境問題的解決主要應當由發達國家採取措施解決。

(三) 與環境保護相關的國際規則與標準均不利於發展中國家

在經濟全球化的進程中，許多國際經濟和貿易規則與標準是基於市場完善的發達國家之間的經濟交往關係，在平衡了它們相互利益的基礎上由發達國家主持制定的。因此，這些規則與標準在制定理念上就對發達國家的既得利益具有保護性，而對發展中國家的利益而言則具有很大的排他性。所以，它們的大多數對發展中國家通過國際貿易獲取經濟利益是不利的。

例如，為世界貿易組織相關規定所認可的「綠色貿易壁壘」措施，就是發達國家利用本國環境法律和環境標準抵制輸入發展中國家產品的一個最好的例證。發展中國家由於環境立法不完善、國內環境標準相對較低，加上資金、技術和人才的相對不足與落後，在國際組織許多事關國家經濟利益的國際標準的起草制定中處於劣勢地位，為此許多國際標準並不能反應和適應發展中國家的利益需求。從這個意義上講，這種狀況對發展中國家廣泛參與全球環境保護也是一個不利的因素。所以，在 2002 年 8 月召開的聯合國世界可持續發展首腦大會上，發展中國家的代表紛紛呼籲要建立一個公正的貿易體系。

(四) 傳統經濟學理論與全球環境問題的現實脫節

目前，有關環境的經濟學研究與分析主要是圍繞單個國家展開的。傳統經濟學認為，由於市場失靈是環境問題的主要原因，所以最終的解決還是要依賴政府。但是，對於全球環境問題而言，傳統經濟學所提出的解決方案並不適用。實踐證明，經濟的全球化並未改變舊的國際經濟關係與秩序，相反在國際投資進程中它還推進了環境污染和破壞從發達國家向發展中國家轉移。

環境問題與其他種類的市場失靈在形式上是有區別的，它們最大的不同在於環境問題的發展具有全球蔓延性和擴散性。作為物質的一種形式，各國工業生產所排放的大量污染物並不會從地球上消失，而是逐漸增加並長期存留於地球環境中間。當處於某國境內的企業因排放污染物對鄰近國家或全球的環境造成污染和破壞時，全球範圍的外部不經濟性就產生了。而排放污染物的國家在制定本國環境政策時，一般不會考慮本國經濟發展造成其他國家額外成本的增加，並且也並沒有直接的證據能證明造成這種額外成本的原因是哪個國家排污所致。

從經濟學角度分析，全球環境問題的產生會帶來負的外部性（即外部的不經濟性），而對它的治理會帶來正的外部性。但是，目前並不存在超越所有主權國家的超級中央政府來統籌制定、強制實施全球環境保護法律和政策，因此，任何一個國家的環境立法和政策只能在其本國生效。國家之間的合作只能建立在自願、平等、互利的基

礎上。

所以，全球經濟中的環境問題要遠比國民經濟中的環境問題複雜得多。全球環境問題絕不是單個國家或者國際組織所能克服和解決的，它是全人類所面臨的共同挑戰。

二、中國在解決全球環境問題方面的貢獻

（一）20世紀90年代中國的原則立場

由於全球環境問題是國際社會在20世紀80年代以後所共同關注的熱點，為了在中國與對外國際交往中確立中國對待全球環境問題的原則立場，1992年年初，國務院環境保護委員會通過了《中國關於全球環境問題的原則立場》的報告。該報告指出，全球環境問題是全人類面臨的共同挑戰，中國作為一個社會主義大國十分重視生態環境保護，已經將保護環境作為一項基本國策，努力堅持社會經濟和生態環境保護協調發展的方針。中國幅員遼闊，保護好中國的環境，就是對改善全球環境的重要貢獻。應把國際保護全球環境的浪潮作為一次機遇，促進中國的生態環境改善和資源能源合理利用。該報告認為，在國際環境事務中，中國一向持積極態度，願意承擔合理的國際義務做出應有的貢獻。通過廣泛的國際合作，共同尋求解決全球環境問題的有效途徑。

該報告立足於中國國情，從人類長遠的共同利益和中國及其他發展中國家的根本利益出發，提出了中國對解決全球環境問題的八項基本原則。

這八項原則包括：①正確處理環境保護與經濟發展的關係；②明確國際環境問題的主要責任；③維護各國資源主權，不干涉他國內政；④發展中國家廣泛參與環境保護的國際合作；⑤應當充分考慮發展中國家的特殊情況和需要；⑥不應把保護環境作為提供發展援助的新的附加條件，也不應以保護環境為借口設立新的貿易壁壘；⑦發達國家有義務在現有的發展援助之外，提供充分的額外資金，幫助發展中國家參加保護全球環境的努力，或補償由於保護環境而帶來的額外經濟損失，並以優惠、非商業性條件向發展中國家提供無害技術；⑧必須加強環境領域內的國際立法。

（二）世紀交替時期中國對全球環境保護的貢獻

進入21世紀，面對持續發展的國際環境保護問題的挑戰，中國除了一貫呼籲發達國家應正視自己在製造國際環境問題的歷史責任以外，並且呼籲國際合作以共同解決國際環境問題，中國也本著「共同但有區別的責任」原則，承擔應有的國際責任和義務。例如，中國雖然沒有在《氣候變化綱要公約》及《京都議定書》承諾具體的減排義務，但仍然在2007年6月制訂了應對氣候變化國家方案，成立了以溫家寶總理為組長的應對氣候變化領導小組。這些都說明了中國面對國際環境保護的態度越來越加積極。

三、國際環境法在中國的適用

關於國際環境法如何在中國國內適用，《中華人民共和國憲法》並沒有對國際法在國內法律體系中的效力做出明文規定。但根據1982年《中華人民共和國憲法》及1990

年《中華人民共和國締結條約程序法》的規定，條約締結與一般法律制定的基本程序相同，是由全國人大常委會過半數通過，因此，多數學者認為條約與中國的一般法律在國內具有同等的效力，所以，條約的效力應該低於由全國人大 2/3 以上通過的憲法和全國人大過半數通過的基本法律。雖然中國參加的國際條約在國內的效力與一般法律相同，但是，《中華人民共和國環境保護法》第四十六條規定：「中華人民共和國締結或參加的與環境保護有關的國際條約，同中華人民共和國的法律有不同規定的，適用國際條約的規定，但中華人民共和國聲明保留的條款除外。」因此，當中國締結參加的國際環境條約與國內法衝突時，國際環境條約應優先適用。此外，對於國際環境條約是否可以在中國直接適用，而無需國內立法機關將它轉換成國內法，中國的學者之間也有不同的看法。有學者認為國際環境法規範在國內的適用必須先在國內環境法中加以明確和具體化。主要理由如下：

（1）國際環境法規範與國內環境法體系或多或少存在著差異。只有通過國內立法的轉化，才能解決兩者之間銜接與協調的問題。

（2）由於國際環境問題的廣泛性，國際環境條約往往需要較多的主權國家加入。而條約的參加者越多，規定就越傾向於原則，因其不得不妥協以使參加條約的各主權國家都能接受。因此，在國內環境法中確認和體現國際環境法概括性、原則性是其得到國內適用的必要前提和關鍵。

（3）國際環境法規範經過國內環境法的轉化。確認條約的權利、義務，規定管理機構、履行方式、履行時限、履行對象，違反履行義務的法律責任等，能使其更好地為執法者和司法者們正確適用，在法制宣傳、提高公民環境法律意識方面也大有裨益。

（4）中國實踐中的做法也是首先通過國內立法活動將國際環境條約中的有關規定轉化為國內法律法規和其他法律文件。例如，為實施《巴塞爾公約》，中國在 1995 年的《固體廢物污染環境防治法》中規定「禁止中國境外的固體廢物進境傾倒、堆放、處置」「國家禁止進口不能做原料的固體廢物，限制進口可以做原料的固體廢物」「禁止經中華人民共和國過境轉移廢物」。

四、中國加入的國際環境公約及應對行動

國際環境法的迅速發展對中國國內環境法的影響是非常明顯的。就國際環境保護公約而言，中國已經加入了許多國際公約，數目已達 60 多個。這些公約對中國政府有直接的約束力。為了使國際環境條約得以實際履行，中國在新修改和制定的法律中都將有關的國際義務寫入國內法規中，並採取具體的措施。

(一)大氣和氣候保護

1. 保護臭氧層

在保護臭氧層方面，中國作為全球最大的消耗臭氧層物質（ODS）生產國和消費國，自 1991 年簽署加入《關於消耗臭氧層物質的蒙特利爾議定書》以來，中國已頒布了 100 多項政策法規，規範了國家 ODS 生產、消費、進出口等各環節的管理和監督，並成立了由環保總局（根據 2008 年 3 月 11 日第十一屆全國人大一次會議批准的《國

務院機構改革方案》）任組長單位，18個部委構成的中國國家保護臭氧層領導小組。2007年7月1日，中國比《關於消耗臭氧層物質的蒙特利爾議定書》規定的時間提前兩年半淘汰了最主要的兩種消耗臭氧層物質——全氯氟烴和哈龍，標誌著中國履行《關於消耗臭氧層物質的蒙特利爾議定書》取得了實質性的重大進展。目前，中國正大力推進出抬《消耗臭氧層物質管理條例》，希望該條例能夠聯合其他政策措施，有效地監督管理國內的ODS工作。

2. 應對氣候變化

在應對氣候變化的挑戰方面，由於中國的發展只有30年時間，而發達國家則經歷了100~200年的發展歷程，中國可以說是遭受氣候變化不利影響較為嚴重的發展中國家。因此，中國參加的《全球氣候變化框架公約》及其《京都議定書》中並沒有承諾承擔相應的國際義務，但為了減緩溫室氣體和消耗臭氧層物質的排放，在1995年和2000年兩次修改了《大氣污染防治法》，並於2002年制定了《清潔生產促進法》《環境影響評價法》。此外，2005年10月12日，國務院國家發展和改革委員會等部委聯合發布施行了《清潔發展機制項目運行管理辦法》。

為應對氣候變化的挑戰，中國一貫堅持「共同但有區別的責任」原則，呼籲發達國家應完成《京都議定書》確定的減排指標，幫助發展中國家提高應對氣候變化的能力，並在2012年后繼續率先減排；發展中國家也應根據自身國情並在力所能及的範圍內採取積極措施，盡力控制溫室氣體排放增長速度。

在此同時，中國也承擔起自己的責任。2007年以來，中國政府並將節能減排提上重要議事日程。2007年6月，國務院成立了國家應對氣候變化及以溫家寶總理為組長的節能減排工作領導小組，制定頒布了《應對氣候變化國家方案》和《節能減排綜合性工作方案》。

至2007年11月為止，中國已與全球環境基金、世界銀行、亞洲開發銀行、聯合國開發計劃署等國際組織和機構，建立並發展了在資金、技術與信息等方面的合作。2007年11月9日，國務院批准建立的中國清潔發展機制基金正式啓動，基金將與各國政府和機構以及國內企業開展多樣化合作，以有效提高中國在國際應對氣候變化行動中的實際參與能力。

(二) 海洋保護

中國政府於1982年12月簽署了《聯合國海洋法公約》，同年頒布施行了《海洋環境保護法》。此外，結合有關國際規則等的規定，針對海洋環境污染源，國務院還制定了有關海洋環境保護管理的條例。針對控制向海洋傾倒廢棄物的污染，中國於1985年由國務院制定了《海洋傾廢管理條例》。

針對控制陸地來源的污染，中國於1990年分別依照有關國際規定結合中國的實際，由國務院制定了《防治陸源污染物污染損害海洋環境管理條例》和《防治海岸工程建設項目污染損害海洋環境管理條例》。

為了加強海洋環境保護管理，使各項制度措施與國際法接軌，1999年中國修改制定了新的《海洋環境保護法》。此外，在履行國際環境公約和國際環境義務中，由國家

環保總局負責組織實施的海洋環境保護國際合作事務包括聯合國環境規劃署倡導的全球區域海洋行動計劃、防止陸上活動影響海洋全球行動計劃和雙邊政府合作協議。此外，中國在區域海洋行動計劃中及海洋保護的雙邊合作上都有積極行動。

(三) 自然保護

為保護瀕危珍稀物種，中國除了制定《野生動物保護法》對獵捕野生保護動物的行為進行管制外，還在刑法上確立了非法獵捕、殺害珍貴瀕危野生動物的犯罪。為了履行《防治荒漠化公約》，中國於 2001 年制定了《防沙治沙法》。此外，行政法規方面還制定和實施了《中國生物多樣性保護行動計劃》《自然保護區條例》等。

從 1993 年中國批准《生物多樣性公約》以來，為履行《生物多樣性公約》，中國加強了國家協調機制，成立了由國家環保總局牽頭，有國務院 20 個部門參加的中國履行《生物多樣性公約》工作協調組；制定和頒布了生物多樣性保護法律法規二十多項，基本形成了保護生物多樣性的法律體系；並積極採取建立自然保護區；重視宣傳教育及推動全球合作等行動。

中國於 2000 年簽署《卡塔赫納生物安全議定書》以來，成立了項目協調組和專家組，於 2005 年年底開展了針對轉基因棉花、水稻和大豆等進行的環境監測，建立了轉基因生物安全信息交換網和數據庫，並開展了形式多樣的生物安全公眾宣傳、科普和培訓。

(四) 廢棄物及危險物資管理

為了加強對固體廢物越境轉移的管理，中國在 1995 年制定了《固體廢物污染環境防治法》，並在 1997 年修改新《刑法》時增加了處罰非法從事固體廢物國際貿易行為的條款。

在應對持久性有機污染物方面，2007 年 4 月 14 日，國務院批准了「中國履行《關於持久性有機污染物 (POPs) 的斯德哥爾摩公約》國家實施計劃」，採取必要的法律、行政和經濟手段，以最有效的方式預防、削減和淘汰 POPs。

(五) 貿易與環境

在國務院 2007 年 11 月 26 日發布的《國務院關於印發國家環境保護「十一五」規劃的通知》中規定，要「堅持『共同但有區別的責任』原則，積極參與國際環境公約和世界貿易組織環境與貿易談判，維護中國和廣大發展中國家環境權益」。並且要「加強環境與貿易的協調。積極應對綠色貿易壁壘，完善對外貿易產品的環境標準，建立環境風險評估機制和進口貨物的有害物質監控體系，既要合理引進可利用再生資源和物種資源，又要嚴格防範污染引進、廢物非法進口、有害外來物種入侵和遺傳資源流失」。

(六) 其他

此外，在中國政府有關環境保護政策、行政法規方面還制定和實施了《中國 21 世紀議程》，並鼓勵企業通過自願行動實行 ISO 14000 環境管理認證制度以及環境標誌制度。

表 9-1　　　　　　　　　　中國加入的主要多邊國際環境條約

性質	公約名稱	通過日期	生效日期	中國簽署、加入或批准日期
臭氧層	保護臭氧層維也納公約	1985年3月22日	1988年9月22日	1989年9月11日加入，1989年12月10日起對中國生效
	關於消耗臭氧層物質的蒙特利爾議定書	1987年9月16日	1989年1月1日	1990年3月26日交存批准書
	經修正的關於消耗臭氧層物質的蒙特利爾議定書（倫敦修正案）	1991年9月16日	1992年8月20日	1992年8月20日起對中國生效
	經修正的關於消耗臭氧層物質的蒙特利爾議定書（哥本哈根修正案）	1992年11月25日	1994年6月14日	2003年4月22日交存批准書
	經第九次締約方會議通過的關於消耗臭氧層物質的蒙特利爾議定書修正案（蒙特利爾修正案）	1997年9月17日	1999年11月10日	中國尚未批准
	關於消耗臭氧層物質的蒙特利爾議定書修正案（北京修正案）	1999年12月3日	2002年2月25日	中國尚未批准
氣候變化	聯合國氣候變化框架公約	1992年5月9日	1994年3月21日	1993年1月5日交存批准書
	京都議定書	1997年12月11日	2005年2月16日	2002年8月30日交存批准書
海洋	聯合國海洋法公約	1982年12月10日	1994年11月16日	1996年7月7日對中國生效
船舶污染	關於1973年國際防止船舶造成污染公約的1978年議定書	1978年2月17日	1983年10月2日	1983年10月2日對中國生效
	1973年國際防止船舶造成污染公約及其1978年議定書附則 I 修正案	1984年9月7日	1978年1月7日	1978年1月7日對中國生效
	關於1973年國際防止船舶造成污染公約的1978年議定書	1978年2月17日	1983年10月2日	公約及附則 I、附則 II 及附則 V 分別從1983年10月2日、1987年4月6日和1989年2月21日起對中國生效
海洋傾廢	1972年防止傾倒廢物及其他物質污染海洋公約	1972年12月29日	1975年8月30日	1985年12月15日起對中國生效
	防止傾倒廢物及其他物質污染海洋的公約1996年議定書	1996年11月7日	2006年3月24日	2006年10月29日起對中國生效

表9-1(續)

性質	公約名稱	通過日期	生效日期	中國簽署、加入或批准日期
油污	1969年國際油污損害民事責任公約	1969年11月29日	1975年6月19日	1980年4月30日起對中國生效
	1969年國際油污損害民事責任公約的議定書	1976年11月19日	1981年4月8日	1986年12月28日對中國生效
	1969年國際干預公海油污事故公約	1969年11月29日	1975年5月6日	1990年5月24日起對中國生效
	1973年干預公海非油類物質污染議定書	1973年11月2日	1983年3月30日	1990年5月24日起對中國生效
生物資源	生物多樣性公約	1992年6月1日	1993年12月29日	1993年12月29日對中國生效
	卡塔赫納生物安全議定書	2000年1月29日	2003年9月11日	2005年6月28日交存批准書
	瀕危野生動植物物種國際貿易公約	1973年3月3日	1975年7月1日	1981年4月8日對中國生效
	國際捕鯨管制公約	1946年12月2日	1948年11月10日	1980年9月24日對中國生效
	養護大西洋金槍魚國際公約	1966年5月14日	1969年3月21日	1996年10月2日對中國生效
	1983年國際熱帶木材協定	1983年11月18日	1985年4月1日	1986年7月2日對中國生效
	1994年國際熱帶木材協定	1994年1月26日	1997年1月1日	1997年1月1日對中國生效
自然地域	關於特別是作為水禽棲息地的國際重要濕地公約	1971年2月2日	1975年12月21日	1992年1月3日對中國生效
	保護世界文化和自然遺產公約	1972年11月23日	1975年12月17日	1986年3月12日對中國生效
	南極條約	1959年12月1日	1961年6月23日	1983年6月8日對中國生效
	關於環境保護的南極條約議定書	1991年6月23日	1998年1月14日	1998年1月14日對中國生效
	南極海洋生物資源養護公約	1980年5月20日	1982年4月7日	2006年10月19日對中國生效
	聯合國防治荒漠化公約	1994年10月14日	1996年12月26日	1997年5月19日對中國生效
危險廢棄物	控制危險廢物越境轉移及其處置巴塞爾公約	1989年3月22日	1992年5月5日	1992年8月20日對中國生效
	危險廢棄物越境轉移及其處置所造成損害的責任和賠償問題的議定書	1999年12月10日	尚未生效	中國尚未簽署

表9-1(續)

性質	公約名稱	通過日期	生效日期	中國簽署、加入或批准日期
化學品	關於在國際貿易中對某些危險化學品和農藥採用事先知情同意程序的鹿特丹公約	1998年9月10日	2004年2月24日	2005年3月22日交存批准書
	關於持久性有機污染物的斯德哥爾摩公約	2001年5月23日	2004年5月17日	2004年8月13日交存批准書
核能	核事故或輻射緊急援助公約	1986年9月26日	1986年10月27日	1987年10月14日起對中國生效
	及早通報核事故公約	1986年9月26日	1986年10月27日	1988年12月29日起對中國生效
	核安全公約	1994年6月17日	1996年10月24日	1996年7月9日對中國生效

　　現今，環境問題正受到國際社會的高度關注。作為一個大的發展中國家，中國想在這個問題上置身事外是不可能的。首先，國際輿論的壓力要求中國積極參與或加入有關環境條約。其次，積極參與國際環境事務的合作有利於中國在國際外交中占據主動地位。國際條約的制定過程往往是各主權國家為了各自利益討價還價、互相協調和妥協的過程，即使在保護人類共同的生存環境方面也不例外。如果不積極參與條約的談判和制定就無法在條約中反應自己的利益。最后，全球環境的改善從根本上說是符合中國利益的。因此，中國參與國際環境合作勢在必行。

第十章　知識產權國際保護制度

第一節　知識產權國際保護概述

一、知識產權國際保護制度的產生

當人類社會進入19世紀后，隨著國際貿易的大發展，逐漸產生了知識產權在他國受到法律保護的問題，這最終導致了知識產權國際保護制度的形成。

就知識產權的特性而言，地域性特徵是知識產權發展所遺留下來的一個封建烙印。早在知識產權保護初期，地域性的特點就與它緊密相連。在歐洲封建社會時期，原始的知識產權是以封建君主恩賜的特許權的形式出現的。因此，這種權利只能在君主的管轄地域內行使，其效力僅限於本國境內。隨著近代資產階級法律制度的發展，知識產權才最終脫離封建特許權的形式，成為法定的產權。但是，資產階級國家按照國家主權的原則，只對依本國法取得的知識產權加以保護，不承認根據外國法設定的權利。因此，地域性作為知識產權的主要特點被繼續保留下來。

19世紀下半葉，歐洲大多數國家逐步走上了資本主義的發展道路，隨著科學技術的日益進步和工業生產的迅速發展，在國際商業貿易不斷擴大的同時，知識產權貿易市場也開始形成。許多知識產品打破一國界限流入其他國度，成為人類的共同財富，促進了各國之間的文化交往。這樣，知識產權的地域性限制與人類對文化、科學知識的國際性需求之間出現了巨大的矛盾。由於各國的知識產權法只能保護在本國取得的權利，無法保護在外國出版的作品、註冊的商標等知識產品，所以，一國的知識產權往往在他國遭到侵權。一國的優秀作品被他國大量翻譯、翻印的情況日趨嚴重。例如，當時的比利時就有許多出版商專門翻印法國的圖書，美國、加拿大一些出版商大量複製英國的圖書，其結果是英法等國的某些出版商因無力與廉價盜版書競爭而破產。有鑒於此，在當時比較發達的資本主義國家的推動下，各主要歐洲國家開始尋求建立知識產權國際保護體系，先後簽訂了一些保護知識產權的國際公約，成立了一些全球性或地域性的國際組織，因而在世界範圍內形成了一整套國際知識產權保護制度。這些公約主要有1883年的《保護工業產權巴黎公約》、1886年的《保護文學藝術作品伯爾尼公約》、1952年的《世界版權公約》、1961年的《保護表演者、音像製品製作者和廣播組織的公約》、1974年的《人造衛星播送載有節目信號公約》（衛星公約）等。上述公約的締結與施行，表現了國際知識產權保護體系不斷走向完善與深化，也反應了不同國家不同地區因知識產權利益而進行的鬥爭和妥協。與此同時，國際上也建立了一

系列保護知識產權的國際組織，如1883年的保護工業產權巴黎聯盟、1886年的伯爾尼聯盟、1967年的世界知識產權組織等。

二、知識產權國際保護制度的發展與變革

進入20世紀60年代以來，知識產權國際保護進入了一個新的歷史階段。這主要表現在：新的國際經濟貿易體制的形成，加速了知識產權立法一體化的進程，知識產權國際保護在各締約國間採取了統一標準；新的科學技術的出現，加快了知識產權立法現代化的步伐，知識產權國際保護實施了許多重大的制度創新與變革。

（一）國際經貿體制的形成對知識產權國際保護的影響

自20世紀下半葉以來，世界經濟出現了經濟全球化和地區經濟一體化的歷史潮流。在推動經濟全球化進程方面，關貿總協定及其后繼組織——世界貿易組織扮演著重要角色。關貿總協定的基本目標是：通過關稅無條件的最惠國待遇，削減乃至取消關稅和其他貿易壁壘，促使貿易自由化，以便充分利用世界資源和擴大商品的生產和交換。與其他國際公約和國際組織不同，關貿總協定將知識產權保護納入國際貿易體系之中。按照美國、日本、歐洲共同體在烏拉圭回合談判中一份文件的說法，在關貿總協定框架內解決知識產權問題，不是知識產權法的協調，而應是消除由於一些國家未能將其知識保護制度提高到國際標準而造成的貿易扭曲現象。發達國家和發展中國家之間在知識產權方面享有的利益很不平衡，因而在國際磋商與對話中所持立場和既定目標也相距甚遠。西方國家將注意力轉向關貿總協定，其目標是要在關貿總協定內建立一套新的知識產權保護體系，利用關貿總協定關於爭議解決機制中的報復手段，維護自己的知識產權利益。發展中國家則對此持慎重態度，認為要求發展中國家採取過高的保護標準會給其造成沉重的財政和行政負擔。可以說，關貿總協定是知識產權國際保護的重要平臺，東西方國家圍繞著知識產權問題所展開的鬥爭與妥協，將會制約與影響知識產權的發展。

《知識產權協定》的生效，使知識產權從科學、文化領域正式進入國際貿易領域，標誌著知識產權制度進入了統一標準的新階段，它在推動協調各國立法和司法活動方面起著重要的作用。隨著知識產權保護與關貿總協定的結合，世界知識產權組織單獨左右知識產權國際保護體制的局面已被打破。毋庸置疑，取代關貿總協定的世界貿易組織，將會在知識產權保護問題上發揮重要影響。《知識產權協定》的生效，使知識產權從文化領域正式進入國際貿易領域，知識產權問題第一次直接同國際貿易發展掛勾，同時也標誌著知識產權制度進入了統一標準的新階段，它在推動協調各國知識產權立法和司法活動方面起著重要作用。知識產權保護進入國際統一標準的新階段，將是知識產權法未來發展的一個顯著特點。

（二）現代科學技術的發展對知識產權保護的影響

早在20世紀下半葉，以微電子技術、生物工程技術與新材料技術為代表的新技術革命，就對社會發展特別是經濟成長帶來巨大的影響，從而給知識產權領域包括其國際保護體系帶來許多新的問題。

作為信息技術革命產物的因特網，其所組成的「虛擬空間」是一個無中心的全球信息媒體，它不但改變了人類的生活方式，而且會影響當代的法律制度與法律秩序。就知識產權制度而言，主要存在如下問題：①「網絡版權」。當代著作權制度必須解決的核心問題，就是如何讓專有權利有效地「覆蓋」作品在網絡上的傳播，即數字化作品的權利保護、保密技術措施的法律保護和數據庫的權利保護這三大問題。②「網絡標記」。經營標記以數字化的形式出現在網絡空間，既涉及傳統商標制度的變革（如商標權地域性與因特網國際性的衝突，商標分類保護與網上商標權排他性效力的矛盾，網上商標侵權形式的變化與侵權責任的認定等），又涉及域名保護制度的創新（主要問題有域名登記與審查、域名權的性質與內容、域名權與其他在先權利的衝突、域名權的保護與域名糾紛的處理等）。③「網絡不正當競爭」。當代競爭法需要解決網絡傳播及電子商務出現的諸多問題，如屏幕顯示和網站界面的商業包裝、對網上商業秘密採取的保密措施、網上虛假宣傳等。與網絡技術相媲美，基因技術被認為是 21 世紀最偉大的技術之一，人類「可能正處在基因可以解釋和決定一切的時代的開端」。諸如「基因食物」「基因藥品」「基因療法」，以及對動植物基因乃至對人類基因的其他開發、利用，將會導致人類本身以及與人類生存環境相關的一系列變化。儘管對基因技術存在著民族習俗、社會道德以及宗教等方面的爭議，但許多國家趨於對這一新興技術給予專利與其他知識產權的保護。基因專利涉及兩大問題：①界定基因專利保護範圍，包括基因方法、基因產品、轉基因動植物新品種、轉基因微生物以及「脫離人體或通過技術方法獲得」的基因本身；②明確基因專利的排除領域，特別是克隆人的方法、對胚胎商業利用的方法以及基因序列的簡單發現等。上述問題勢必在制度創新與變革上做出回應，即在全球範圍內建立新的知識產權保護機制，包括制定或修改知識產權國際公約，推動締約國實現相關立法的現代化。

三、知識產權國際保護的主要途徑

知識產權國際保護，是指一國締結或參加多邊公約或雙邊條約，以國內法在不違反國際公約所規定最低限度情況下保護他國的知識產權。目前國際上知識產權保護的途徑有以下幾種：

（1）以一國立法單方保護外國的知識產權。如 1852 年 3 月 28 日法國頒布法令，將版權保護擴大至一切作品，而不問作品的出版地與作者的國籍。但法國在 1964 年的《版權法》中已取消了這一單方保護規定，其他當年一些效仿法國的國家也已取消了這種規定。嚴格地說，在當今國際社會，此種保護途徑已不再採用，至多是實踐中被個別地區所保留。

（2）互惠保護。由於本國知識產權立法差異或滯后，某些國家根據互惠原則保護他國知識產權。作為附條件的保護，即外國若承認並保護依一國本國法確認的知識產權，本國也承認且保護依外國法確認的知識產權。如中國在參加《巴黎公約》前，曾分別與許多國家在商標保護上實行互惠原則。

（3）雙邊條約保護。即雙方通過簽訂雙邊保護協定的方式，相互保護對方的知識產權。通常雙方是指兩個國際法主體，但是不排除締約方中一方是一個國際法主體，

另一方是多個國際法主體。此保護方式在當代仍被廣泛採用，但由於其對第三國無拘束力的局限性，多數國家都轉向締結或參加多邊保護公約。

(4) 多邊公約保護。即多國之間通過締結多邊國際公約來解決知識產權在多國範圍內的保護問題，這種保護途徑可以使知識產權在更大範圍內得到保護，且保護標準相對較高。因此，從19世紀中晚期開始，產生了一系列國際知識產權保護公約，目前，世界上多數國家都加入了《巴黎公約》《伯爾尼公約》等重要公約。這些國際公約的締結，既擴大了知識產權的保護範圍，也大大提高了知識產權的保護標準。多邊公約保護是目前知識產權國際保護的主要途徑。

第二節 知識產權保護的國際組織

一、世界知識產權組織

(一) 概述

世界知識產權組織（World Intellectual Property Organization，WIPO），是根據1967年7月14日簽訂、1970年4月26日生效的《成立世界知識產權組織公約》設立的。到2012年4月止，該公約有185個成員。中國於1980年3月正式加入世界知識產權組織，成為其正式成員。

世界知識產權組織是知識產權國際保護制度發展的產物。早在19世紀80年代，世界上先後誕生了兩個保護知識產權的國際公約：1883年的《巴黎公約》和1886年的《伯爾尼公約》。在兩個公約之下，分別成立了巴黎聯盟和伯爾尼聯盟，並設立了各自的國際局或秘書處作為執行機構。最初，這兩個公約由瑞士政府代為管理。后來，兩個公約的國際局於1893年進行了合併，組成了保護知識產權聯合國際局。這是世界知識產權組織的前身。

1967年，保護知識產權聯合國際局提議建立世界知識產權組織。同年7月，召開了有51個國家的代表參加的斯德哥爾摩會議，通過了《成立世界知識產權組織公約》，世界知識產權組織隨即成立。1974年，世界知識產權組織成為聯合國的專門機構。

(二) 世界知識產權組織的宗旨和職能

1. 世界知識產權組織的宗旨

世界知識產權組織的宗旨是：通過國家之間的合作，並在適當情況下，與其他國際組織進行合作，以促進在全世界範圍內保護知識產權，並保護知識產權組織各聯盟之間的行政合作。

2. 世界知識產權組織的職能

根據《成立世界知識產權組織公約》的規定，世界知識產權組織具有以下五項職能：①促進世界各國對知識產權的保護，協調各國的立法，鼓勵各國締結保護知識產權的新的國際協定；②執行巴黎聯盟和伯爾尼聯盟的行政任務；③擔任或參加其他促

進保護知識產權的國際協定的行政事務；④對發展中國家的知識產權立法及建立相關機構提供幫助；⑤收集並傳播有關保護知識產權方面的情報，從事並促進這方面的研究工作並公布研究成果。

(三) 世界知識產權組織的機構和成員資格

1. 世界知識產權組織的機構

世界知識產權組織由以下四個機構組成：大會、成員國會議、協調委員會和國際局。

(1) 大會。

大會是世界知識產權組織的最高權力機構，由成員中參加巴黎聯盟和伯爾尼聯盟的國家組成。每個成員國政府派代表一名，行使大會上一票之表決權。一個代表只能代表一個國家，以一個國家的名義投票。大會例會每三年舉行一次，由總干事召集。大會特別會議應由總干事根據協調委員會或大會 1/4 的成員國的請求召開。大會成員國的半數應構成法定人數，大會應通過自己的議事規則。

(2) 成員國會議。

成員國會議由全體成員國組成，討論當前國際知識產權保護領域內所共同關心的問題，並討論通過制訂法律技術計劃和計劃的三年財政預算。每一個成員國政府應有一名代表，可輔以若干副代表、顧問和專家。每一個成員國在本會議中應有一票表決權。一名代表只能代表一個國家。成員國的 1/3 構成法定人數。

(3) 協調委員會。

協調委員會由巴黎聯盟和伯爾尼聯盟執行委員會的成員組成。該委員會既是解答問題的諮詢機構，又是大會和成員國會議的執行機構。協調委員會每年舉行例會一次，由總干事召集，在正常情況下應在本組織總部舉行。一名代表只能代表一個國家。協調委員會應按投票簡單多數發表意見和做出決議。本組織任何成員國，不屬協調委員會成員者，得派觀察員參加本委員會的會議，有權參加辯論，但無表決權。協調委員會應制定自己的議事規則。協調委員會委員的半數構成法定人數。協調委員會的職責為：①就一切有關行政財務問題提出意見，擬訂大會的議程草案；②提出總干事若干候選人名單。

(4) 國際局。

國際局是世界知識產權組織的常設辦事機構，即秘書處。該局負責人為總干事，是世界知識產權組織的行政首腦，此外尚設有兩個以上副總干事。該局全部工作人員的職責是純國際性的，其工作不應受制或求助於他國政府或組織以外任何機關的意見或指示。國際局的職責為：①負責組織有關會議，準備有關文件和報告；②收集由各國提供的知識產權情報，出版有關刊物，辦理國際註冊等事項。

2. 世界知識產權組織的成員資格

根據《成立世界知識產權組織公約》的規定，巴黎聯盟和伯爾尼聯盟的所有成員國都是世界知識產權組織的成員國；非兩聯盟成員國，但屬於聯合國會員國、與聯合國有關係之任何專門機構成員國、國際原子能機構成員國或《國際法院規約》的當事

國，也可參加世界知識產權組織；基於特別情況受世界知識產權組織及大會之邀請，也可成為該公約之成員國。

(四) 世界知識產權組織的法律地位

根據《成立世界知識產權組織公約》第十二條的規定，世界知識產權組織在各成員國領土上，在符合各該國家法律的條件下，應享有為完成本組織宗旨和行使其職權所必須的權利能力；可與其他成員國締結雙邊或者多邊協定，使本組織、其官員以及一切成員國的代表享有為完成本組織宗旨和行使其職權所必須的特權與豁免；總干事可以就上述協定進行談判，並經協調委員會批准后代表本組織締結和簽訂這種協定。

二、世界貿易組織

(一) 概述

1993年年底，持續了8年的關貿總協定烏拉圭回合談判結束。除就各項談判議題達成協議外，決定結束關貿總協定的臨時適用狀態，成立世界貿易組織（World Trade Organization，WTO）。1994年4月15日，包括《建立世界貿易組織協定》在內的烏拉圭回合談判最后文件在摩納哥的馬拉喀什簽署。1994年12月，《世界貿易組織協定》執行會議在日內瓦決定，世界貿易組織於1995年1月1日成立。截至2011年2月10日，世界貿易組織共有153個成員。中國於2001年12月11日成為該組織的正式成員。

《建立世界貿易組織協定》規定了世界貿易組織的五項職能：①促進本協定及多邊貿易協議和雙邊貿易協議的管理與實施；②為各成員方之間的談判提供場所；③解決成員之間的貿易爭端；④實施貿易政策審查機制；⑤與國際貨幣基金組織和世界銀行進行合作。

世界貿易組織的職能由其主要機構部長會議和總理事會行使。部長會議由各成員方貿易部長參加，每兩年舉行一次會議。經成員方要求，「部長會議有權依本協定及有關多邊貿易協議關於決策的具體規定，對任何多邊貿易協議規定事項做出決定」。部長會議下設貿易與發展委員會，定期調查和瞭解最不發達國家的狀況，並向世界貿易組織提議採取相應措施予以幫助。總理事會是部長會議休會期間履行部長會議職能的常設機構，由各成員方常駐代表組成，可隨時開會處理日常事務。總理事會下設貨物貿易理事會、服務貿易理事會和知識產權理事會，分別監督《WTO協定》的附件1A《貨物貿易多邊協定》、附件1B《服務貿易總協定》（GATS）和附件1C《知識產權協定》的執行。

(二) 世界貿易組織有關知識產權保護的機制

1. 知識產權理事會

知識產權理事會在世界貿易組織的知識產權保護機制中處於核心的地位，負責監督《知識產權協定》的運作。關貿總協定知識產權協議（TRIPS）理事會按照《知識產權協定》規定的職責和總理事會指定的職責進行工作。《知識產權協定》第六十八條規定了TRIPS理事會的職能。依該條規定，TRIPS理事會具有以下六項職能：①監督

《知識產權協定》的實施，尤其是對成員國履行本協定規定的義務進行監督；②就有關與貿易有關的知識產權問題為成員國提供協商的機會；③成員國指定的其他任務；④應成員國的請求就爭端解決程序為成員國提供援助；⑤與有關各方進行協商並向其求得必要的信息；⑥與世界知識產權組織進行協商並簽訂協定。

2. 有關知識產權問題爭端的解決

世界貿易組織有關爭端解決的機制為實施世界貿易組織框架內的協定提供了可靠的保障。根據《知識產權協定》第六十四條的規定，就《知識產權協定》而產生的爭端適用《關於爭端解決的規則和程序的諒解協定》。

根據前述諒解協定的規定，與《知識產權協定》有關的爭端一般按下列程序進行解決：協商、斡旋、調停、調解及仲裁，專家組審理，報告或建議的通過與實施。其中，斡旋、調停、調解及仲裁屬於可自願選擇的程序，而協商和專家組審理則是強制性的，居於核心的地位是專家組審理程序。專家組的裁定或建議首先由爭端有關當事方實施，如果在合理時間內未得到實施，控訴方可申請授權採取補償和中止其減讓義務或其他義務的措施。

3. 與世界知識產權組織的合作

世界知識產權組織是專門致力於知識產權國際保護的國際組織，在知識產權國際保護領域起著舉足輕重的作用。《知識產權協定》第六十八條要求 TRIPS 理事會在其第一次會議之後的一年內尋求與世界知識產權組織合作的適當安排。經 TRIPS 理事會與世界知識產權組織的共同努力，《世界知識產權組織與世界貿易組織協定》於 1995 年 12 月 22 日簽訂，並於 1996 年 1 月 1 日生效。該協定共五條，分別涉及縮略語、法律與規章等。世界貿易組織已在協定規定的各個領域內與世界知識產權組織開展了廣泛的合作。

第三節　知識產權國際保護的新制度

一、世界貿易組織的《知識產權協定》

（一）概述

在烏拉圭回合之前，作為世界貿易組織的前身——關貿總協定在知識產權國際保護領域基本上沒有發揮過作用。烏拉圭回合將與貿易有關的知識產權問題作為三個新議題之一，並經過長期艱苦的談判最終達成了協議。隨著烏拉圭回合最后文件的簽署，《知識產權協定》成為最后文件的一部分（附件 1C）。

《知識產權協定》共七十三條，分為七個部分：①總則和基本原則；②有關知識產權的有效性、範圍和使用的標準；③知識產權的行使；④知識產權的取得與維持及有關程序；⑤爭端的防止以及解決；⑥過渡安排；⑦慣例安排和最后條款。

（二）知識產權的範圍

知識產權包括以下內容：①版權與鄰接權；②商標權；③地理標誌權；④工業品

外觀設計權；⑤專利權；⑥集成電路布圖設計權；⑦未披露信息權。不過，《知識產權協定》所規定的知識產權並不是全部知識產權問題，而只是「與貿易有關的」知識產權問題。所謂「貿易」，也不是一般意義上的貿易，專指有形貨物貿易，不包括技術貿易和服務貿易在內。另外，這裡的「貿易」，既包括合法貿易也包括假冒商品的違法貿易。

(三)《知識產權協定》規定的基本原則

1. 國民待遇原則

《知識產權協定》在第三條第十款中規定了國民待遇原則。不過，該協定同時又專門提及了允許成員國在特殊場合下以「互惠原則」取代「國民待遇原則」的《伯爾尼公約》第六條和《羅馬公約》第十六條第一款（b）項。這意味著，該協定允許成員方在特殊情況下以互惠原則取代國民待遇原則。

2. 最惠國待遇原則

最惠國待遇原則被稱為世界貿易組織的「基石」，在所有協定中都處於重要地位，TRIPS 也不例外。《知識產權協定》第四條要求，在知識產權保護上，一個成員給予任何其他國家國民的利益、優惠、特權或豁免，應立即無條件地給予所有其他成員的國民。最惠國待遇的引入將對知識產權國際保護產生重要而深遠的影響。

不過，按《知識產權協定》規定，最惠國待遇並不是絕對的，也存在著若干例外。

(四) 知識產權保護的標準

1. 版權及鄰接權

（1）版權。

《知識產權協定》要求，所有成員應遵守《伯爾尼公約》（1971 年）第一條至第二十一條及其附錄的規定。但是，對於《伯爾尼公約》所規定的權利，《知識產權協定》規定，各成員在本協定項下不享有權利或義務。

《知識產權協定》規定，版權保護應及於表達，而不及於思想、工序、操作方法或數學概念本身。

《知識產權協定》要求，計算機程序無論是源代碼還是目標代碼，應作為《伯爾尼公約》項下的文字作品加以保護；數據或其他材料的匯編，無論機器可讀還是其他形式，只要由於對其內容的選取或編排而構成智力創作，即應作為智力創作加以保護。

（2）鄰接權。

《知識產權協定》第十四條分別規定了表演者權、錄音製品製作者權和廣播組織權。

關於表演者權，《知識產權協定》規定，就將其表演固定在錄音製品上而言，表演者應有可能防止下列未經其授權的行為：固定其未曾固定的表演和複製該錄製品。表演者還應有可能阻止下列未經其授權的行為：以無線廣播方式播出和向大眾傳播其現場表演。

關於錄音製品製作者權，《知識產權協定》規定，錄音製品製作者應享有准許或禁止直接或間接複製其錄音製品的權利。

關於廣播組織權，《知識產權協定》規定，廣播組織有權禁止下列未經其授權的行為：錄製、複製錄製品，以無線廣播方式轉播以及將其電視廣播向公眾傳播。《知識產權協定》同時規定，如果各成員未授權廣播組織此類權利，則在遵守《伯爾尼公約》規定的前提下，應給予廣播的客體的版權所有人阻止上述行為的可能性。

（3）版權與鄰接權的保護期限。

《知識產權協定》第十二條規定，除攝影作品或實用藝術作品外，只要作品的保護期限不以自然人的生命為基礎計算，則該期限自作品經授權出版的日歷年年底計算即不得少於50年，或如果該作品在創作后50年內未經授權出版，則為自作品完成的日歷年年底起計算的50年。《知識產權協定》的上述規定，是在保留《伯爾尼公約》有關規定的基礎上做出的。因此，《伯爾尼公約》的有關規定應適用於協定之下的版權及鄰接權保護。

2. 商標

（1）可保護的客體。

根據《知識產權協定》第十五條的規定，任何標記或標記的組合，只要能夠將一企業的貨物和服務區別於其他企業的貨物或服務，即可作為商標。不過，《知識產權協定》允許成員國將可註冊商標限定為視覺可感知的商標。《知識產權協定》同時規定，如果一個標記缺乏識別性，成員方可以根據通過實用而獲得的識別性來確定商標的可註冊性。

（2）註冊商標專用權的範圍。

對於普通商標，《知識產權協定》第十六條第一款規定，註冊商標所有人享有專有權利，以禁止任何第三方未經其許可在商業活動中在相同或類似商品或服務上使用與其註冊商標相同或近似的商標，從而造成混淆的可能。

對於馳名商標，協定則擴展了《巴黎公約》第六條的適用範圍，使馳名商標的特殊保護從相同或類似的商品或服務擴大到不相類似的商品或服務，只要該商標的使用暗示這些貨物或服務與已註冊的馳名商標所有人之間存在著聯繫，且此類使用有可能損害該註冊商標所有人的利益。

（3）商標的許可與轉讓。

在承認各成員方有權對商標的許可和轉讓規定條件的同時，協定禁止各成員方對商標實施強制許可，並且規定，註冊商標所有人有權將商標與該商標所屬業務同時或不同時轉讓。

3. 地理標誌

（1）地理標誌的保護。

所謂地理標誌，是指能夠確定一種商品來源於一成員領域或該領域內的一個地區或地方，而該商品的特定品質、聲譽或其他特徵實質上又有賴於其地理來源的一種標誌。

《知識產權協定》要求成員為有關利益方提供法律手段以制止下列行為：①以任何方式在商品的名稱或描述中使用地理標誌，以至於明示或暗示出該商品來源於某個並非其真實來源地的地理區域，在該商品的地理來源方面對公眾產生誤導；②構成《巴

黎公約》第十條所規定的不正當競爭行為的任何使用。

將地理標誌作為商標或在商標中包含有地理標誌，而該商品又不是來源於該地理標誌所指示的地域，如果在該成員將此種商標使用於商品上使公眾對於真實產地產生誤導，成員應於其法律允許的情況下以其職權或應有關利益方的請求，拒絕對該商標進行註冊或使註冊無效。

雖然商品確系來源於地理標誌在文字上所指示的領域、地區或地方，但錯誤地使公眾以為該商品來源於另一個領域的，亦在應禁止之列。

（2）對葡萄酒與白酒的地理標誌的補充保護。

對於葡萄酒和白酒的地理標誌，除了上述規定之外，即使在使用某個地理標誌時標示出了有關商品的真實產地標誌，或者以翻譯的方式或以附加「類」「式」「風格」諸如此類的描述，均在應禁止之列。對於由地理標誌構成或包含有地理標誌的葡萄酒或白酒的商標，亦應按前述有關規定處理。

4. 工業品外觀設計

（1）工業品外觀設計保護的要求。

《知識產權協定》規定，受保護的工業品外觀設計必須符合以下兩個條件：①必須是作者「獨立創作」的；②必須是「新穎的或獨創的」。

《知識產權協定》還規定，成員可以不保護那些實質上受技術或功能因素支配的外觀設計。協議對成員對紡織品外觀設計可能提出的要求做了限制。

（2）對工業品外觀設計的保護。

根據《知識產權協定》第二十六條第一款的規定，受保護的工業品外觀設計的所有人應有權制止第三人未經其同意而出於商業目的實施下列行為：製造帶有或含有作為受保護的外觀設計的複製品或實質上構成複製品的設計的物品；銷售上述物品；進口上述物品。

對於工業品外觀設計的上述權利，成員可以選擇工業品外觀設計法或版權法進行保護。保護期不少於10年。成員可以規定有限的例外，但這種例外不得與受保護的工業品外觀設計的正常利用相衝突，且不得不合理地損害受保護的外觀設計所有人的合法利益。

5. 專利

（1）可獲專利的主題。

根據《知識產權協定》第二十七條第一款的規定，除了下述兩種例外，所有技術領域內的一切發明，不論是產品還是方法，只要具有新穎性、創造性和工業實用性，即可申請獲得專利。這兩種例外是：①成員可將某些發明排除在可獲得專利的範圍之外，在其域內制止這種發明的商業性開發，以此保護公共秩序或道德（包括保護人類、動物和植物的生命和健康或避免嚴重的環境損害）。但不得僅僅以該國法律禁止利用某發明為理由將該發明排除在可獲專利的範圍之外。②成員還可將下列發明排除在可獲專利的範圍之外：人類或動物疾病的診斷、治療和手術的方法；除了微生物之外的植物、動物，以及生產植物或動物的生物方法。但成員應以適當的方式對植物新品種提供法律保護。

在符合《知識產權協定》有關規定的條件下，專利及專利權不得因發明的地點、技術領域、產品系進口還是在本地製造等而受歧視。

（2）授予的權利。

《知識產權協定》規定了專利所有人的兩種不同性質的權利：專利權和對專利處置權。

專利所有人享有的專利權因產品專利和方法專利的不同而有所不同。對產品專利，專利所有人享有制止第三人未經其許可而製造、使用、提供銷售、銷售專利產品，以及為上述目的而進口該產品的專有權利。對於方法專利，專利所有人享有制止第三人未經其許可使用該方法以及使用、提供銷售、銷售以及至少為上述目的而進口直接用該方法獲得的產品的專有權利。

專利所有人的專利處置權主要包括兩項：轉讓權和許可權。《知識產權協定》規定專利所有人專利處置權，與《知識產權協定》序言中提出的「知識產權是私權」的原則是一致的。

（3）對申請人的要求。

《知識產權協定》第二十九條第一款規定，成員應要求專利申請人以足夠清晰完整的方式披露發明。該條第二款規定，成員得要求專利申請人提供有關申請人的相關外國申請和授予的信息。

（4）專利權的例外。

《知識產權協定》第三十條規定，考慮到第三人的合法利益，成員可對所授予的專有權規定有限的例外，但此種例外不得不合理地與專利的正常利用相衝突，也不得不合理地損害專利所有人的合法利益。

（5）未經權利人許可的其他使用。

《知識產權協定》第三十一條所稱「其他使用」不包括上述第三十條所規定的例外，實際上主要是指專利的強制許可。該協定對授權其他使用規定了 12 項條件，實際上是對各國授予強制許可進行了嚴格限制。

（6）專利的撤銷與無效。

《知識產權協定》第三十二條並未規定專利撤銷與宣布無效的具體規則，只是要求成員在做出撤銷或宣布無效的決定時，應提供司法審查的機會。

（7）保護的期限。

《知識產權協定》第三十三條規定，專利的保護期最少應為自申請日起 20 年。

（8）專利方法的舉證責任。

《知識產權協定》規定，在下述兩種情況下，如無相反證據，應推定是使用該專利方法而獲得：①如果使用該專利方法獲得的產品是新產品；②如果相同產品極可能使用該方法製造，而專利所有人雖經合理努力也未能確定實際使用的方法。只有在滿足上述第一種情況所規定的條件或第二種情況所規定的條件的情況下才要求被控侵權者承擔舉證責任。在引用相反證據時，應考慮被告在保護其製造和營業秘密方面的合法利益。

6. 集成電路布圖設計

對於集成電路布圖設計，各成員同意按照《集成電路知識產權條約》第二條至第七條（第六條第三款除外）、第十二條和第十六條第三款的規定進行保護。除了按照《集成電路知識產權條約》的有關規定保護集成電路布圖設計之外，《知識產權協定》還要求成員必須遵守以下規定：

（1）保護的範圍。

《知識產權協定》第三十六條規定，除了第三十七條第一款另有規定外，成員應將未經權利人授權而實施的下列行為視為非法：進口、銷售或以其他方式為商業目的而分發受保護的布圖設計、含有受保護的布圖設計的集成電路以及使用了持續含有非法複製的布圖設計的此種集成電路的物品。

（2）無需獲得權利人許可的行為。

《知識產權協定》第三十七條第一款規定，儘管有第三十六的規定，一個人在獲得集成電路或含有此種集成電路的物品時並不知道，而且也沒有合理理由知道其中含有非法複製的布圖設計的，他對該含有非法複製的布圖設計的集成電路或含有此種集成電路的物品所正在實施的或預定實施的第三十六條所規定的行為，任何成員不得視為非法。

關於強制許可，《知識產權協定》要求適用第三十一條第一項至第十一項所規定的條件。需要注意的是，該協定已明確將《集成電路知識產權條約》中關於強制許可的內容排除在外。

7. 未披露信息的保護

（1）未披露信息受保護的條件。

《知識產權協定》規定了未披露信息受保護的三個條件：①未披露信息是秘密的，即該信息作為一個整體或作為其各個構成部分的精確構造或組合未被通常從事該信息所屬領域的工作的人普遍瞭解或輕易接觸；②由於其屬於保密狀態而具有了商業價值；③合法控製信息的人根據有關情況採取了合理措施以保持其秘密狀態。

（2）未披露信息持有人的權利。

對於符合上述三個條件的未披露信息，《知識產權協定》規定，合法控製該信息的自然人與法人均應享有防止他人以違背誠實信用的商業習慣的方式在未經其同意的情況下披露、獲得或使用有關信息的可能性。這裡所謂的「以違背誠實信用的商業習慣的方式」，至少應包括如違約、違反信任以及誘導他人違約或違反信任，也包括第三方在已經知道或應當知道但由於重大過失而未能知道其所取得的未披露信息是他人以上述方式獲得的。

（3）對有關數據的保護。

在許多國家，法律要求當事人向有關主管當局提交未披露過的實驗數據或其他數據，作為批准採用新化學成分的醫用或農用化工產品上市的條件。在此情況下，《知識產權協定》要求，如果該數據的最初取得付出了相當的努力，成員應保護此種數據以防止不公正的商業利用。另外，《知識產權協定》還要求，成員應採取措施保護這些數據以防止被披露，除非此種披露是為了保護社會公眾所必需的，或已經採取了措施確

保數據不被不公正地投入商業利用。

(五) 關於知識產權保護的實施

1. 一般義務

《知識產權協定》第四十一條對於實施知識產權的程序提出了四個方面的總體要求：

(1) 成員應保證本部分所規定的實施程序在其法律之下可被利用，以便於對知識產權侵權行為採取有效的行動，包括採取及時防止侵權的救濟和制止進一步侵權的救濟。《知識產權協定》要求，這些程序不應為合法貿易造成障礙，亦不得被濫用。

(2) 知識產權的實施程序應公平公正，不得過於複雜或花費過高，不得有不合理的時間限制或無保障的拖延。

(3) 就個案做出的裁決最好採取書面形式並說明理由。裁決應及時送達有關當事人。個案裁決僅應基於各方有機會對其陳述意見的證據做出。

(4) 程序的當事人應有機會要求對最終行政裁決進行司法審查，以及在符合成員法律對重要案件的司法管轄權的規定的條件下，至少可以要求對個案的初審司法裁決中的法律問題進行司法審查。但是，對刑事案件中的宣告無罪，成員沒有義務提供審查的機會。

2. 行政和民事程序及救濟

(1) 民事程序。

知識產權實施和保護中的民事程序由各國民事訴訟法來決定，《知識產權協定》只是就有關知識產權問題的民事程序提出了一些基本的要求：①保障被告的訴訟權利。被告應及時得到書面的通知，該通知中應包含有足夠的細節，包括原告提出的請求的依據。②允許律師參與訴訟，不得強制當事人出庭。③保證當事人的證明權。④對秘密信息進行識別和保護。

(2) 證據。

《知識產權協定》第四十三條第一款規定，如果一方當事人已提交了有關證據支持其主張而且指出了處於對方控制之下的證明其主張的證據，司法當局應有權要求對方當事人提供該證據，但應對秘密信息提供保護。

《知識產權協定》第四十三條第二款規定，如果訴訟一方當事人在合理期間內無正當理由故意不允許他人獲得必要的信息或者不提供必要的信息，或者嚴重阻礙了訴訟程序，成員得授權司法當局根據有關方面向其提供的信息，包括因該當事人不允許他人獲得必要的信息而受不利影響的一方當事人所提交的訴狀或指控書，做出肯定或否定的初步判決或最終判決。但是，應向各方當事人提供對指控或證據進行陳述的機會。

(3) 救濟。

《知識產權協定》對民事程序中可以採用的救濟作了原則性的規定。這些救濟主要包括以下內容：①禁令。《知識產權協定》規定，司法當局應有權要求當事人停止侵權，但停止侵權的救濟不適用於強制許可。②損害賠償。對於明知或有合理理由知道其行為后果而實施侵權行為的侵權人，司法當局應有權要求侵權人賠償受害人的損失，

包括律師費。對不知或沒有合理理由知道其行為后果而實施侵權行為的侵權人，在適當情況下也可要求其返還所得利潤或支付法定賠償，或二者並處。③其他救濟。除了上述救濟外，該協定還規定了諸如將侵權物品排除出商業渠道、銷毀侵權物品、去掉侵權商標等各種其他救濟。④獲得信息。該協定規定，在與侵權行為的嚴重程度相當的情況下，司法當局可有權要求侵權行為人向權利人提供有關生產和銷售侵權產品或提供侵權服務的第三人的身分以及銷售渠道的信息。

（4）對被告的賠償。

如果一方當事人在其所要求的措施得以實施的情況下濫用實施程序，使另一方當事人錯誤地遭到禁止或限制，則司法當局有權命令該當事人向另一方當事人賠償因其濫用實施程序而給另一方當事人造成的損失。司法當局也應有權命令原告支付被告的費用，包括適當的律師費。

（5）行政程序。

在以行政程序來確定民事救濟時，該行政程序應符合本節所規定的原則。

3. 臨時措施

《知識產權協定》第五十條規定了有關知識產權保護方面的臨時措施。這裡所謂的臨時措施，是指在民事訴訟程序或行政程序開始之前一方當事人請求司法機關或行政機關採取的保全措施。《知識產權協定》關於臨時措施的規定主要包括以下幾個方面：

（1）臨時措施的目的。

《知識產權協定》第五十條第一款規定了採取臨時措施的兩個目的：①防止侵害任何知識產權的行為的發生，尤其防止貨物包括海關結關之後立即進口的貨物在其管轄範圍內進入商業渠道；②保存與被指控的侵權活動有關的證據。

（2）臨時措施的採取。

根據《知識產權協定》第五十條第二款的規定，在司法當局認為有必要時，有權依照一方當事人的請求，在開庭前採取臨時措施，尤其是在一旦有任何遲延則很可能給權利持有人造成不可彌補的損害的情況下，或在有關證據顯然有被銷毀的危險的情況下。

（3）證據與擔保。

按照《知識產權協定》第五十條第三款的要求，決定採取臨時措施時，司法當局應有權要求申請人向司法當局提供一些有價值的證據，證明申請人就是權利持有人，證明申請人的權利正在受侵害，或者這種侵害即將發生。為了保護被告和防止濫用權利，司法當局應有權命令申請人提供保證金或與之相當的擔保。

（4）通知與復審。

《知識產權協定》要求，如果開庭前就已經採取臨時措施，至少應在實施臨時措施之后毫不遲延地通知受影響的一方。應被告的請求，應在將此等措施通知被告之后的合理期限內進行復審，並聽取被告的陳述，以決定此等措施是否應被修改、撤銷或確定。

（5）其他必要信息。

《知識產權協定》規定，為了確定有關商品，將要執行臨時措施的當局可以要求申

請人提供其他的必要信息。

(6) 起訴期限。

在採取臨時措施之後，申請人應在一定期限內提起訴訟。如果在規定的期限內未提出訴訟，《知識產權協定》規定，可應被告的請求撤銷或暫停執行臨時措施。

(7) 賠償責任。

《知識產權協定》規定，在臨時措施被撤銷或因申請人的任何行為與疏忽而導致無效的情況下，以及在事後發現根本不存在對知識產權的侵害或侵害的威脅的情況下，應被告的請求，司法當局應有權責令申請人賠償被告因採取臨時措施而遭受的損失。

4. 有關邊境措施的特別要求

為了防止侵權物品和盜版物品的進口，《知識產權協定》第三部分第四節對成員應採取的邊境措施提出了特別的要求。這些特別要求主要包括10個方面：海關當局中止放行、申請、保證金或與之相當的擔保、中止放行、中止放行的期限、對進口人及商品所有人的賠償、檢查權及獲得信息權、依職權的行為、救濟、可忽略不計的進口。

從《知識產權協定》的具體規定看，邊境措施實質上屬於對尚在海關監管之下貨物所採取的臨時措施。因此，對邊境措施的特別要求實際上也是對臨時措施要求的具體化。有關內容在此不做詳細介紹。

5. 刑事程序

《知識產權協定》第六十一條規定，各成員應採取刑事程序及刑事處罰制止對知識產權的侵犯，起碼應對商業規模的故意假冒商標和盜版活動規定刑事程序和刑事處罰。由於刑事程序及刑事處罰通常涉及國家的主權，《知識產權協定》只提出了籠統的要求而沒有做出具體的規定。

二、世界知識產權組織的「因特網條約」

為解決國際互聯網絡環境下應用數字技術而產生的版權保護新問題，世界知識產權組織於1996年12月在日內瓦主持召開了有120多個國家代表參加的版權及鄰接權若干問題外交會議。會上討論了有關版權和鄰接權的若干問題，通過了《世界知識產權組織版權條約》和《世界知識產權組織表演和錄音製品條約》。這兩個條約分別於2002年3月6日和2002年5月22日生效。中國已於2007年3月6日遞交加入書，兩個公約於同年6月9日在中國生效。

(一)《世界知識產權組織版權條約》

《世界知識產權組織版權條約》（簡稱《版權條約》）共25條，另有1個簡短的序言。其中，第一條至第十四條為實體部分，第十五條至第二十五條為行政條款。

1. 對《伯爾尼公約》的保護及適用

(1) 與《伯爾尼公約》的關係。

根據《版權條約》第一條第一款的規定，對於《伯爾尼公約》的成員國而言，本條約是《伯爾尼公約》第二十條含義下的一個特別協定。不過，對於非《伯爾尼公約》成員國而言，《版權條約》與《伯爾尼公約》在法律上是獨立的。

《版權條約》第一條第二款規定，本條約中的任何規定均不得減損締約方根據《保護文學藝術作品伯爾尼公約》應相互承擔的現存義務。

《版權條約》第一條第四款規定，各締約方應遵守《伯爾尼公約》第一條至第二十一條和附件的規定。

（2）對《伯爾尼公約》有關條款的適用。

從《版權條約》的條文表面上，我們看不到有關版權保護的對象、主體、基本原則等重要問題的規定。《版權條約》不是沒有規定這些問題，而是在這些問題上直接援用了《伯爾尼公約》的規定。《版權條約》第三條規定：「對於本條約所提供的保護，各締約方原則上應適用《伯爾尼公約》第二條至第六條的規定。」

《版權條約》第十三條規定：「締約方應將《伯爾尼公約》第十八條的規定適用於本條約所提供的所有保護。」這意味著，本條約適用於在其生效之日在來源國尚未因保護期屆滿而進入公有領域的一切作品，直到作品的保護期屆滿為止；但如果作品在此之前保護期已屆滿而進入公有領域，則不得重新受到保護。

2. 版權保護的範圍

《版權條約》第二條規定：「版權保護及於表達而不及於思想、過程、操作方法或數學概念本身。」這項規定與《知識產權協定》第九條第二款的內容基本相同，只是刪去了「及於」之前的「應」字。

3. 計算機程序與數據匯編（數據庫）

《版權條約》第四條規定：「計算機程序作為《伯爾尼公約》第二條含義中的文字作品受保護。此種保護適用於計算機程序，而不論其以何種方式或形式表達出來。」

《版權條約》第五條規定：「數據或其他材料的匯編，不論何種形式，由於其內容的選擇和安排而構成智力成果，得受同等保護。此種保護不及於數據或其他材料本身，且不得減損匯編中所包含的數據或其他材料所享有的任何版權。」

4. 發行權、出租權與公共傳輸權

（1）發行權及其窮竭。

《版權條約》第六條第一款規定：「文學和藝術作品的作者享有專有權，以授權通過出售或其他轉讓所有權的方式使其作品的原件或複製件可為公眾利用。」

《版權條約》第六條第二款對發行權的窮竭問題進行了規定。該款規定：「本條約中的任何規定，均不影響締約方在可能的情況下確定第一款的權利在作品的原件或一份複製件經作者授權而首次出售或以其他方式轉讓所有權之后窮竭所適用的條件的自由。」

（2）出租權。

《版權條約》第七條第一款規定，計算機程序、電影作品以及締約方國內法所確定的錄音製品中包含的作品的作者享有專有權，以授權將其作品的原件或複製件向公眾進行商業性出租。

《版權條約》第七條第二款規定，對於計算機程序而言，如果程序本身並不是出租的實質的標的，則不適用上述第一款的規定；對於電影作品而言，除非商業出租已導致對該作品的大規模複製從而實質上影響了複製專有權，上述第一款的規定應不予適用。

根據《版權條約》第七條第三款的規定，儘管有上述第一款的規定，如果一締約方在 1994 年 4 月 15 日已經建立並繼續實施了一項制度，要求為出租錄音製品中所包含的作品的複製件而向作者支付合理補償，則可保留該項制度，除非對錄音製品中所包含的作品的商業出租對作者的複製專有權產生實質性損害。

（3）公共傳輸權。

公共傳輸權是《版權條約》針對網絡傳輸等新的作品傳播方式和手段而規定的一項權利。《版權條約》第八條規定：「在不損害《伯爾尼公約》第十一條第一款第（ⅰ）目、第十二條之二第一款第（ⅰ）和（ⅱ）目、第十一條之三第一款第（ⅱ）目、第十四條第一款第（ⅱ）目和第十四條之二第一款的規定的情況下，文學和藝術作品的作者應享有專有權，以授權將其作品以有線或無線方式向公眾傳播。包括將其作品向公眾提供，使公眾中的成員在個人選定的地點和時間可獲得這些作品。」

雖然《伯爾尼公約》對作者控制作品公共傳播的權利做出了規定，但是《世界知識產權組織版權條約》所規定的公共傳播權被認為是一項新的權利。公共傳播權之「新」，主要表現在以下三個方面：①公共傳播權是一項獨立的權利，是與複製權、發行權、表演權、改編權等處於同一水平的基本版權權利；②公共傳播權適用於所有類型的作品，而不限於某種類型的作品；③公共傳播權適用於任何傳播手段和傳播方式。傳統的公共傳播、網絡傳輸以及將來可能出現的一切新的傳播方式（如網絡電視），都適用公共傳播權。

5. 攝影作品的保護期

《版權條約》第九條規定：「對於攝影作品而言，締約方不得適用《伯爾尼公約》第七條第四款的規定。」《世界知識產權組織版權條約》將攝影作品的保護期予以延長，同一般作品的保護期相同。

6. 限制與例外

《版權條約》第十條分兩種不同情況規定了版權保護的限制與例外：條約保護的限制與例外和《伯爾尼公約》保護的限制與例外。

（1）條約保護的限制與例外。

《版權條約》第十條第一款規定，對於本條約授予文學藝術作品的作者的權利，締約方得在其國內法中規定某些特殊情況下的限制或例外，但不得與作品的正常使用相衝突，也不得不合理地損害作者的合法利益。

（2）《伯爾尼公約》保護的限制與例外。

依《版權條約》第十條第二款規定，在適用《伯爾尼公約》時，締約方應將公約規定的限制與例外限定於某些特殊情況，不得與作品的正常利用相衝突，也不得不合理地損害作者的合法利益。

7. 有關技術措施和權利管理信息的義務

《版權條約》第十一條規定，締約方應提供充分的法律保護和有效的法律救濟，以反對那些破壞作者為行使本條約或《伯爾尼公約》規定的權利或為限制那些未經有關作者同意或法律准許的與作品有關的行為而採取的技術措施的行為。

《版權條約》第十二條規定，締約方應提供充分的法律保護和有效的法律救濟，以

制止任何人明知或有合理理由知道其行為將導致、促使、便利或隱藏侵犯本條約或《伯爾尼公約》所規定的權利而故意實施下列行為：未經授權移走或改變任何電子權利管理信息；未經授權發行、為發行而進口、廣播或向公眾傳播明知電子權利管理信息；未經授權向公眾傳播明知已被移走或改變的作品或作品的複製件。

8. 權利實施的規定

關於權利實施的規定是條約的一項重要內容，關係到條約所規定的版權保護能否真正實現。根據《版權條約》第十四條第一款的規定，締約方承諾，根據其法律制度，採取必要措施保證本條約的實施。實施條約所規定的版權保護的關鍵在於兩個方面：一是有適當的、便捷的訴訟或相關程序；二是有充分的法律救濟。《版權條約》第十四條第二款從這兩個方面規定了締約方的義務。

《版權條約》第十四條第二款規定，締約方應保證其實施程序能夠對任何侵權行為提起有效的法律訴訟，包括為制止侵權行為而規定及時高效的救濟和足以對進一步的侵權起威懾作用的救濟。

(二)《世界知識產權組織表演和錄音製品條約》

《世界知識產權組織表演和錄音製品條約》（以下簡稱《表演和錄音製品條約》）共五章：第一章為「總則」，第二章為「表演者權利」，第三章為「錄音製品製作者權利」，第四章為「一般性規定」，第五章為「行政及最后條款」。

1. 與其他公約的關係

《表演和錄音製品條約》首先對《羅馬公約》進行了保護。《表演和錄音製品條約》第一條第一款規定：「本條約的任何內容均不得減損締約方相互之間依照於 1961 年 10 月 26 日在羅馬簽訂的《保護表演者、音像製品製作者和廣播組織的公約》（以下稱為《羅馬公約》）已承擔的現有義務。」

由於表演者權與錄音製品製作者權的保護通常涉及以錄音製品體現出來的作品的版權，因此，《表演和錄音製品條約》第一條第二款規定，依本條約授予的保護不得觸動或以任何方式影響對文學和藝術作品版權的保護。關於《表演和錄音製品條約》第一條第二款的議定聲明指出：「不言而喻，第一條第二款澄清本條約規定的對錄音製品的權利與以錄音製品體現的作品的版權之間的關係。在需要以錄音製品體現的作品的作者與對錄音製品持有權利的表演者或製作者許可的情況下，獲得作者許可的並非因同時還需獲得表演者或製作者的許可而不復存在，反之亦然。」

《表演和錄音製品條約》第一條第三款明確規定，本條約不得與任何其他條約有任何關聯，亦不得損害依任何其他條約的任何權利和義務。

2. 受保護的受益人及國民待遇

《表演和錄音製品條約》第三條第一款規定，締約各方應將依本條約規定的保護給予系其他締約方國民的表演者和錄音製品製作者。

3. 表演者的權利

（1）表演者的精神權利。

《表演和錄音製品條約》第五條第一款規定，不依賴於表演者的經濟權利，甚至在

這些權利轉讓之后，表演者仍應對於其現場有聲表演或以錄音製品錄制的表演有權要求承認其系表演的表演者，除非使用表演的方式決定可省略不提其系表演者，並有權反對任何對其表演進行將有損其名聲的歪曲、篡改或其他修改。

表演者精神權利在表演者死亡之后應繼續保留，至少到其經濟權利期滿為止，並應可由被要求提供保護的締約方立法所授權的個人或機構行使。如果締約方在批准或加入條約時其立法尚未規定在表演者死亡后保護上述全部精神權利的，可規定其中部分權利在表演者死亡之后不再保留。

（2）表演者對其尚未錄制的表演的經濟權利。

《表演和錄音製品條約》第六條規定，對於尚未錄制的表演，表演者享有下列專有權：①廣播和向公眾傳播其尚未錄制的表演，除非該表演本身已廣播表演；②錄制其尚未錄制的表演。

（3）表演者的複製權。

《表演和錄音製品條約》第七條規定，表演者應享有授權以任何方式或形式對其以錄音製品錄制的表演直接或間接地進行複製的專有權。這裡所講的複製，根據議定聲明，在電子媒體中以數字形式存儲受保護的表演或錄音製品，構成這些條款意義下的複製。

（4）表演者的發行權。

《表演和錄音製品條約》第八條規定，表演者應享有授權通過銷售或其他所有權轉讓形式向公眾提供其以錄音製品錄制的表演的原件或複製品的專有權。

對於已錄制的表演的原件或複製品經表演者授權被首次銷售或其他所有權轉讓之后適用本條第一款中權利的用盡所依據的條件（如有此種條件），本條約的任何內容均不得影響締約各方確定該條件的自由。這裡的「複製品」和「原件和複製品」，專指可作為有形物品投放流通的固定的複製品。

（5）表演者的出租權。

《表演和錄音製品條約》第九條規定，表演者應按締約各方國內法中的規定享有授權將其以錄音製品錄制的表演的原件和複製品向公眾進行商業性出租的專有權，即使該原件或複製品已由表演者發行或根據表演者的授權發行。

（6）表演者的提供已錄製表演的權利。

《表演和錄音製品條約》第十條規定，表演者應享有專有權，以授權通過有線或無線的方式向公眾提供其以錄音製品錄制的表演，使該表演可為公眾中的成員在其個人選定的地點和時間獲得。

4. 錄音製品製作者的權利

《表演和錄音製品條約》專門授予了錄音製品製作者四項基本權利：複製權、發行權、出租權和提供錄音製品的權利。

（1）複製權。

《表演和錄音製品條約》第十一條規定，錄音製品製作者應享有授權以任何方式或形式對其錄音製品直接或間接地進行複製的專有權。

（2）發行權。

《表演和錄音製品條約》第十二條規定，錄音製品製作者應享有授權通過銷售或其

他所有權轉讓形式向公眾提供其錄音製品的原件或複製品的專有權。該條同時規定，對於在錄音製品的原件或複製品經錄音製品的製作者授權被首次銷售或其他所有權轉讓之後適用本條第一款中權利用盡所依據的條件（如有此種條件），本條約的任何內容均不得影響締約各方確定該條件的自由。

（3）出租權。

《表演和錄音製品條約》第十三條規定，錄音製品製作者應享有授權對其錄音製品的原件和複製品向公眾進行商業性出租的專有權，即使該原件或複製品已由錄音製品製作者發行或根據錄音製品製作者的授權發行。

（4）提供錄音製品的權利。

《表演和錄音製品條約》第十四條規定，錄音製品製作者應享有專有權，以授權通過有線或無線的方式向公眾提供其錄音製品，使該錄音製品可為公眾中的成員在其個人選定的地點和時間獲得。

5. 共同條款

（1）因廣播和向公眾傳播獲得報酬的權利。

《表演和錄音製品條約》第十五條規定，對於將為商業目的發行的錄音製品直接或間接地用於廣播或用於對公眾的任何傳播，表演者和錄音製品製作者應享有獲得一次性合理報酬的權利。

（2）限制與例外。

《表演和錄音製品條約》第十六條規定，締約各方在其國內立法中，可在對表演者和錄音製品製作者的保護方面規定與其國內立法中對文學和藝術作品的版權保護所規定的相同種類的限制或例外。

不過，該條約同時要求，締約各方應將對本條約所規定權利的任何限制或例外限於某些不與錄音製品的正常利用相抵觸，也不無理地損害表演者或錄音製品製作者合法利益的特殊情況。

（3）保護期。

《表演和錄音製品條約》對表演者的保護期規定為至少 50 年，應自表演以錄音製品錄制之年年終算起。

對錄音製品製作者的保護期，應自該錄音製品發行之年年終算起，至少持續到 50 年期滿為止；或如果錄音製品自錄制完成起 50 年內未被發行，則保護期應自錄制完成之年年終起至少持續 50 年。

（4）關於技術措施與權利管理信息的義務。

《表演和錄音製品條約》第十八條、第十九條分別規定了關於技術措施與權利管理信息的義務，其內容與《世界知識產權組織版權條約》第十一條、第十二條只有個別文字上的差別。

（5）手續。

《表演和錄音製品條約》第二十條規定，享有和行使本條約所規定的權利無需履行任何手續。這意味著條約實行的是自動保護原則。

（6）關於權利行使的條款。

《表演和錄音製品條約》第二十三條規定，締約各方承諾根據其法律制度採取必要的措施，以確保本條約的適用。締約各方應確保依照其法律可以提供執法程序，以便能採取制止對本條約所涵蓋權利的任何侵犯行為的有效行動，包括防止侵權的快速補救和為遏制進一步侵權的補救。

國家圖書館出版品預行編目(CIP)資料

國際法 / 宋玉, 吳漠塵 主編. -- 第一版.
-- 臺北市：崧博出版：財經錢線文化發行, 2018.10

　面 ；　公分

ISBN 978-957-735-593-5(平裝)

1.國際法

579　　107017194

書　名：國際法
作　者：宋玉、吳漠塵　主編
發行人：黃振庭
出版者：崧博出版事業有限公司
發行者：財經錢線文化事業有限公司
E-mail：sonbookservice@gmail.com
粉絲頁　　　　　　網　址
地　址：台北市中正區延平南路六十一號五樓一室
8F.-815, No.61, Sec. 1, Chongqing S. Rd., Zhongzheng Dist., Taipei City 100, Taiwan (R.O.C.)
電　話：(02)2370-3310　傳　真：(02) 2370-3210
總經銷：紅螞蟻圖書有限公司
地　址：台北市內湖區舊宗路二段 121 巷 19 號
電　話:02-2795-3656　傳真:02-2795-4100　網址：
印　刷：京峯彩色印刷有限公司（京峰數位）

　　本書版權為西南財經大學出版社所有授權崧博出版事業有限公司獨家發行電子書及繁體書繁體版。若有其他相關權利及授權需求請與本公司聯繫。

定價：350元
發行日期：2018 年 10 月第一版

◎ 本書以POD印製發行